愛に生きた証人たち

聖書に学ぶ

金子晴勇・平山正実［編著］

聖学院大学出版会

目次

第Ⅱ部　新約聖書

愛をめぐる対話法について――序文に代えて

金子　晴勇

愛は多様な人間関係の中に生きて働く生命である。この愛という活動的な生命を理解するためには単なる心理学的な説明や学問的な解説では何ら役に立たないといわねばならない。そこで生命を証する「証言」が果たす重要な役割が認められよう。事実、聖書はこのような愛に生きた証人たちによって満たされている。そこには愛をめぐる対話が連綿と語り継がれているが、そこで展開する対話法の特質について二つの例を挙げて述べておきたい。最初はレッシングの断片「ヨハネの遺言」であり、第二は「イエスとサマリアの女」の物語である。

レッシング『ヨハネの遺言』

臨終を間近にしたヨハネがその弟子たちのところに連れられて行ったとき、彼が挨拶した言葉は「幼子たちよ、互いに愛しあいなさい」という言葉であった。この言葉について近代ドイツ啓蒙主義の父と称せられるレッシングはその著作『霊と力の証明について』の末尾に暗示的に指摘し、連作『ヨハネの遺言』において明瞭に説いている。その中で彼は次のような対話を残している。

私　アウグスティヌスの物語っているところによると、或るプラトン主義者が、〈初めに言があった、云々〉というヨハネ福音書冒頭の言葉は、あらゆる教会において、その一番良く見える目につく場所に金の文字で書かれるに値する、と言ったそうです。

彼　勿論だとも。そのプラトン主義者の言う通りだ。うん、プラトン主義者か。プラトン自身でさえ、ヨハネ福音書の冒頭の言葉以上に崇高なことはきっと書けなかったに違いない。

私　そうかも知れません。同じ表現を借りて言えば、哲学者が書いた崇高なものをあまり重んじない私としては、ヨハネの遺言こそ、あらゆる教会において、その一番良く見える目につく場所に金の文字で書かれるに値する、と信じているのです。

（G・E・レッシング『理性とキリスト教』谷口郁夫訳、新地書房、一九八七年、一二一頁）

この対話はヨハネが説いたキリスト教的な愛とキリスト教の教義との関連について語っており、この両者がはっきりと区別される。レッシングは言う、「キリスト教の教義と、この教義の上に築かれていることをキリスト教自身も承知している実践的なものとは別物だからです」と。そして、この相違点が実践的な愛とその上に築かれた教義との違いとして指摘される。続いてキリスト教の教義を受け入れ、信仰を告白することとキリスト教的な愛を実行することとどちらが困難かと問われる。

彼　後者のほうが遥かに困難だと私が認めても、あなたには何の役にも立たないでしょう。

私　私の役に立つはずがないじゃありませんか。
彼　私がこんなことを言うのは、あの人々は地獄への道を彼ら自身にとって骨の折れるものにしているのが、ますますもって滑稽だからです。
私　どういう点でそうなのですか。
彼　キリスト教的愛というくびきが彼らにとって苦しいものでなくなるわけでも、賞賛に値するものとなるわけでもないとすれば、何のために彼らはそのくびきを負っているのだろうか。
（同、二一六頁）

レッシングによれば、宗教の真理は教えとその承認という知的な営みよりも、生ける霊と愛の力とに現れる。したがって霊性は実践的な愛のさなかにあって宗教の真理を証しする。だが理性によってはそれはできない。それゆえ「幼子たちよ、互いに愛し合いなさい」という金言は、外典として伝承されたヨハネの「遺言」であるが、レッシングによってこの短編では何回も反復されることによって効果的に演出される。これが、近代ドイツ啓蒙主義の時代に問題となったキリスト教の真理をめぐる問いに対するレッシング独自の肯定的解答であった。

このようにレッシングは、豊富な文学手段を用いて、とくにイロニーという手段を用いて、啓蒙時代のキリスト教思想家たちが徹底的な攻撃を受けたときに、「キリスト教の真理に関する証明の確実性」を確保したいと望みながらも、まったく無益な方法でキリスト教の真理を弁明したことを明らかにした。なぜなら、彼らがもっとも注目すべき点を看過していたからである。この看過した点こそ『ヨハネの遺言』において明瞭に指摘された「幼子たちよ、互いに愛し合いなさい」という金言であった。これが「霊と力の証明」（Iコリント二・四）であって、それは近代人が好んだ知的営みによって真理を「客観的」に立証しようとする態度からは決して理解できないものである。それに対してレッシングが採用した方法は対話に従事する者がその相手と対話を交わしながら一つの筋に引き込んでいく「演劇的筋道」（Theaterlogik）であり、それによって「具体的な説明」を与えようとした。

こういうレッシングの手法こそ聖書の中に生きて働く愛の生命をとらえるのに適しているのではなかろうか。そこで私たちも彼の手法に倣って「イエスとサマリアの女」の物語に目を向けてみよう。

「イエスとサマリアの女」の物語

聖書にはイエスが人々と対話している物語が数多く収録されている。ヨハネによる福音書第四章一―二六節に記されている「イエスとサマリアの女」との間に交わされた対話もその代表的な物語である。それはサマリアを通過してイエスが郷里のガリラヤへと旅をしたとき、シカルという村の近くにあった歴史上有名な「ヤコブの井戸」で彼が休息されたときの対話である。サマリアとユダヤとは当時政治的に対立していた。預言者の時代には国家が北イスラエル王国と南ユダ王国に分裂していたが、捕囚期以後国家がそれぞれ滅亡した後でもサマリアとユダヤに分かれたまま依然として厳しい対立状態にあった。とりわけサマリア人は、紀元前七二二年に滅亡した北イスラエル王国残留の民とアッシリアからの入植者との混住の結果できた半異教的な混血民族であって、宗教混淆をきたしていた（列王下一七・二四—四一）。

シカルという町は聖書地図にあるようにエルサレムとナザレの中間地点であって、南にはゲリジム山がそびえていた。この町から一・五キロも離れたところにヤコブの井戸があった。そこに一人のサマリアの女が人目を避けるようにひっそりとやって来る。弟子たちが食糧の調達に出かけたあとに、井戸端に座したイエスは渇きを覚え、水瓶を携えてきた女に当時のしきたりに逆らって「水を飲ませてください」と言って語りかけた。この対話は身体の渇きを癒す「井戸の水」から始まり、人々を生かす「生ける水」を経て「永遠の命に至る水」へ飛躍的に進展する。実際、ヤコブの井戸の水はしばらく渇きを癒すにすぎないが、イエスが与える水は、どの人の中でも一つの泉となって、もはや渇きを覚えさせない。それは「命を与えるのは〝霊〟である。肉は何の役にも立たない」（ヨハネ六・六三）とあるような人を生かす霊水である。この泉からは活ける霊水が湧き出てきて、そこに神の救いと永遠の命が「人を生かす真理」として啓示される。それでも女はどうしてもこれを理解することができない。「生きた水」とは何か不思議なものであるとぼんやり感じているにすぎない。それがあればもう水汲みという女の労働から解放される、奇跡の水ぐらいに考える。彼女にとって奇跡とは日常生活を楽にしてくれる御利益をもたらすものにすぎない。

ところでこのサマリア人の女は、町にも泉があるのに、町から遠く離れた、しかも「井戸の水は深

い」（ヨハネ四・一一）とあるように、汲み出すことが困難であった井戸になぜ現れたのか。彼女は実は不品行のゆえに評判の良くない女であった。それでも主イエスがこの女に水を請うたことを見ると、彼が伝統的な儀式や習俗に縛られた民族共同体からまったく自由になっているばかりか、評判の良くない女をも人間として扱ったがゆえに、彼女は二重の意味で驚嘆してしまった。

ところが対話はここで急展開を起こし、「行ってあなたの夫を連れてきなさい」とイエスは女に命じている。これによって女とその夫との関係という「人と人」との親密な間柄が問題となり、そこから「神と人」との真実な関係に発展し、「霊と真理による礼拝」にまで至って、ユダヤ対サマリアといった政治的な対決とはまったく異質な「神と人」との霊的な交わりの共同体にまで話が進展していく。

イエスとの対話における自己認識

イエスは話題を一転させ、彼女の心中深く横たわる闇のように暗い部分に光の照明を与える。これは一見すると筋が通っていない対話のように思われるが、「夫」への飛躍は彼女に新しい自己理解を拓くきっかけとなった。というのは、イエスは真剣ではあっても何かしら悩みを抱いた女性の中に問題を直観的に感じ取り、唐突にも「夫を連れてきなさい」と問いかけたからである。この直観は対話のただ中で閃いたものにほかならない。突発的な飛躍と劇的な展開こそ対話的語りに付き物の特質である。この命令とともに彼女はその過去の暗い部分を指摘される。つまり彼女が、五人の夫を以前持っていたが、今は非合法な夫婦関係にあることを言い当てられたがために、イエスを先見者（予言者）として認識する。そこで彼女は、予言者ならば神を礼拝する場所がゲリジム山の神殿か、それともエルサレムの神殿かという、当時の宗教上の大問題を持ち出す。これに対しイエスは、礼拝すべき場所は地理に特定される山でも町でもなくて、「心の内なる霊の深み」であり、そこにおいて真理を求めて礼拝すべきことを告げる。

心の深みとしての霊はゲリジム山とかエルサレムのシオンの丘とかいう特定の場所に限定された祭儀的礼拝を完全に超越している。ヨハネはイエスを神の真理の体現者と見なし、イエスに「わたしは真理である」（ヨハネ一四・六）と語らせる。したがって「真理」といっても理性による客観的で科学的、歴史的、哲学的な真理ではなく、イエスと対話する者に自己認識を呼び起こすような主体的な真理である。

真理の体現者であるイエスの前に立つとき、私たちは真理の光の照明を受けて自分が気づいていない隠された暗闇の部分が照らし出される。それゆえ神の子イエスと対話的にかかわるときには、この真理の光を受けて「赤裸々な自己」の認識と告白が必然的に起こってくる。サマリアの女の物語がこの点を明らかに提示する。

霊と真理による礼拝とは何か

さらにイエスは正しい神の礼拝の仕方を教える。「神は霊である。だから、神を礼拝する者は、霊と真理をもって礼拝しなければならない」（ヨハネ四・二四）と。その意味は、神は霊であるがゆえに、人は霊において礼拝すべきであるということである。このことは比較的理解しやすい。なぜなら理解は共通な地盤から起こってくるからである。それゆえパウロも言う、「人の内にある霊以外に、いったいだれが、人のことを知るでしょうか」（Iコリント二・一一）と。それはギリシアの格言にもあるように「等しいもの同士は理解されうる」からである。これに対し神と人との場合にはどうであろうか。神の霊と相違して人間の霊は、ほとんどの場合、偽り・虚栄・貪欲・物欲・情欲・支配欲・金銭欲といったいわば七つの悪鬼（魑魅魍魎）によって支配され、醜くも汚染されている。そのありようは七つの悪霊に悩まされたマクダラのマリア（ルカ八・二）や悪霊に取り憑かれ墓場をすみかにしていた男（マタイ八・二八）と同じである。神と人の場合には霊である点は同じでも、その内容は質的に相違する。それゆえ人間の霊の現状における悪しき霊の支配や汚染は神の霊によって駆逐されなければならない。そのためには何よりもこの暗黒を照らす自己認識が不可欠である。私たちはこのような認識によって神に対して徹底的に謙虚とされるのである。

このようにイエスとの対話の中で真理の照明によって正しい自己認識に導かれ、謙虚にされたのは、霊において私たちが新生を求めるためである。それゆえ聖書は「打ち砕かれた霊」を恩恵を受ける不可欠の前提と見なし、イザヤ書では「わたしは、高く、聖なる所に住み、打ち砕かれて、へりくだる霊の人と共にあり、へりくだる霊の人に命を得させ、打ち砕かれた心の人に命を得させる」（イザヤ五七・一五）と言われる。同様に詩編は言う、「しかし、神の求めるいけにえは、打ち砕かれた霊。打ち砕かれ悔いる心を、神よ、あなたは侮られません」（詩編五一・一九）と。新約聖書ではマリアの讃歌で、「わたしの魂は主をあがめ、わたしの霊は救い主である神を喜びたたえます。身分の低いこの主のはしためにも目を留めてくださったからです」（ルカ一・四七―四八）と告白される。このように神の顧みはへりくだった霊に立ち向かっている。というのはヨハネによると神から派遣される「真理の霊」が救い主なるイエスを知るように導き、人間を破滅の深淵から救い出すからである。ヨハネは言う、「真理の霊が来ると、あなたがたを導いて真理をことごとく悟らせる」（ヨハネ一六・一三）と。

さて、日本人の現状に目を移すと、同胞がさまざまな霊力の玩弄物となっていることが痛感される。科学技術があたかも神のように日本人の心に君臨し、無神論がはびこり、物質的な利益だけを追求するマモン（財神）の霊が支配している。そのため巷に悪魔的な力の餌食となって殺人・窃盗・詐欺・暴行といった事件が頻発し、極端な無差別殺人にまで及び、人倫は地に落ち、道徳的意識は消滅している。

それに対決し人間らしさを回復することは、イエスがサマリアの女と交わした対話から学んだ「霊と真理による礼拝」によってのみ可能ではなかろうか。なぜなら「人を生かす霊」である「活ける水」に飢え渇いている干からびた心は、「深い井戸」から「真清水」を汲み出して、霊的に生き返ることができるからである。

最後に、この物語で語られた「真理」とよく似ているが、まったく対立する古典的な事例をここで対照してみたい。ギリシャの神話的人物オイディプスは人々がこぞってうらやむ知力と権力、富と名誉からなる幸福を一身にそなえたテーバイの王であった。しかし、すべての人が幸福であると見なしていたこのオイディプスの心の奥底に、彼を破滅に追いやる悪しき宿命のダイモーン〔霊力〕が巣くっていることが突如として明らかになった。彼の日常生活はこのダイモーンの力によって破壊され、幸福な生と思っていた自己の存在が恐るべき霊力の玩弄物にすぎないことを自覚する。テイレシアスという預言者はこうした宿命を「真理」として知っていても、それが人間の力を超えているがゆえに、どうにもならない。彼は自白して言う、「ああ、〔真理を〕知っているということは、なんとおそろしいことであろうか――知っても何の益もないときには」（ソポクレス『オイディプス王』藤沢令夫訳、岩波文庫、一九九一年、三五頁）と。ギリシャ的な精神と知性はこの厳しい現実をあるがままに認識し、気高い心でもってそれに忍従する。

それに対し、私たちの主イエスはこのような状況に置かれた私たちに近づき語りかけてくる。そして悲劇を超えて神が愛であることを告知する。その際もっとも重要なのは、神が、「イエスとサマリアの女」の物語にあるように、主イエスを派遣して、私たちと対話する関係を拓いたことである。この関係こそキリスト教的愛と霊性の根底にある事実である。このことをヨハネは、神がまず私たちを愛してくださり、私たちも神を愛するようになったという仕方で告知する（Iヨハネ四・一〇）。このような「恵みと真理はイエス・キリストを通して現れた」（ヨハネ一・一七）のであるから、この恵みを受けた者は人生に絶望することを永遠に禁じられているのである。

本書『愛に生きた証人たち――聖書に学ぶ』に収録したキリスト教講話集は、聖学院大学生涯学習センターによって二〇〇六～二〇〇七年の二年間にわたって行われた聖書講座「聖書の人間像」において語られたものである。執筆者の顔ぶれはさまざまであって、精神科医や牧師、さらに聖書学者とヨーロッパ思想の研究者がこの講座に参加している。その講話の内容は一般の人々にも理解できる範囲にとどめており、聖書の中でも際立った人物を選んで、「愛に生きた証人たち」の具体像を探究した。当然のことながら、聖書学に造詣の深い研究者も多く参加してくださり、しかも大変わかりやすく語ってくださったので、本書の学術的な宝となっている。またこの講座には熱心な聴講者が多数参加され、講義内容をめぐる質疑応答と対話が盛んに行われた。なかでも平山正実氏は全講話に出席し、その精神科医の立場から討論と対話に積極的にご尽力くださった。そのこともあって講話後の討論と対話はきわめて興味深い内容となった。このような意義深い講話の記録をさらに多くの方々にお伝えしたいと願って、私たちは本書の出版を計画したのである。

付記

聖書の引用は、とくに断りのないものは『聖書　新共同訳』（日本聖書協会、一九九七年）による。著者による補語・注記には〔　〕を付した。なお、聖書の略記は次のとおり（預言書は書を省略）。

旧約聖書

創世記	創世
出エジプト記	出エジプト
レビ記	レビ
民数記	民数
申命記	申命
ヨシュア記	ヨシュア
士師記	士師
ルツ記	ルツ
サムエル記上	サムエル上
サムエル記下	サムエル下
列王記上	列王上
列王記下	列王下
歴代誌上	歴代上
歴代誌下	歴代下
エズラ記	エズラ
ネヘミヤ記	ネヘミヤ
エステル記	エステル
ヨブ記	ヨブ
詩編	詩編
箴言	箴言
コレヘトの言葉	コヘレト
雅歌	雅歌

新約聖書

マタイによる福音書	マタイ
マルコによる福音書	マルコ
ルカによる福音書	ルカ
ヨハネによる福音書	ヨハネ
使徒言行録	使徒
ローマの信徒への手紙	ローマ
コリントの信徒への手紙一	Ⅰコリント
コリントの信徒への手紙二	Ⅱコリント
ガラテヤの信徒への手紙	ガラテヤ
エフェソの信徒への手紙	エフェソ
フィリピの信徒への手紙	フィリピ
コロサイの信徒への手紙	コロサイ
テサロニケの信徒への手紙一	Ⅰテサロニケ
テサロニケの信徒への手紙二	Ⅱテサロニケ
テモテへの手紙一	Ⅰテモテ
テモテへの手紙二	Ⅱテモテ
テトスへの手紙	テトス
フィレモンへの手紙	フィレモン
ヘブライ人への手紙	ヘブライ
ヤコブの手紙	ヤコブ
ペトロの手紙一	Ⅰペトロ
ペトロの手紙二	Ⅱペトロ
ヨハネの手紙一	Ⅰヨハネ
ヨハネの手紙二	Ⅱヨハネ
ヨハネの手紙三	Ⅲヨハネ
ユダの手紙	ユダ
ヨハネの黙示録	黙示録

図版

第Ⅰ部　旧約聖書

アブラハム

神への信仰の試練

平山　正実

アブラハムの生涯から何を学ぶか

信仰の父と呼ばれ（ローマ四・一二）、イエス・キリストの祖先とされるアブラハム（マタイ一・一）の生涯は、決して平坦なものではなかった。彼は文字どおり、波乱万丈の生涯を送った。彼は、人生の途上において多くの困難に遭遇し、信仰によって、その危機を乗り越えた。それだからこそ、現代においてもなお、多くの苦しみの中にある人々にとって、彼の生きざまそのものが、救いと癒しと希望の源泉となりえているのである。それでは、アブラハムは、その生涯において、どのような危機に遭遇したのであろうか。その一生を俯瞰してみることにしよう。

まず、第一は分離の危機である。アブラハムは神から、これまで住み慣れていた故郷のカルデアのウルを出立し、未知の国、カナンの地を目指して、歩み出すように、と命令を受けた。アブラハムが両親や親族と一緒に住んでいたウルは、当時、高度な文化を持ち、経済的にも繁栄していた。つまり、この地を離れるということは、安逸な都会生活を捨てることであった。両親や親族のもとを離れ、根なし草的な遊牧生活を送ることは、彼らの保護を失うことであり、人間的に見れば、そうした行為は精神的・経済的に不利な選択をすることであった。事実、ウルを出たアブラハムは、飢饉（創世一二・一〇）に苦しめられたり、外敵の侵略を受けたりして、試練の連続であった。アブラハムは、ヘブライ人に属するが、このヘブライという言葉は「さまよう」という意味があるという。まさに、彼は「放浪者」「寄留者」として、一生を過ごしたのである。その意味で、彼は常に孤独であった。

分離の危機は旅の途上においても訪れた。彼が、故郷のウルを出て、カナンの地を目指して歩み始めたとき、甥のロトも行動を共にした。ところが、旅の途中でロト一家と、財産上のトラブルが生じ、やがて彼らとも別れることになる。目的を共にして出発した二人であったが、結局は財産や土地にからんだ勢力争いに巻き込まれ、別々の行動をとらざるをえなくなった。この時、アブラハムの気持ちは、どんなに苦しかったか察するにあまりある。

彼は、一家を構えた後も、分離の危機に耐えなければならなかった。つまり、正妻サラと側女のハガルとの間で確執が生じ、アブラハム自身が二人の間で生じた争いを調整できなかったために、妻のハガルとその息子イシマエルと悲しい別れをしなければならなかった。

このように、アブラハムは、故郷という「場」を失うとともに、両親や親族、甥のロト一家、それにもっとも身近な妻ハガル、その息子イシマエルなどと、離別しなければならなかった。彼は、いつも人と人の「関係性」の喪失と彼がよって立つ「場」の喪失とに向き合わなければならなかった。

アブラハムのもう一つの大きな危機は、サラが、奪われるかもしれないという危機に出会ったことである。両親や親族との別れは、アブラハム自身の個人的な決断によるものであったし、甥のロトとの別れは、ロト自身が自らの意志で肥沃な地を選び離れていったものであった。また、ハガルとイシマエルもサラの意地悪な態度によるとはいえ、自らの自由意志で、離れていった。ところで、アブラハムは、事の経緯はともかくとして、異邦人の王に、一時的にせよサラを奪われることになった。これは、アブラハムにとって大変な危機であった。これまでは、自分の自由意志やロトの自由意志によって別れに直面したわけだが、サラとの別れは、権力者によって強引に別れさせられたわけで、彼のショックはこれまでの別れのときより大きかったといえる。

アブラハムのさらなる危機は、自分や妻の高齢化ないし、その限界と闘わなければならなかったことである。それは、身体的危機といってよいかもしれない。サラは、老いてなお子どもが与えられなかった。神は、アブラハムに多くの子孫を与えると約束された。しかし、高齢になってもなお、子どもが与えられない。この事態は大きな危機以外の何ものでもない。

アブラハムにとって、人生最大の危機は、長い間、待ち望んで、やっとのことで世継ぎとして与えられた、一人子であるイサクの命を献げるように、神から命令されたことであった。しかも、子孫の繁栄という神の約束がイサクによって成就されるものと期待していた矢先、子を献げよと言われたとき、彼の頭は、真っ白になった。この時こそが、アブラハムにとって人生最大の危機であり、試練であった。

　かつて、筆者は、危機（クライシス）という言葉は「分かれ目」という意味を持っていて、それは光の世界と闇の世界の分かれ目となるような危機であると述べたことがある（『人生の危機における人間像』聖学院大学出版会、二〇〇六年、五頁）。そして、人生の途上において遭遇するこうした危機とは、配偶者、子ども、親、親族、友人といった愛する人との離別や死別を体験するとき訪れるといった。さらに、財産や故郷、名誉、自尊心、地位、理想、役割を喪失する場合も危機的な状況にあるといえる。また、自分自身や親しい者の命が脅かされるとき、すなわち、病気や高齢化、死、拉致、虐待、犯罪被害などに遭遇するときも危機である（同上書）。

　このように考えてくると、アブラハムの生涯は、まさに危機の連続であった。そして、彼は、いつも、闇の世界と光の世界との分かれ目に立たされていた。

「神の御心に適った悲しみは、取り消されることのない救いに通じる悔い改めを生じさせ、世の悲しみは死をもたらします」（Ⅱコリント七・一〇）という言葉がある。悔い改めという言葉の中には、「方向転換」という意味があるという。アブラハムは、多くの危機に遭遇するたびに自分の姿勢を反省し、方向転換し、主の使い（創世一六・七、一〇、二二・一一）の指導のもと、カナンの地を目指して、歩み始めた。彼は、そうすることによって、死をもたらす「この世の悲しみ」から脱出することができたのである。

アブラハムの〝強さ〟と〝弱さ〟

旧約聖書の記者は、そこに登場する人物をしばしば、強さと弱さ、光と闇という二つの側面から描いている。つまり、人間を神の似像（Imago Dei）としての〝強さ〟を持った存在と見なすと同時に、悪の誘惑に負け罪を犯す〝弱さ〟を持った存在としてとらえている。キリスト教人間学の立場からすると、聖書が、人間をこのような二面性を持った存在として描いているからこそ、面白いし、また聖書の語る事柄が、普遍性を持つ根拠ともなっているといえるだろう。

アブラハムとて、例外ではない。冒頭でも述べたように、アブラハムは、人類の祖先であり、イエス・キリストの家系につながる人物である。つまり、彼は人間の「原型」であるといってよい。また、彼は、イスラエル民族の基《もとい》となった。そして、神から将来は多くの土地を与えられ（創世一三・一五）、子孫が偉大な国民になるという祝福と保証を与えられた。それに加えて、彼は、「多くの国民の父」（創世一七・四―五）になると預言されている。事実、数千年たった現在、アブラハムは、ユダヤ教徒やイスラム教徒、さらにはキリスト教徒の「父」として、今もなお尊敬されている。

このような偉大なアブラハムが、数々の人間的な〝弱さ〟を持っていることを知ったなら、読者は、意外に思われるかもしれない。しかし、聖書の記者は、彼の弱い面も包み隠さず描いている。それが、人間の真実の姿であるということを、彼はよく知っている。

ここで、聖書の中に描かれているアブラハムの弱さを示唆する記述を探ってみよう。

彼は、故郷のハランを出発して、ベテルを経て、ネゲブ地方を旅している途中、飢餓に遭遇した。そのため、エジプトに避難した。ところが、その土地の王、ファラオは、アブラハムの妻サラの美貌に目をつけ自分の妻にしようとした。このことを察知したアブラハムは、もし、サラが自分の妻であることが知られれば、自分の命が危ないと思い、妹と偽った。アブラハムは「彼女は、わたしの妹でもあるのです。わたしの父の娘ですが、母の娘ではないのです。それで、わたしの妻となったのです」(創世二〇・一二)と弁明している。当時、イスラエルにおいては、モビレート婚という慣習があり、異母兄弟と結婚するケースがあったという。それゆえに、アブラハムが、自分の妻を妹であると言った(創世一二章)のは、まったく偽りであるとはいえない。しかし、エジプト王に自分の妻を妹と偽り、差し出し、多額の金品を得たということ、神がこのことを怒り、異教徒の王や宮廷の人々に対して、恐ろしい病という罰を下したこと(創世一二・一七、二〇・三)、王が悔い改め、金品を返還したところ、病が癒された(創世二〇・一四―一八)こと、などを総合すると、彼の行為は、神の前では、決して、褒められたものではなかったことを示している。

以上、上に述べたエピソードは、アブラハムと異邦人の権力者との関係の中で、彼の弱さが暴露された事件であるが、彼は家族間でも、さまざまな弱点をさらけ出した。神はアブラハムに対して、将来必ずサラとの間に後継者を与えられ、彼が国民の父となることを約束された。しかし、高齢になっても、子どもが与えられなかったので、神の約束を待てず、側女ハガルに子どもを生ませている。彼は、人間の考えで、小細工を弄し、神の約束を踏みにじった。

しかし、アブラハムは、さすがに神に選ばれただけあって、優れた人格の持ち主でもあった。これは、彼の強さである。この強さを生み出しているアブラハムの長所についてまとめてみよう。まず、第一に挙げられるのは、神の命令に従順に従ったことである。彼の故郷からの出立、最愛の子イサクを神に奉献しようとしたことなどは、すべて、神の命令に従ったものであった。また、彼は、旅の途中、行く先々で祭壇を築き、礼拝した（創世一二・六―九、一三・一四―一八）。

第二の長所として、彼の寛大さが挙げられる。このことは、ロトとの関係の中で明らかにされた。二人は、故郷のウルを出発、志を同じくする者として、最初、おそらく互いに意気投合していたであろう。ところが、家畜が増え、牧草地の取り合いが始まり、両者の間に争いが生じた。その時、アブラハムは、ロトに肥沃な地を与え、自分は、ロトが嫌った条件の悪い荒地のほうを取っている（創世一三・八―一二）。また、アブラハムは、旅の行く先々で、異邦民族と戦わなければならなかったが、たまたま、異邦人の王アビメレクと戦い勝利したとき、彼から戦利品を略奪しなかった（創世一四章）という記述もある。

当時の戦争では、勝者が敗者から金品を略奪し、捕虜となった人間を奴隷として奪い取ることは、日常茶飯事の出来事であった。ところが、彼はそれをしなかった。そこに、彼の品格が感じられる。彼は、神への信仰を与えられていたので、己の欲望をコントロールすることができたのである。

第三の長所は、彼の指導力ないし交渉能力である。それは、彼の自己に厳しく、他者に対して信義を重んじ、優しい愛の精神を持っていることから生み出されるものである。このことは次の事柄によっても証明される。当時、いったん袂を分かったロト一家が、異民族に襲われ、彼らの財産が奪われるという事件が発生した。この時、アブラハムは、マムレ、エシュコル、アネルという三人の周辺地域を支配していた王と契約を結び、ソドム・ゴモラ連合と戦い、勝利し、ロト一家を救った（創世一四章）。この記事から、彼の懐の深さというものが感じられる。この時、アブラハムは、敵から戦利品を受け取ることを拒否しているが、注目すべきことに、自分に協力した上に述べた三人の王に対してはきちんと応分の戦利品を受け取ることができるように、敵方と交渉している。

このことは、神が、不信仰と道徳的頽廃のゆえに、ソドムとゴモラを滅ぼそうとしたとき、ロト一家を救うとして、果断に神と直談判したアブラハムの姿と重なるものがある。確かに、彼は、ロト一家と一度は利害関係のトラブルから袂を分かった。しかし、同じ親族の出身であることと、かつては、志を同じくして、一緒に行動をしたときの信義と愛情を、終生忘れることはなかった。ここに、彼の偉大さがある。

第四に、強さに基づく長所は、とりなしの精神を持っていたということである。こうした彼の姿勢の背後には、前述した彼の寛大で謙虚な精神がある。

このことを明らかにするために、もう一度、上記のロトとアブラハムとの関係について、振り返ってみよう。アブラハムは、なぜ、一度は、袂を分かったロトのために、神にとりなしを買って出たのか。彼は「間違っている者のゆえに、義《ただ》しい者が滅ぼされてよいか」（創世一八・二三）と神に問いかけている。ここで彼が言っている「間違っている者」とは、ソドムとゴモラの住民であり、義しい者とは、ロト一家を指すのであろうか。

ロトの家族がすべて義しかったわけではないことは聖書の記述に明らかである。それではロト本人は、本当に義しい者だったのだろうか。確かに、彼は、混乱と堕落の中にあるソドムとゴモラにおける法や秩序を代表する人物であったようだ。彼が、いつも都の中心にあって、集会所や裁判所に隣接する門の傍に座っていたということが、そのことを象徴している。彼は、ソドムとゴモラの中に住んでいて、政治力や経済力を持ち、この国の中では、中心的な役割を果たしていたようである（創世一九・一）。

また、腐敗した町が神によって滅ぼされる可能性があるということを察知したとき、ロトは、神の指示に従い、この町から逃げ出した（創世一九・二）。これらは、ロトの〝強さ〟であり義しい側面である。ところが、ロトという男は、アブラハムと同じようにさまざまな弱さを持っていた。この点はアブラハムの人間像と重なるものがある。たとえば、ロトは、アブラハムと土地争いが生じたとき、自己中心的な行動をとっている（創世一三・一〇―一一）。また、彼は泥酔したり（一九・三三）、近親相姦などといったおぞましい罪も犯している（創世一九・三三―三五）。

このように見てくると、ロトも、完全に義しい人ではなく、強さと弱さも持った人物であったことがわかる。アブラハムは、このような人物を、危機的場面において、救済しようとして、とりなし役を買って出ている。ここに、彼の寛大さと愛の精神、信義を重んずる心を見る。私たちは、どんな立派な人物でも、弱さや影の部分を持っていることを知らなければならない。アブラハムやロトも弱さを持っていた。このような者ですら、神のとりなしの業を担うことができるということである。これは、大きな慰めである。アブラハムのこうしたとりなしの業は、イエス・キリストの十字架による贖罪によって成就した人類の罪の赦しの福音のさきがけとなった行為として、記憶されるべきであろう。

アブラハムの受けた試練とその意味

冒頭でも述べたように、アブラハムは、人生の途上において、さまざまな危機に遭遇している。人間関係や財産、命など人間にとって基盤となる「根」の部分を、しばしば揺るがすような出来事に出会っている。なぜ、彼のように優れた資質を持ち、神に祝福を保証された人物が次々と苦しい試練に会わなければならないのか。こうした神義論的課題は、多くの人々を悩ませてきた。俗に言う勧善懲悪的な思想は間違いかということが、そこでは問われている。

「神に逆らう者の安泰を見て、わたしは、驕る者をうらやんだ。死ぬまで彼らは苦しみを知らず、からだも肥えている。だれにもある苦労すら彼らにはない。だれもがかかる病も彼らには触れない」（詩編七三・三―五）。

この詩人は、神に逆らい、驕る者が、安泰に暮らし、苦しまず、物質的に繁栄している、しかも、彼らは病気もせずに、苦しみもしない、こういう現実があるということを指摘している。

他方、ヨブは、次のように発言をしている。「わたしの手には不法もなく、わたしの祈りは清かった」(ヨブ一六・一七)。それなのに「神は悪を行う者にわたしを引き渡し、神に逆らう者の手に任せられた」(ヨブ一六・一一)。つまり、義しい者でも「泣きはらし」「死の闇がまぶたのくまどりとなる」(ヨブ一六・一六)ことがあるとヨブは言うのである。なぜこのようなことが起こるのか。この点に関して、古今東西、多くの賢人や知恵者が議論してきた。とくに、アブラハムが、最愛の子イサクを献げるよう神が命じられたということは、アブラハムにとって、試練中の大試練であった。アブラハムは、神に対して悪いことをしたのか。なぜ、愛の神は、そんなにアブラハムとイサクにむごい試練を与えるのか。多くの人々はこのアブラハムの試練につまずく。この問題を考えるにあたり、勧善懲悪的かつ因果応報論的思考のみにとらわれていては、深い意味がとらえられない。パラダイム(認識のための枠組み)の変換が必要である。つまり、因果応報論的思考から、目的論的あるいは意味論的思考に変える必要がある。

筆者は、聖書に記されている試練には、四つの目的があると考えている。第一は、自己洞察を促す働き、第二は、人格的生長を促す役割、第三は、人との共感性を高める働き、第四は、神により一層近づくためである。

第一の自己洞察を促す働きについて考えてみよう。聖書の中に「神はヒゼキヤを試み、その心にある事を知り尽くすために、彼を捨て置かれた」(歴代下三二・三一)とある。すなわち、試練は、人間の心の中にある自己中心的な思い(罪)や不完全さ(弱さ)を意識化させ、そのことに気づかせ、白日のもとに暴き出す役割を持っており、その結果として、人間に悔い改め(方向転換)を促すインセンティブ(動機付け)を与える(Ⅱコリント七・一〇)目的がある。ヒゼキヤ王も病に罹患することによって、自らの言行を反省するに至った。

第二は、試練や鍛錬によって、人間の人格的生長を促すことがあるという考え方である。つまり、苦難が信仰の基礎を形成するというのが聖書の主張である。

「わたしは、一つの石をシオンに据える。これは試みを経た石、堅く据えられた礎の貴い隅の石だ。信ずる者は、慌てることはない」(イザヤ二八・一六)。

「わたしたちは知っているのです、苦難は忍耐を、忍耐は練達を、練達は希望を生むということを」(ローマ五・三—四)。

「この〔イエス・キリストという〕土台の上に、だれかが金、銀、宝石、木、草、わらで家を建てる場合、おのおのの仕事は明るみに出されます。かの日にそれは明らかにされるのです。なぜなら、かの日が火と共に現れ、その火はおのおのの仕事がどんなものであるかを吟味するからです」(Ⅰコリント三・一二—一三)。

このように「火」すなわち、人生の試練は、その人の人格の核となる信仰を試みるが、一方でその信仰を強固にし、そして、その人格を成長させる役割を有している（Ⅰペトロ一・六―七参照）といえる。

第三は、試練によって、人間は、人の痛みを認識できるようになり、人に対する共感能力を高めることが可能になる。このことは、イエスの受難と関連付けて考えると、一層明らかになる。「〔イエス〕御自身、試練を受けて苦しまれたからこそ、試練を受けている人たちを助けることがおできになるのです」（ヘブライ二・一八）。つまり、試練は、他者の苦悩に対する共感能力を高める働きを有しているということを、この箇所は、私たちに教えてくれる。

第四に、人間が、神の業に参与し、神の栄光を現すための試練というものがある。

「わたしは、わたしの名のために怒りを抑え、わたしの栄誉のために耐えて、お前を滅ぼさないようにした。見よ、わたしは火をもってお前を練るが、銀としてではない。わたしは苦しみの炉でお前を試みる」（イザヤ四八・九―一〇）。

「キリストと共に苦しむなら、共にその栄光をも受けるからです」（ローマ八・一七）。

「あなたがたも、神の国のために苦しみを受けているのです」（Ⅱテサロニケ一・五）。

ここで、私たちが注目すべきことは、神は試練を悪や罪にまみれた人間を滅ぼすために用いられるのではなく、神の名があがめられ、かつ神へ栄光を現すために用いられるのだという主張である（ヨハネ九・一―三も参照）。

つまり、ここでは、試練の究極的な目的は、「義という平和に満ちた実」（ヘブライ一二・一〇―一一）を結ばせるために、必要なものであると考えられている。

このように見てくると、試練を受けないことが、かえって、災いであるという見方も成り立つ。そこでアブラハムが受けた試練の意味をさらに大きな聖書の「契約」という文脈の中でとらえてみよう。

イスラエルにおける神と人との間に結ばれた二つのタイプの契約

旧約聖書を読んでいくと、神はイスラエルの民との間に、たびたび契約を結んでおられる。そして、これらの契約形式を見ていくと、大別して、二つの大きな流れがあることがわかる。一方は、神主導によってなされる契約で、他方は、神に対して、人間の側の責任を問うかたちで行われる契約である。旧約聖書学者の山我哲雄の解説をまとめてみる（『旧約新約聖書大辞典』教文館、一九八九、山我哲雄「契約」の項、四三五頁参照）。

第一は、「神が受領者としての人間の側に何の条件も義務づけも課すことなく、一方的な恩恵として与える契約」であり、これを「無条件型」ないし、「約束型」契約と規定している。このかたちの契約は、ノア契約（創世九章）、アブラハム契約（創世一五章）、ダビデ契約（サムエル下七章、詩編八九・一九―三七）、ピネハスの祭司職の契約（民数二五・一〇―一三）などであるという。これらの契約は、歴史の存続と人類に対する救済の計画は、人間の側の資質に基づくのではなく、人間の罪や悪にもかかわらず、神の一方的、無条件的恩寵によって、成就されるとするタイプの契約であって、これは、人類全体への神の恵みの保証と神の救済意志に負っている。そして、この神が人類全体を救済しようとする意志は、神が自らに課した責務であるとする考えに立つ（『新カトリック大辞典（Ⅱ）』研究社、一九九八、K・H・ワルケンホルスト「契約」の項、七一四頁参照）。つまり、このタイプの契約は神の自己責任が前提となっているところに、大きな特徴がある。

第二は「契約によって成立する神関係が人間の側の義務履行に条件づけられる契約」であり、これを「条件型」ないし「律法型」の契約と規定している。このタイプの契約は「義務不履行の場合の契約破棄と神関係の断絶の可能性が前提」とされるという。つまり、神は、契約を遵守した場合は、祝福を与え、契約の義務を履行しなかった場合、つまり、契約事項を遵守しない場合、あるいは破棄したときは、呪いをもたらすという考え方によって貫かれている。この考えの背景には、神から、義務の履行を委ねられている「契約の民」は、他の民族や人々に対して証人としての役割を課せられているとする思想がある。この型の契約は、シナイ（ホレブ）契約（出エジプト一九―二四章、申命五章）、モアブ契約（申命二九章）、シケム契約（ヨシュア八章、二四章）、ヨシヤ王による申命記契約（列王下二三・一―三）などである。

アブラハム契約について

アブラハム契約の本質は、「無条件型」ないし「約束型」契約である。つまり、一方的、片務的、恩寵的に神が人間にかかわり、祝福するというかたちで、神は、人間と契約を結ばれる（創世一五・一七―一八）。この場合、主導権を握るのはあくまでも神である。

神とアブラハムが契約を結んだとき、外的世界は「暗黒」であった（創世一五・一二）。すなわち、危機的状況の中で、契約が結ばれている。しかも、この時、彼は深い眠りの中にあった（創世一五・一二）。このことは、アブラハムの外的世界も内的世界も「限界性」、つまり自分の意志ではどうにもならない、まさに「限界状況」（ヤスパースが呈示した概念、具体的には、病、死、貧困、罪責などをさす）の中で、神とアブラハムは、契約を結んだ。いや結ばされたといってよいであろう。彼は、精神医学的にいえば、ねむりという一種の意識低下をもたらす退行に伴う変性意識状態ないし夢幻的状態（創世一五・一）の中で神と出会う。この時、彼は、突然、煙をはく炉と松明の火が二つの裂かれた動物の間を通ってゆく（創世一五・一七）のを見た。この不思議な状態に、畏怖の感情（創世一五・一二）に襲われ、彼は、神に「ひれ伏し」（創世一七・一―三）ている。これは、まさに、彼がヌミノーゼ体験〔ドイツのプロテスタント神学者ルドルフ・オットーが提出した考え。宗教の非合理的、神秘的側面である聖なる体験を指す〕を持ったことを意味する。そして、アブラハムはこのような体験を通して、自分と神との契約が決して双務的、条件的なものではなく、あくまでも、一方的、無条件的な恩寵によるものであることを体得したと思われる。このように、神とアブラハムとの間に結ばれた契約は、決して、両者が対等かつ平等、ないし双務的なものではなく、まして、人間の側の権利主張や自己決定に基づくものではなく、あくまでも神主導の契約であることを明示している。

「アブラハムは、主を信じた。主は、それを彼の義と認められた」(創世一五・六)という神主導型の契約関係のあり方は、新約聖書の思想にも受け継がれている(ローマ三・二七―二八、四・二―三、ガラテヤ三・三、五―六)。この片務的、無条件的、神主導的契約には、神の本質である愛が、反映されているのである。

ロトやアブラハムの人生をライフ・ヒストリーの観点から俯瞰すると、両者に共通している点は、強さや優れている点を持っていると同時に、いずれも、弱さや「不完全さ」を有していることであるとわかる。

もしそうであれば、両者共神の本質である義が反映されている「条件型」ないし「律法型」あるいは「双務型」の契約によって救われることはありえない。むしろ彼らですら、義なる神という視点からすれば、神の呪いの対象となることすらありうるであろう。そのため、神と人との間には、神の本質である愛が反映されている神主導による「無条件型」ないし「約束型」の契約が結ばれる必然性があったといえるであろう。

愛なる神と義なる神との戦い

創世記二二章を読むと、アブラハムが、息子イサクに薪を背負わせ、自分は火と刃物を持って歩む姿が描かれている。アブラハムは祭壇を築き、薪を並べ、イサクを縛って祭壇の薪の上に載せた。アブラハムは、神の命令によって、息子を犠牲の献げ物としようとしたのである。それでは、なぜ、神の前に人間は犠牲をささげなければならないのか。それは、人間が弱く、不完全で、罪と悪に染まった存在だからである。アブラハムやロトとてその例外ではありえない。神は真実にして義なる存在であり、聖なる存在である。そうだとすれば、神の義や聖や真は、人間の不義や汚れや偽りを許すことはできない。むしろ、それらの不義は呪いの対象となる。それだからこそ、神は、己の義を貫徹するために、アブラハムに祭壇を作るように命じ、子どものイサクを犠牲としてささげることを要求されたのである。しかし、神はアブラハムが手を伸ばして刃物を取り、息子のイサクを屠《ほふ》ろうとしたとき、義ではなく、もう一つの神の本質である愛ゆえに、主の使いを通してその行為をやめさせた。ここに、神の内における義（真・聖）の原理と愛の原理の葛藤をみる。本来、旧約聖書の「義」（ṣedeq）という言葉には、律法的、法的、倫理的、公平や正義を越える恵み、仁愛、救い、保護、助けなどといった意味が含まれており（『新聖書大辞典』キリスト新聞社、一九七一、小泉達人「旧約聖書における義」の項、三六一―三六三頁参照）、「義」は、正義や公平という概念に限定されるとする考え方はない。こ

39 ——— アブラハム

のような立場に立つと、神の「義」という考えを深めていけばいくほど、愛の原理と義の原理の対立葛藤が深刻化することになる。そこで、この両者をとりなす（調整する）ためには、仲介者がこれらの二つの原理の対立葛藤を肩代わりすること、つまり、自ら贖いのために十字架にかかる以外にない。この愛の原理と義の原理の葛藤という構図において仲介者となったのは、神とアブラハムの間ではイサクと雄山羊であり、神とゴメルとの間ではホセヤであり、神と人間との間ではキリストである。なお、ヨブ記には、神が神の中で、自ら仲介者となるという記述が見られる（ヨブ一六・二一）。このように愛と義の葛藤をとりなす仲介者は、苦難を引き受け、担うことになる。

ここで、私たちが注目するのは、御使いの介入によって、アブラハムがイサクを屠ることをやめた後の両者の関係である。その後、「アブラハムは若者のいるところへ戻り、共にベエル・シェバへ向かった」（創世二二・一九）という簡単な記述があるのみである。イサクは、どこに行ったのか。イサクは行方不明である。この点に関して聖書は一言も、言及していない。イサクは尊敬する父が、まさか自分を殺そうとするなどということは、夢にも思っていなかったのではないか。現代人の感覚からすれば、イサクが、こうした行為を、父による虐待としてとらえたとしてもあながち間違ってはいない。それほど、アブラハムのイサクへの行為は、イサクにとって、ショッキングな出来事であったに違いない。少なくとも彼がこの事件で深いトラウマ（心の傷）を負ったことは間違いない。

イサクが、ここで行方不明になっていることを考えると、彼は一度、精神的に、完全に死んでしまったのかもしれない。聖書は、そのことをあえて言葉にならない言葉、すなわち沈黙という言葉で補っているのではないだろうか。新約聖書では次のような言葉があるが、筆者がこれまで述べてきたことを、これらの記述はある程度暗示しているように思われる。

「アブラハムは、神が人を死者の中から生き返らせることもおできになると信じたのです。それで、彼は、イサクを返してもらいましたが、それは死者の中から返してもらったも同然です」（ヘブライ一一・一九、傍点筆者）。まさに、イサクは仲介者として一度は死んだのである。

ところで、アブラハムは「主の御使」によって、イサクを屠ることを制止された後、近くにいた雄羊を焼き尽くす献げ物として、ささげた（創世二二・一三）。雄羊は、共同体の代表者や一般の人々の罪を贖うための献げ物として用いられた（レビ四、一六章）。

また、他の箇所には、次のような言葉が記されている。

「アロンはこの生きている雄山羊の頭に両手を置いて、イスラエルの人々のすべての罪責と背きと罪とを告白し、これらすべてを雄山羊の頭に移し、人に引かせて荒れ野の奥へ追いやる。雄山羊は、彼らのすべての罪責を背負って無人の地に行く。雄山羊は荒れ野に追いやられる」（レビ一六・二一―二二）。

イサクが行方不明になったという事実と、この雄山羊の行く先である死を象徴する無人の地や荒れ野とを重ね合わせてみると、イサクがいなくなったということの中に、何か深い真理が隠されているような気がする。

新約聖書では、アブラハムの献げた雄羊も、アロンの献げた雄山羊も、完全な贖罪機能を果たすとはいえないと記されている。「雄牛や雄山羊の血は、罪を取り除くことはできない」（ヘブライ一〇・三―四）。人類の罪を完全に取り除くことができるのは、キリストの十字架のみである（ローマ四・二一―三、ヘブライ七・二七―二八、一〇・八）。

そして、このキリストへの贖罪信仰を持った人、つまり、キリストを「神の子と信じる人は、自分の内に証がある」（一ヨハネ五・一〇）という。この「証しがある」あるいは、「証しをたてる」という言葉は、重要である。旧約聖書における証しという言葉の中心になるのは、人間の救済を目的とした神の業としての契約の箱である。契約の箱は、証しの箱（出エジプト二五・二二、民数七・八九、ヨシュア四・一六）ともいわれた。つまり、契約の民は前述したように、他の民族や人々に対して証人としての役割を課せられていた（三五頁参照）。新約時代になると、信仰によってイエスに出会った人たちは、キリストの受難の証人（一ペトロ五・一〇）といわれ、生命をかけて愛と義の戒めを実践することが、真実の証人であるといわれた。このように見てくると、信仰による証し人は、その人の人間性が、完全であるか否かではなく、その人間の神やキリストへの信仰、他者への愛の姿勢や行為そのものが、重要な意味を持っていることがわかる。

「神がわたしたちの父アブラハムを義とされたのは、息子のイサクを祭壇の上にささげるという行いによってではなかったですか。アブラハムの信仰がその行いと共に働き、信仰が行いによって完成されたことが、これで分かるでしょう」（ヤコブ二・二一―二二）とある。ユダヤ、キリスト教の根本は、ここに述べてあるように「信仰が行いによって完成される」こと、すなわち、「信仰と受苦を伴う行いが共に働く」こと、そのことこそ究極的な神の証人としての姿であると考えられる。

アブラハムのふところへ

最後にアブラハムと新約聖書に記されている「金持ちとラザロ」の物語（ルカ一六・一九―三一）との関係について若干言及しておきたい。ここであえて、この物語を取り上げたのは、アブラハムにおける祝福というテーマを最後に取り上げてみたかったからである。

「ある金持ちがいた。いつも紫の衣や柔らかい麻布を着て、毎日ぜいたくに遊び暮らしていた」（ルカ一六・一九）という文章で、この物語は始まる。この金持ちと対照的な生活をしていたのが、ラザロである。彼は、貧しい生活をしている上に、全身できものができていて、苦しんでいたという。彼は、その金持ちの食卓から落ちる食物で、なんとか、飢えを凌いでいた（ルカ一六・二〇―二一）。現世において、貧困と病気に苦しんでいたラザロは、死後、天使たちの助けを借りて、アブラハムのふところに連れて行かれた（ルカ一六・二二）。他方、金持ちは、陰府《よみ》の世界で良心の呵責に責めさいなまれていた。これが、この物語の概要である。この物語の内容に含まれているいくつかの論点について、触れておきたい。

第一は、金持ちとラザロの関係が、現世と来世とでは、逆転していることである。この物語は、勧善懲悪的な道徳譚のように見えるが、金持ちと貧乏人とを対比させ、現世と来世との地位の逆転を示すことにより、長期的なスパンで見た場合、その格差は是正されるということ、つまり、神の前では究極的には公平と正義が保たれるとの主張にあると考えられる。

第二は、この物語をよく読むと、現世において、貧乏で病気を持っていた人物は神にラザロという固有名詞で呼ばれている。また、死後もラザロという名で呼ばれていることから、神は現世でも死後もラザロという人物を覚えておられたことを示している。ところが、金持ちの方は「ある金持」と記されているだけで、名前が付けられていない。旧約聖書の世界では「名」は神の支配と結び付いており、その中に潜む力が影響力を及ぼすと考えられていた。具体的には、名は人格（創世三二・二〇、一七・五、イザヤ七・一四、九・五）、名声（創世一一・四、一二・二、詩編七二・一七、エゼキエル一六・一四―一五）、記念、名誉（出エジプト一七・一四、申命三二・二六）などを意味した。そして、人の名は、その子孫の間で生き続ける（創世二一・一二、サムエル下一八・一八、申命二五・五）と考えられていた。つまり、名付けられるということは、永遠性や普遍性を持つと考えられていた。逆に、聖絶によって、一つの民族の名が消し去られることもあった。このことから考えると「金持ちとラザロの物語」の中で、ラザロという名がアブラハムという名と並んで記されていることは、誠に意義深いことである。ところで「ある金持ち」のほうは、なぜ「名前」がないのか。おそらく彼は現世において、己の欲望のおもむくままに、ありあまる富を使って放蕩の限りを尽くし、生きることを、楽しんでいたのではないだろうか。欲望という言葉は、「空虚」「空しさ」という意味と「偶像」という意味がある（平山、前掲書）。陰府は、「影」のごとき存在（詩編八八・七）であるという。つまり、金持ちは、現世において、表面的にはきらびやかな生活を送っていたように見えても、実はすでに、この世において、「影」のように空しく、空虚な「陰府」の世界と「地続き」の世界に住んでいたのではないだろうか。現世において、すでに、彼は、表面的にはそうでないように見えても、魂の世界は、陰府化していたのではないかと思われる。それだからこそ、彼は名前がなかったのではないだろうか。金持ちにおける現世と来世の陰府化は、次の言葉が、ある程度、暗示しているように思われる。陰府の世界で、金持ちはこう言った。「父アブラハムよ、もし、死んだ者の中からだれかが兄弟のところに行ってやれば、悔い改めるでしょう」と。しかし、アブラハムは言った。現世で「もし、モーセと預言者に耳を傾けないのなら、たとえ死者の中から生き返る者があっても、その言うことを聞き入れはしないだろう」（ルカ一六・三〇―三一）と。アブラハムは、ここで現世にいる者は、金銭への執着を捨て、悔い改め神に帰ることをすすめている。この金持ちの場合、現世において、彼の拠り所であったまさにその富が、来世における陰府の世界において彼を見捨て、神を失わせる原因となった（エレミヤ一七・一一）。

第三に、陰府の世界における金持ちとラザロとの間の心理的・物理的距離の問題に言及しておきたい。金持ちは、陰府において、苦しみながら、ふと目を上げると、「アブラハムとそのすぐそばにいるラザロとが、はるかかなたに見えた」（ルカ一六・二三、傍点筆者）。そこで、金持ちは、「大声で」

ラザロを呼んでいる。確かに、金持ちとラザロとの距離は、「はるかかなた」と書かれているように離れており、両者の間には、「大きな淵」があるので、すぐには近寄れない。このように、両者の距離は、離れている。しかし、注目すべきことに、金持ちは、ラザロとアブラハムの姿を見ており、声かけしているのだから、コミュニケーションは、可能な距離にあるということがわかる。つまり、両者の間には大きな淵がありながら、「関与しながら観察」可能な位置関係にある。それでは陰府の世界において、金持ちのほうから、ラザロやアブラハムのほうに行くことは可能であろうか。大きな淵を渡るためには、その前提条件として、キリストのとりなしが必要になる。また、金持ちは欲望に従って自己中心的世界に生きることの罪を悔い改める必要がある（ルカ一六・二三〇）。聖書を読むと、陰府の世界も究極的にはヤハウェの支配下にあると記されている。神は、「たとえ、彼らが、陰府に潜り込んでも、わたしは、そこからこの手で引き出す」（アモス九・二、詩編一三九・八、サムエル上二・六）とある。ヤハウェは、陰府の世界にも下って行き、「とりなし」「引き出す」ことが、おできになる。もしそうだとすれば、弱さと不完全さを持つアブラハムが、同じような弱さと不完全さを持ったロトをソドムとゴモラというこの世の〝陰府〟あるいは陰府化した世界から引き上げたように、また、いったん精神的死の世界に下ったイサクを、神がそのとりなしによって、引き上げられた（ヘブライ一一・一九）ように、欲望の奴隷となった金持ちも、悔い改める機会が与えられ、自ら回心するならばキリストのとりなしによって救済される可能性は、残されているのではないか。なぜなら、この物語の中で金持は〝悪者〟の役割を演じているが、ラザロの〝引き立て役〟としての存在意義は認められるべきであり、しかも、陰府における非常な苦難の中で、すでに悔い改めの必要性を認識している（ルカ一六・三〇）からである。ちなみに、キリストは黄泉の主である（Ｉペトロ三・一九―二〇、四・五―六、黙示録一・一八）と記されている。つまり、キリストは、黄泉をも支配しておられる。そして、十字架にかけられ亡くなられた後、死者の救いのためにとりなしを行うために、陰府に下られた。キリストは「わたしは、アブラハムの神、イサクの神、ヤコブの神であるとあるではないか。神は死んだ者の神ではなく、生きている者の神なのだ」（マタイ二二・三二）と言われる。つまり、神の人間に対する存在の目的、計画、摂理は、人間を祝福し、命を守ることにある。アブラハムの生涯から、私たちは、そのことを学ぶことができる。

モーセ

とりなしの愛

並木　浩一

イスラエル宗教と歩みを共にするモーセ像

律法書の中心人物であるモーセ

旧約聖書の中でモーセほど圧倒的な重さを占める人物はいない。創世記に始まり申命記に終わる五つの書物は、後代にはモーセが書いた書物と見なされ、「律法」（トーラー）とも呼ばれた。ユダヤ教のアイデンティティーを決定したのは「律法」の書物群であった。それらはその中心に律法（掟と戒め）が置かれる。人々はモーセを通して律法が啓示されたと信じたがゆえに、他の書物よりも重要視した。

出エジプト記はまず、モーセが神の指示と支えを受けて、エジプトで奴隷状態に置かれていた同胞を荒野に脱出させたことを叙述する（出エジプト一―一五章）が、モーセの本領は神から受けた律法の伝達者として、またエジプトを脱出した人々をヤハウェとの契約関係に導き、神の民イスラエルの基礎を築いたことにあった。このモーセの特別な役割を明確に打ち出すのは、出エジプト記一九章以下の記事においてである。出エジプト記の現在のテクストに従えば、契約関係の樹立（二四・三―一二）を準備するものとして民に与えられた基本的な律法は「十戒」（二〇・一―一七）と「契約の書」と呼ばれている法（二〇・二二―二三・一九）であった。契約関係の樹立でヤハウェと民の関係が確立したように見えたが、実は事態は反対方向に展開した。モーセが律法と戒めを記した石板を受け取るために再び神の山に上っている間に、山の麓で待機していた民は早くも背信行為に走った（三二章「金の子牛事件」、後述）。この重大な事件は、モーセの努力で一応の決着が付けられた後の三五章以下から、レビ記、民数記の前半にかけては、祭儀的な諸種の法規と、祭司の手による公的な儀礼の執行が長々と叙述される。しかし民衆は荒野でのつらい生活に耐えかね、さまざまな不満をもらしてモーセに幾度も反抗したので、彼は対応に苦慮する（とくに民数一一―一四章）。他方、この民は周囲の民族の抵抗にあう。彼らは一気に約束の地に入ることはできず、結局、四十年もの歳月を荒野で過ごした。その間にエジプトを脱した当時の大人たちは死に絶える。民が荒野に滞在する間、ヤハウェはこの民と移動する会見の幕屋に臨在して、モーセを介して人々を指導した。申命記では、モーセは死の直前に、四十年前に神から託されていた律法（宣布済みのものでシナイ山で受領する律法とは別のもの）を長い説教の後で遺言のかたちで人々に聞かせる。この神と民との仲保者の役割を果たしたこのモーセも、約束の地を見渡すことのできるピスガの山で死ぬ（申命三四章）。

以上が出エジプト記から申命記までの律法書に描かれたモーセ像の大まかな姿である。律法書はこの人物なしにはイスラエルの成立はありえなかったと見なしている。

モーセはイスラエルの何であるかを語る

エジプトからの脱出を前十三世紀の出来事と推測すれば、律法書の文書群におけるモーセの働きについての最初の叙述が始まったのは早く見ても五百年後、文書化はかなり時代が下ってからのことであり、律法書におけるモーセ像がほぼ確定するまでには、彼が生きたと考えられる時代から八百年ぐらいの時が経過している。しかもモーセは叙述の開始時代から、執筆者の思想と主張の代弁者の役割を担わされている。このような事情があるので、聖書の叙述から歴史的なモーセ像を取り出すことは不可能である。しかしここで直ちに大事なことを記さなければならない。律法書が描くモーセが歴史的実像でないとの理由をもって、モーセについての記述に価値なしと考えてはならない。むしろその叙述に「イスラエルとは何であるか」が書き込まれているということこそ、モーセ像の比類なき価値である。律法の聞き手はモーセの働きについての叙述を通して、イスラエルの現実を認識し、神の民としてのアイデンティティーを確認したのである。

律法書が編纂されたペルシア時代の終わりごろは、イスラエル民族が国家を失ってからかなりの世紀が過ぎていた。この間に支配者はバビロニアからペルシアに変わっただけで、支配と被支配の構造は変わらなかった。支配され続ける現実が今後変わるであろうという見込みもなかった。実際、ペルシアが滅びても、覇権はマケドニアに取って代わられただけである。イスラエルは国家としての自立を断念して、大国の支配下で生きるほかに道はなかった。それに満足できない人々は神による政治的世界の転覆という幻に生きたが、非現実的であり、危険でもあった。このような状況下で民の秩序の維持に責任を負った指導者たちは、イスラエルが政治的力関係に左右されない「神の民」であることの自覚を深めて日常生活の倫理的な充実を図り、そのことの中に世界創造者であり、またこの民族を神の民として選んだ唯一神への信仰に生きる民族の存在意味を見いだした。律法書が神とイスラエルとの関係を強化する方向で律法の整備したのはそのためであった。モーセはイスラエルの立法者、法の解釈者、教師、神と民との仲保者となったのである。

律法の整備において宗教的な法規が特殊な発展を見せた。それは政治と宗教を分離して、被支配民族には宗教的な慣習のみを認めようとするペルシアの神権政治擁護の政策にかなっていたが、イスラエルの場合、それはペルシアの政治的権力とそのイデオロギーを受け入れたことを意味しなかった。むしろ指導者たちはペルシアの政策を利用して、この民族の法の宗教的な基礎付けを徹底し、そのことによって、支配国家の秩序の正当性に対抗できる思想的な基盤を構築した。オリエント専制君主国家においては皇帝が最高神の委任を受けて統治のための法を制定、宣布するのであり、自らは法に拘束されない。これに対してイスラエルの律法はヤハウェ自身が法の制定者であることを明確に打ち出した。イスラエルの王が律法の制定に関与する余地はない。むしろ王はこれを生涯学ばなければならない（申命一七・一八―一九）のである。特殊なかたちではあるが「法の支配」が律法には認められる。モーセは神が定めた律法の伝達者として意味付けられた上での立法者であり、神と人々との仲介者である。モーセ像の形成が古代国家の秩序観に対するイスラエルの明確な態度表明であった。

そのような意味を担うモーセはいわば「アンチ王」である。実際、彼の誕生記事がその特色を持っている。モーセは誕生後、ファラオの権力によって殺害されることを免れるために川に流されたが、ファラオの娘に拾われて育てられた（出エジプト二・一―一〇）。嬰児モーセの遺棄・生育物語はアッシリア王国の始祖サルゴン王の遺棄伝説を造り替えたものである。川に遺棄された嬰児サルゴンは水汲み人に拾われ、女神イシュタルの愛を受けて生育し、神的な王者たる資格を得た。モーセはヘブライ人の女の乳で育つのであり、女神がモーセに授乳し、仕えるというようなことはない〔サルゴン伝説、女神イシュタルの愛の政治的忠誠の意味については、E・オットー『モーセ――歴史と伝説』山我哲雄訳、五六頁以下を参照〕。

神に仕える僕であり、民の指導者であったモーセは、反抗する民の矢面にしばしば立たされた。いかなる事態においてもモーセは神に服従し続ける。この意味でモーセ像は「アンチ民衆」像でもある。モーセ像はイスラエル民族の問題性を浮き彫りにする役割を演じた。律法の聞き手にとってはモーセは自分たちに反省を迫る教師であった。

このように記せば、モーセは神の意志と一つになることのできた完璧な指導者であるように見えるが、律法書はモーセをも反省する側に置く。モーセも人間的な感情に動かされて、神の命令から逸脱した動作を行ったことがあった。その時、モーセは協力者アロンと共に「あなたたちはわたしを信じることをせず、イスラエルの人々の前にわたしの聖なることを示さなかった」（民数二〇・一二）と神から叱責された。律法書がこのような記事を書き入れたのは、モーセが神に近い特別な人間ではなかったことを明らかにして、人間を神格化することを徹底的に警戒したからである。

まとめてみよう。律法書のモーセの姿には、信仰の民としてのイスラエルのあるべき理想と、容認してはならないことが投射されている。イスラエルが何であるかは、モーセの描かれ方のうちに語られている。

モーセは神と民との間を結ぶ特異な預言者であり、孤独な「個」である

申命記の叙述によれば、神が山で律法を授与するときに、人々は燃える火を恐れて山に登ることができなかった。モーセは誰も近づけない火に近づき、神と顔を合わせて神の意志を直接に聞くことのできた唯一の人であった（申命五・五）。モーセは普通の人間とは異なり、神の意志を聞き取る力があり、それを言葉にすることのできる霊的な能力を持つ人であった。聖書ではそのような人を「預言者」（ナービー）と呼んでいる。モーセはその資格を十分に満たしている。

申命記はモーセに「あなたの神、主はあなたの中から、あなたの同胞の中から、わたしのような預言者を立てられる」（一八・一五）とイスラエルに向けて語らせる。主ヤハウェの名によって語る人物は誰でも、預言者と呼ばれる可能性があるが、彼が神に示された言葉を語ったかどうかは、その預言したことが成就するかどうかで判定される（一八・二二）。しかし、これを語るモーセ自身の預言者性

は申命記の預言者の真偽判断の基準をはるかに超えている。モーセだけは神と顔を合わせることのできた人、「口から口へ、わたしは彼と語り合う」（民数一二・八）ことができた。彼はストレートに神の言葉を聞くことができ、それを人間に仲介した。その所産が律法の言葉にほかならならない。律法授与者はこのモーセ以外にありえなかった。「イスラエルには、再びモーセのような預言者は現れなかった」（申命三四・一〇）。

申命記における律法授与者としてのモーセ像に不足があるとすれば、それは神と人間の狭間で苦しむ孤独な人間としての指導者の姿が現れてこないことである。もっとも、申命記でも、モーセが約束の地に入れない理由を語る箇所では彼の孤独感がちらりと現れる。それは、次の場面である。神は民が荒野での生活に耐えかねてあげた不満の声を聞いて憤り、戦士たちはすべて荒れ野で死に絶えて一人も約束の地に入れないと語ったが、神の怒りはモーセにも向けられた。「主はあなたたちのゆえにわたしに対しても激しく憤って言われた。『あなたもそこに入ることはできない』」（一・三七）とモーセは語っている。これは確かに悲しい運命である。しかしモーセが民の罪に連座することで民とのつながりを保つ限り、彼は孤独ではないだろう。

申命記のモーセ像に比べると、出エジプト記におけるモーセ像には暗さがあり、神と人との間に立つ指導者の孤独が際立つ。モーセはミディアンの祭司の家畜を引き連れて知らずして神の山に足を踏み入れたときに神から突然に民をエジプトから脱出させることの召命を受けた。彼は執拗に辞退したが、それは彼が単に課題遂行の能力がないと感じたからではなく、民から孤立する恐れが胸中を去来

したからではなかったろうか。彼が民から孤立したときには、彼を民に遣わす神の意図が見えなくなる。召命に従う決心をした後も、彼は神の指導についてはひそかに恐れを感じていたであろう。心中の恐れは、彼が妻と子供を連れてエジプトに向かう途中、「主はモーセと出会い、彼を殺そうとされた」（出エジプト四・二四）という不思議な一夜の経験に投射されているように思われる。モーセは民の離反を味わうばかりでなく、神の峻厳な意志にも直面した。それは後日のモーセの苦境を示唆するエピソードであった。

　イスラエルの優れた人々は、民と神の両者から切断されてそのはざまに陥るとき、「個」である現実に突き落とされた。古典預言者は神の厳しい裁きを語って民から孤立した。出エジプト記に見られるモーセの姿は、申命記路線での「預言者」（ナービー）ではなく、むしろ神の厳しい裁きの意志を告げて人々から排斥された指導者であり、古典預言者のような愛国的な知識人のあり方に似ている。

イザヤは名門貴族としての栄誉ある生き方を捨てて、民の耳と眼をふさぐために厳しい言葉を語る預言者の道を選んだ。エレミヤは妻帯して家庭を築くという人生の可能性を犠牲にした。ホセアは逆にバアルに仕える女を神の命令によって娶り、幸せな家庭生活を築くことを放棄して、背信のイスラエルに対する神の怒りと愛とを身に引き受けつつ語る人生を貫いた。出エジプト記三二章においては、モーセもまた神に対する民の背信行為に直面し、その翌日、民が生きるために自分の生きがいを犠牲にする覚悟を示した。ここにモーセの孤独は極まり、「民に対する愛」がもっとも劇的な仕方で示されたのである。

このような「愛」の実践が聖書では「とりなしの祈り」として示されている。エレミヤの神は彼が民に対するとりなしの祈りを神にささげることを禁止したが、それは神が人間のとりなしの祈りに対して自由に行為する方であり、またエレミヤにとってはとりなしの祈りが聞き入れられるか否かにかかわらず、その祈りに彼が預言者としての生存理由を見いだしていたことを物語る。次章の結論部で触れるように、モーセの祈りもまた聞き届けられず、彼が民に対する神の将来の厳しい対応を覚悟しなければならなかった（出エジプト三二・三四）。

モーセは自由に人間が生きるための基本的な条件を「戒め」として告げる

ホセア、エレミヤ、モーセが示したような民に対する捨て身の「愛」を誰もが実践できるものではない。端的にいえば、それは彼らのような宗教的な達人にのみ可能なあり方であり、一般の人々には困難な課題である。律法書は、このような達人たちにかろうじて可能な厳しい愛の実践を人々に要求することはない。律法は「あなたの隣人を愛しなさい」と命じる場合にも、「自分自身を愛するように」との説明を忘れない（レビ一九・一八）。人は誰でも自分のことは愛する。律法書は一般の人々の生活に規範を与える意図で編まれているゆえに、戒めが人々の日常において実践可能でなければ意味を持たない。

申命記はとくにこのことを意識しており、「御言葉はあなたのごく近くにあり、あなたの口と心にあるのだから、それを行うことができる」（三〇・一四）と強調する。「御言葉」すなわち「戒め」が人々の「口と心にある」とは、戒めの実行が難しくないということだけではなく、それが人々の生きる願いと結び付いたものであることを示唆する。人々の願いは他人から強制される奴隷的な生活ではなく、自由に生きることの確保である。戒めは人々にその自由を相互に保証し、自己の自由を確保するためにこそ定められている。

そのことをもっとも意識したのがいわゆる「十戒」の授与を描く叙述である。十戒は出エジプト記二〇章一―一七節が有名であるが、実は申命記五章六―二一節に記されているほうがオリジナルである。両者の間に多少の相違があるが、両者ともに「わたしは主、あなたの神、あなたをエジプトの国、奴隷の家から導き出した神である」との前書を付けている点は変わらない。この前書きが付されるには理由がある。人は奴隷状態から解放されて自律性を取り戻して初めて、神との関係、隣人との関係を創り出し、維持するための戒めを守ることができる。戒めへの服従を奴隷的に強制されるところでは、戒めは存在できない。戒めは自由人の生存のために定められた共同の約束事なのであり、その意味を認めて自発的に服従するときにのみ意味を持つ。またそのような自発的な服従によってのみ、契約関係は維持され、人間の自由と尊厳が確保できる。

もし、人間が自分を絶対化したり、人間の利害を超越する神ではなく、人間にこそ最終的な権威があると考えるときには、共同の約束事は容易に破られる。しかし人間は自然のままでは境界を侵犯して、自己を拡張させる本能に生きる。自己拡張を禁じる境界設定がもし人間に定められているとすれば、それは人間に最初から与えられている限界である（それを破ることは「高慢」である）と認めるか、超越者の意志によって人間を超えたところから設定されている法《のり》と受けとめるかのいずれかであろう。律法書は後者の立場に立った。

律法に存在意味を与えるこのような法の精神を教訓的なかたちで示すのが「十戒」である。したがって自律と法との不可分なかかわり、および超越者の関心事を説く前書きが十戒には必要であった。この十戒でもっとも根本的な規定は限界侵犯の禁止の根拠にかかわる二つの戒めである（それゆえに最初に置かれている）。「あなたには、わたしをおいてほかに神があってはならない」という他の神の礼拝を禁じた第一戒と、「あなたはいかなる像も造ってはならない。……それらに向かってひれ伏したり、それらに仕えたりしてはならない（以下省略）」という、神像の製作とその像を礼拝することを禁じた第二戒（それは結局、偶像礼拝を禁じる戒めと理解される）の二つである。

この二つの戒めを積極的な言い方に直していえば、神々の中から人間が自由人であることを欲するヤハウェだけを選択すること、人間が神を造り出すことによって人間の力や欲望を神とするという倒錯に陥り、精神の自律を失ってはならないということである。人間が神を造り出してこれを礼拝すると、人間は自分が造り出した政治的、宗教的な権力、神格化された生産力、社会的な階層秩序に結局は束縛されることになる。民がモーセにもらしたエジプトへの郷愁は、そのような束縛への回帰の比喩表現である。人々をエジプトへの隷属から解放した神は、人々が宗教的な欲望に負けて再び神を造り出し、これにひざまずくことを黙視しない。神はそのことによる自由人であることの放棄をご自分との契約関係を破ること、背信であると認識して、厳しい姿勢で臨む。それが律法における根本的な罪、大罪なのである。

しかし多くの場合、ヤハウェ礼拝からの離反について人は無自覚である。人が生命を直接的に増強してくれるように見える諸力にひざまずくこと、それがヤハウェを捨てて他の神々に仕えることであるが、当事者はそれが神を怒らせる行為であることを認識できない。それが預言者や律法書のモーセが直面した問題であった。彼らはこの現実に直面して苦闘したのである。聖書が語る「愛」はこの苦闘を媒介にして語られる。それは決して自分の生命力を増強すると思われる対象に惹かれ、それに固着するようなことではない。その固着の感情が熱烈であっても、偶像礼拝へと向かう宗教的な情熱であり、「愛」ではない。

愛のイニシャティヴは神にある

申命記は十戒に見られる教訓的な戒めの付与、それを意味付けるモーセの説教と掟の要求に満ちている。そのために申命記は人々をモーセの権威に訴えて神に服従させるために必死であるように思われるが、実はこの書物が熱心にすすめる神への姿勢は、人々が「主を愛する」ことである。「主を愛する」とは神への服従の強制ではなく、自発的な「愛する」行為である。申命記の一番中心的な戒めは「聞け、イスラエルよ。我らの神、主は唯一の主である。あなたは心を尽くし、魂を尽くし、力を尽くして、あなたの神、主を愛しなさい」(六・四—五)とのいうフレーズであるといっても過言ではない。

たとえ愛の対象が人間ではなく、神であっても、人は強制されて愛することはできない。人間の自由が他者に対してもっとも積極的なかたちで示されるのは愛においてである。愛することは自発的であり、魂の喜びを伴う。それは自己の利益のために他者を私のものにすることではない。利用の姿勢と愛の姿勢とは相反する。

申命記の語り手であるモーセは「シェマー」(この戒めの名称)を子供たちにすべての機会をとらえて教えるように命じ、「更に、これをしるしとして自分の手に結び、覚えとして額に付け、あなたの家の戸口の柱にも門にも書き記しなさい」(六・八—九)とも要求する。今日でも律法の言葉を文字どおりに守る一部のユダヤ教徒はシェマーを記した小箱を手と額に結び付けて、申命記の熱心なすすめに応えている。人々の熱心さは、神と人間とのかかわりの一切がシェマーの実行から始まるような印象を与える。しかし、人が神を愛することなしには何も始まらないのであろうか。もしそうだとすれば、たちまち多くの問いが発生する。人間の愛には問題が伴うのではないか。人は対価を求めることなく、ただ神を愛せるだろうか。そもそも人間が超越者である神を愛するというようなことが可能であろうか。人間は心の奥底では神に見返りを期待しながらそれに気づかず、自分は神を愛しているのだという錯覚に陥るのではないだろうか。申命記にはこのような疑問に理論的に答える用意がない。それに代えて、この書物は神による愛の実践を語る。人がまず神を愛したのではなく、神がまずイスラエルを愛したのだ。そして神は今日もなお、ご自分が愛したイスラエルをかけがえのない「宝」とされている。

申命記は神がイスラエルを愛したことを、神がこの民を「選んだ」のだと表現する。「あなたは、あなたの神、主の聖なる民である。あなたの神、主は地の面にいるすべての民の中からあなたを選び、御自分の宝の民とされた」(七・六)。イスラエルは「聖なる民」と呼ばれているが、民が神聖さを帯びているわけではなく、この民がヤハウェに選ばれることによって他の民族から分かたれているからである。申命記はさらに、神がイスラエルを選んだ理由と実行とを次のように説明する。

「主が心引かれてあなたたちを選ばれたのは、あなたたちが他のどの民よりも数が多かったからではない。あなたたちは他のどの民よりも貧弱であった。ただ、あなたに対する主の愛のゆえに、あなたたちの先祖に誓われた誓いを守られたゆえに、主は力ある御手をもってあなたたちを導き出し、エジプトの王、ファラオが支配する奴隷の家から救い出されたのである」（七・七―八）。
これは綱領的な宣言である。神がイスラエルを愛し、選んだのは、この民がどの民よりも貧弱であったからであるという。不条理の一語に尽きるような説明である。この民はかつて人間的な観点からは、選ばれる値打ちもない人々であった。それゆえにこそ、神は愛し、選び、奴隷状態からの解放を一方的に約束し、実行した。神はこの民族が背負う重荷を共に負ってくださったのであり、今日もそうだという。

このように人間的な愛の基準では測りがたい神の愛が人間が神を愛することに先行している。神はご自身に誠実であるがゆえに「信頼すべき神である」（七・九）。聞き手の「今日」の状況においてそれは実証されている、それゆえ民は「主を愛する」ほかはないのである。とすれば、神と人間とのかかわりは人が「主を愛する」ことから始まるのではない。むしろ人々が「神を愛する」とは、愛されるに値しない自分たちが今日あるようにとかつて父祖を選び、今もなおそのことに誠実でありたまう神の愛に対する応答以外の何ものでもない。突き詰めていえば、モーセが命じる神への愛は、今も提供されている神の愛を受けとめることにほかならない。愛を受けとめる人は感謝の気持ちで満たされる。神は人々をそのように導く。愛のイニシャティヴは神にある。

しかしそれでもなお問いが残されるだろう。人は本当に神の愛に応えることができるであろうかと。現在の申命記はホレブにおける民の背信事件を知っており、その問いへの楽観的な姿勢を退けている。

この事件については九章が取り上げているが、すでにこの事件は出エジプト記三二章において詳しく語られている。申命記九章の簡潔な叙述は出エジプト記での叙述を要約したような感じを読者に与える。この事件については出エジプト記三二章を検討するのが賢明である。そこで三二章の検討を次に行いたい。

「金の子牛」事件とモーセ

契約関係樹立と再確認の文学構造におけるこの事件の位置

出エジプト記三二章はモーセの不在中にシナイ山の麓で起きた「金の子牛」鋳造事件として知られている。事件はモーセがシナイ山上で神の律法を受領するための逗留を終えようとしているときに起きた。三二章に接続することを予定している現在のテクストによれば、モーセがシナイ山上に逗留すべき期間は四〇日とされている（二四・一八）。山の麓で待機する民はモーセが行方不明になったと考え、不安に陥り、祭司アロンに金の子牛を造らせて、これを礼拝した。モーセは神が背信の民がこの場で滅ぼされないように、とりなしの祈りをささげて、即座の処罰だけは免れた。三三章ではモーセは会見の幕屋に入り、処罰を延期した神に対して、荒野で民の指導を再開することを懇願、神はそれに応えてご自身が民と歩みを共にすることを約束する。次いでそれを保証するかのように神がご自身の栄光をモーセに現し、彼との固い絆が確認される。三四章では神が二枚の石板を作り直して再びモーセに授与し、契約関係の持続の確認して戒めが宣布される。終わりにシナイの山から下ったモーセの顔が神の栄光を反映して光を放ったというエピソードを添えて、契約関係がかろうじて維持されたという一連の話が完成する。

三二章に記された事件は明らかに出エジプト記における十戒の神自身による告知（二〇・一―一七）、ことに第一戒と第二戒への違反である。また十戒の後ろに位置する「契約の書」と呼ばれる法集成の序文も金銀の神像の製造を禁止している（二〇・二三）。民の行為はヤハウェに仕えることを誓った民の約束を覆すものであった。民はモーセの仲介によりヤハウェに対して「わたしたちは、主が語られた言葉をすべて行います」（二四・三）と声を一つにして約束していた。三二―三四章の叙述を現在の位置に収めた編集者は事件の発端となるモーセの不在およびモーセ不在中のアロンの職務を説明する記事を契約樹立時の記事に加筆した（二四・一二―一四）。この加筆時には一九―二四章の記事が大体出来上がっていたと見なさなければならない。

一九―二四章と三二―三四章でのモーセはシナイ山への登頂と下山を繰り返す。シナイ山の麓での契約樹立の後、モーセは戒め受領のために山に登り、四〇日後に下山する。山の麓での事件発生後にはまた山に登り、神にとりなしの祈りをささげて後に下山、神に指導を懇願するために会見の幕屋に入るが、再び山に登って神の栄光に接し、石板を再度受領し、これを山から持ち帰る。モーセの動きと場面の切り替わりが激しい。しかしそれゆえに山上でのモーセと神との対話と交流の輝かしさ、静けさ、それに対する山の麓での民の不信頼、混乱、騒がしさが対比的、効果的に提示される。この複雑な文学構造は一気に出来上がったものではなく、何度かの加筆が行われて現在テクストを形成している。

基本的な物語の成立背景と執筆の意図

出エジプト記三二章の現在のテクストは一連のエピソードを連結したかなり長い物語であるが、もっとも基本的な事柄は人々が金の子牛を礼拝したというヤハウェへの反逆行為である。これは荒野での過酷な生活を強いられた民が不満をモーセにぶつけるという単純な反抗物語ではなく、契約関係の樹立を前提にして構成された高度に神学的な反逆物語である。この反逆物語には、祭司文書が宣言したアロン系祭司の指導権への批判が込められている。対応する申命記九章六―二一節はアロンの金の子牛製造行為に言及しない。ただし、二〇節に「アロンに対しても主は激しく怒って滅ぼそうとされたが、わたしはそのとき、アロンのためにも祈った」という、出エジプト記のほうには見られない新しい要素が付加されている。三二章ではアロンが民衆の神に対する反逆を意味する要求に適切に対応できなかったが、モーセが事態を収拾し、ヤハウェにとりなしの祈りをささげて民の即座の滅亡を救った。アロンは、モーセが神と民への対応における比類のない指導者であることを明らかにする引き立て役である。

民衆による金の子牛礼拝のモティーフは同じモティーフが使われている列王記上一二章から採用されたものと思われる。この章ではヤロブアムがソロモンの死後、ダビデ家の支配を脱して北王国イスラエルを建設し、エルサレム神殿でのヤハウェ礼拝に対抗するために金の子牛をベテルとダンに築いた国家神殿の祭壇にささげて、エジプトから人々を脱出させたヤハウェ像として人々に告知し、これを礼拝させたことを批判する。王国時代においては農作物の豊饒が人々の願いであったので、オリエント世界において一般的であった雄牛像は豊饒を保証する神の象徴物としてヤロブアムの時代の民衆にとってはエルサレム神殿のヤハウェ礼拝に対抗できる礼拝対象として、説得力を持っていたであろう〔J.B. Pritchard (ed.), The Ancient Near East in Pictures Relating to the Old Testament には祭祀の責任を負ったヒッタイト王と王妃が祭壇と立派な角を持つ雄牛像に捧げ物をしている浮き彫りが載っている。これはイスラエル王国時代の民衆の宗教意識を推測させる手がかりを提供する〕。だが、耕地に進入する以前の人々にはヤハウェ礼拝の対象物となる必然性は感じられなかったであろう。ヤハウェの一神性と無像礼拝の精神が神学的に確立された時代の申命記史家にとっては、雄牛像の礼拝はヤハウェに対する背信行為であって、北王国滅亡を決定した行為であった（列王上一三・三四）〔ただし、列王記と出エジプト記における雄牛は成牛ではなく、エーゲル、すなわちまだ母牛の乳を飲む角も生えていない一歳未満の雄の牛（レビ九・三参照）であって、力強さは感じられないであろう。ノート（M. Noth, 1959）はエーゲルが礼拝対象とされていることに豊饒儀礼の礼拝対象に対して執筆者が軽蔑する語調を読み取る。エーゲルに対する新共同訳、岩波版での訳語「若い雄牛」は力の盛りに達しつつあるたくましい雄牛を連想させるので、口語訳、新改訳の訳語「子牛」のほうが好ましい。英訳聖書は calf、独訳聖書では Kalb、仏訳聖書では veax が使われている〕。出エジプト記三二章の最初の執筆者〔従来の五書資料説に従う研究者は三二章の物語の核をJEと考えるが、筆者は従来の資料説を採らず、また三二章の基本的な物語は最初から神学的に構想されたと考えるので、最初の物語執筆者を申命記主義的歴史家と見る。H.-Chr. Schmitt, 2000 も同じ方向で理解している〕はその批判的モティーフを引き継いでいる。また彼は南王国ユダの滅亡を神の処罰の保留が解除された結果であると解釈した（出エジプト三二・三四）。この事件は南北の王国の滅亡を導くほどの「大きな罪」（三二・二一）であった。

推定される基本的な物語

以上のような理解に基づいて、加筆部分を外した基本的な物語を再構成を試みることはできるだろう。これは三二章の物語の筋書きを筆者が現在いかに理解するかを大まかに示して読者の便宜に供するためのものである。以下の考え方はこの原稿の基本となっている聖学院大学生涯学習センターの聖書講座において筆者が行った説明方法とはすでに幾分異なっており、また筆者が将来考え方を変えるかもしれないことをお断りしておきたい〔テクスト形成過程の推測が高度に仮設的であり、確実性に欠けることを熟知する最近の注解書は文献学的に精密な分析を避ける傾向にある。たとえば、B・S・チャイルズ『出エジプト記——批判的神学的注解（下）』近藤十郎訳、三二七—三六八頁、C. Houtman, 2000, pp. 605-675.; W.H. Propp, 2006, pp. 539-583。まれに精密な分析を試みた最近の研究として、ワイマール（P. Weimar, 1987）は五段階の成立史の過程を想定する。ワイマールは物語の核を二〇節までに限定する。その他の点でも、彼の見方と筆者の見方はかなり異なる〕。

私たちは「基本的な物語」を場面の違いによって五つに区分しておこう。共同訳を基本とし、必要な変更を加えたテクストを提示する（主要な変更箇所は後述する）が、一部過剰な敬語表現を抑え、言葉を直したところがあるので共同訳に忠実ではない。

A　モーセの不在中に起きた金の子牛の製作と礼拝（一―六節）

1モーセが山からなかなか下りて来ないのを見て、民がアロンのもとに集まって来て、「さあ、
我々に先立って進む神を造ってください。エジプトの国から我々を導き上った人、あのモーセがどう
なったのか分からないからです」と言うと、2アロンは彼らに言った。「あなたたちの妻、息子、娘
らが着けている金の輪をはずし、わたしのところに持って来なさい。」3民は全員、着けていた金の
輪をはずし、アロンのところに持って来た。4彼はそれを受け取ると、のみで型を作り、子牛の鋳造
を造った。すると彼らは、「イスラエルよ、これこそあなたをエジプトの国から導き上ったあなたの
神だ」と言った。5アロンはこれを見て、その前に祭壇を築き、「明日、主の祭りを行う」と宣言し
た。6彼らは次の朝早く起き、焼き尽くす献げ物をささげ、和解の献げ物を供えた。民は座って食い
飲みし、立っては戯れた。

B　主はモーセに山の麓での出来事を知らせて下山をうながす

7主はモーセに言った。「直ちに下山せよ。8子牛の鋳像を造り、それにひれ伏しいけにえをささげ

て、『イスラエル、これこそあなたをエジプトの国から導き上った神だ』と叫んでいる。」

C　モーセは下山して子牛像と踊りを見て怒り子牛像を火で焼く

[15]モーセは身を翻して山を下り、[19]宿営に近づくと、彼は子牛と踊りを見た。モーセは激しく怒って、[20]子牛を取って火で焼いた。

D　モーセはアロンに詰問し、彼は弁明する

[21]モーセはアロンに、「この民があなたに一体何をしたというので、あなたはこの民にこんな大きな罪を犯させたのか」と言うと、[22]アロンは言った。「わが主よ、どうか怒らないでください。この民が悪いことはあなたもご存じです。[23]彼らはわたしに、『我々に先立って進む神を造ってください。我々をエジプトの国から導き上った人、あのモーセがどうなってしまったのか分からないからです』と言ったので、[24]わたしが彼らに、『だれでも金を持っている者ははずしなさい』と言うと、この子牛が出て来たのです。」

E　モーセは自分を犠牲にして神に民の赦しを願う

[30]翌日になって、モーセは民に言った。「あなたたちは大きな罪を犯した。今、わたしは主のもとに上って行く。あるいは、あなたたちの罪のために贖いができるかもしれない。」[31]モーセは主のも

とに戻って言った。「ああ、この民は大きな罪を犯し、金の神を造りました。[32]今、もしあなたがこの民をお赦しくださるのであれば……。もし、それがかなわなければ、どうかこのわたしをあなたが書き記した書の中から消し去ってください。」[33]主はモーセに言われた。「わたしに罪を犯した者はだれでも、わたしの書から消し去る。[34]しかし今、わたしがあなたに告げた所にこの民を導いて行きなさい。見よ、わたしの使いがあなたに先立っていく。しかし、わたしの裁きの日に、わたしは彼らをその罪のゆえに罰する。」

基本的な物語のポイントとコメント

Aについて

・山の麓で待機を命じられた民は導き手であるモーセが視界から消えて久しく、彼らは不安に陥り、彼らに「先だって進む神」を見えるかたちで与えるようにアロンに要求した。この一節での「神」が新共同訳、関根正雄訳、岩波版では「神々」となっている（四節、八節、二三節も同様、岩波版は三二節をも複数で訳す）のは、ヘブライ語での神表現エロヒームが意味的には単数であっても、文法的な形としては複数形語尾を示すからである。加えてここでは「先だって進む」という動詞が複数形で記されている（列王上一二・二八でも同様、ただしここでの新共同訳は「あなたの神」と単数で訳している）ので、文字どおりには新共同訳、関根訳、岩波版の「神々」が正しい。しかし、ヤロブアムによる宣言における と同様、ここでも民には一体の子牛像が示されたのであり、民はそれをヤハウェの代替物として意識したので、「神々」は彼らの意識には不適合である。鋳造した神が単数であればこそ、それがヤハウェという特定の神の力の象徴としての意味を持つし、それゆえにこそ、彼らの宗教的な欲望を満たす神像をヤハウェの代理物と思い込むという錯覚が働く。民に起きたのはこの錯覚であった。したがって、書き手の意図に従って訳せば、「神々」ではなく、「神」である（単数に訳す和訳聖書は文語訳、口語訳、新改訳。なおルター訳、米国ユダヤ協会訳）。申命記主義的な執筆者があえて複数形の動詞を用いるのは、ヤハウェの無像性を理解できない異教的な人々は神の一神性を理解できないはずであるとの認識に立って、ヤハウェ一神教の立場との差異を示すためである。したがってここでの複数表記は記号論的であり、差異性の記号的な表現をここで物語レベルに適用して文字どおりに複数形で訳出するのは、執筆者が想定する民衆の意識に対応した訳語とはいいがたい。

・民がアロンに彼らに先立ち行く神を与えるように要求したのは、ヤハウェへの信頼が欠如していたことを端的に物語っている。ただし民の信頼の対象がヤハウェではなく、モーセであり、行方不明になったモーセの代替物を民が求めたのであると解釈する〔G.W. Coats, 1988〕のは、神信仰の錯覚が民の問題であると見ることを妨げるものであって、採択できない。

・アロンは民衆の要望に添って金の装身具を人々から金の装身具（腕輪もありうる三節の原文「耳に付けた」は加筆として除く）を提出させ、金の子牛を鋳造した。さらにヤハウェの祝祭日を設定し、祭壇に犠牲をささげて会食をさせた。それは契約樹立時に山の上でなされた会食（二四・九—一一）の反復であり、金の子牛をヤハウェの代理物と見なしての行為であった。これが十戒その他の戒めに反する偶像礼拝に当たることはいうまでもないが、アロンは神による滅びを招くほどの深刻な背信行為であるとは自覚していない。むしろアロンは祭司の職務として、民の精神的危機を救う応急措置によって民衆の不安を鎮めるのが最大の仕事であると考えているように見える。

・六節の終わりの一文は契約時の共同の食卓ばかりではなく、「立っては戯れた」は性行為を含意する。深読みを警戒する向きもある〔Houtman, 2000, p. 643〕が、「戯れる」（ツァーハク）は性行為の婉曲語法であり（創世二六・八、三九・一四）。それ以上に考慮すべきは、執筆者の沃地の宗教儀礼批判の意図を汲み取ることである。農業に携わる民衆は一般に豊饒を感謝し予祝する祭りでは集団的に酩酊し、性行為を伴う乱飲乱舞を現出する。農民には魅力的なこの宗教慣習と陶酔感覚とは、ヤハウェ主義者が常に警告を発したバアル主義の特質であった。執筆者はこの事件においてイスラエルはヤハウェ主義の反対物に転落したと批判する。

Bについて

・この部分全体を加筆であると見なす意見があるが、この部分がないとモーセの下山行為が動機付けられないので、七節後半と八節の大部分は基本的な物語に属すると見なす〔チャイルズ、前掲書、三四七頁によれば、七—一四節は「物語の本質に関わるので、これを挿入記事として除去してしまってはいけない」のであるが、筆者は七—八節の一部についてのみ、彼の意見を容れたい。七節後半「あなたがエジプトの国から導き上ったあなたの民は堕落した」はここでは不必要な説教である。加筆者は怒る神に関心を寄せる。神はモーセに対して「あなたの民」と突き放し、不快感を表す。「堕落する」（シヘート）は申命記四章および九章がよく用いる言葉であり（四・一六、二五、九・一二）、申命記に基づく二次的な加筆と考えられる。申命記四章、九章は出エジプト記三二章における基本的な物語の筋を用いて、神の怒りと抑止に重点を置く独自な要約的な叙述を行い、七節後半―八節前半の加筆者は申命記九章一二節を引用したものと思われる。七節の「直ちに下山せよ」は申命記九章一二節に類似表現があるが、言葉遣いが多少異なっており、後者のコピーであるとは思われない）。

・八節では神がモーセに下山を急ぐべき理由を告げる。山の麓で待機する民に何が起こったかという事実の伝達だけが重要である。モーセはその事実からそれがどんなに重大な事件であるかを判断するであろう。八節前半「早くもわたしが命じた道からそれて」は、七節後半と同様、神の怒りを示唆するので、加筆と見なす（「早くも」（マヘール）は申命記四・二三、九・一二、一六に使われている。七節、八節の加筆部分は申命記九章一二節を引用した。この加筆者は九―一四節の加筆者と同一人物であろう。七節で神がモーセに言う「あなたの民」を、一二節でのモーセは神に向かって「御自分の民」と言い返し、神がその事実を認識して怒りを鎮めることを期待する）。

Cについて

・一五―二〇節には加筆の手が複雑に入っていると思われる。七―八節を基本的な物語に属すると見なせば、モーセには山の麓で起きたことの実体はわかっているので、一七―一八節の全体を加筆と見なしてよいだろう〔Weimar, 1987, p. 137は一八節後半をオリジナルと見る〕。
・二〇節後半における火で焼いた金の子牛を粉々に粉砕して、水と混ぜて民に飲ませたという記事は懺悔行為を示す。おそらく一四節の神の処罰撤回に応じた民の側の行為を意識した加筆であろう。この加筆者は金の子牛が鋳造されたものではなく、木製で金箔を張っていると合理的に理解している。この矛盾の溝は四節での鋳造は板状の金を造り出したと解釈〔Propp, 2006, p. 559はそのように解釈すれば、二〇節後半での金の子牛を焼いて粉にしたとの叙述と矛盾しないと考えるが、板状の金は金箔ではないので、説得力がない〕しても埋まらない。

Dについて

・モーセはアロンに民に重大な事態を招いた理由を問うが、アロンは自分が主体的に行為したのではなく、自分に民を導き行く神を与えるように要求した民が悪いのだと弁明して、自分の責任だとは言わない。アロンはまた金の子牛を積極的に造り出したのではなく、金を集めて火に投げ入れると、勝手に「出て来た」（ヤーツァー）のだという。これは「作る」という能動的、主体的な、したがって行為責任を引き受ける姿勢の表明ではなく、時には呪術的な効果を伴う「なる」という、その時々の「勢い」に身を任せる姿勢である〔興味深いことに、丸山眞男「歴史意識の古層」『丸山眞男集』第十巻、三―六四頁が取り出す日本の歴史意志の規定にある思考カテゴリー中の、「なる」と「いきほい」がアロンの弁明の基本的な思考態度である〕。

・モーセはアロンが積極的に民に「大きな罪」を犯させた張本人であると指弾しないが、彼に民の指導の不適切さを指摘した。それは、祭司の職分をわきまえていたからであったろう。預言者は神と民との間の仲保者である。それに対して祭司は供儀の責任者であり、儀礼的に神と人との間を仲介するが、本質的には人間の不安に応えて宗教的感情の安定と救済方法を教示する技術者である。祭司が神の意志を代理して民の宗教的な欲求を批判したり、神の処罰を彼の責任で語るというようなことはありえない。しかしモーセの不在はアロンをして「神を与えよ」という民の要求に直面させた。この要求に対しては、アロンは個人の責任に基づいて「否」と答えるべきであったが、それは祭司の職分を超えていた。モーセ不在中の委任された職務は訴え事の処理であり、民全体の宗教的な要求への責任ある対処ではなかったであろう。そこでアロンは供儀の専門家としての技術をもって民の要求に応えるしかなす術がなかった。バルトは祭司の技術について、ニュートラル、すなわち「局外中立的」なのだと適切に指摘する〔教会教義学『和解論』I／3　僕としての主イエス・キリスト　中、井上良雄訳、一三〇―一三二頁参照〕。祭司の技術行使そのものはニュートラルである。

ゆえにアロンは背信行為に主体的に参与しない。お祭り騒ぎで盛り上がったのは、神の製作を要求した民であった。だから彼は詰問されれば、逃げ口上を語れる。しかしアロンはイスラエルが犯した行為については「極めて積極的にそのただ中に立っている」（バルト）。アロンはモーセに対する弁解においては自覚的にか、無意識的にか、自分を局外中立的な立場に置いている。しかしそれは神の選択にかかわるこの重大な事件については不可能であった。アロンはそのことについては黙している。

Eについて

・モーセは祭りの翌日に民に対して再び山に登ってヤハウェに民が犯した罪の贖いを願うことを告げる。これは民にそのことの理解を求めるとともに、彼が再び不在になることの動揺を抑える意味を持っていたであろう。物語上は、登山と下山にかかる時間は捨象されているので、モーセが主のもとに戻ったのは彼が民に語ったその日であったと思われる。モーセは神に「この民は大きな罪を犯し、金の神を造りました」（三二・三一）と語った。この言葉を一—四節と比較すると違いに気がつく。第一に、「金の子牛」が「金の神」に変えられている。それは偶像の製作を禁じた「銀の神々も、金の神々も造ってはならない」（二〇・二三）が念頭に置かれているからであると思われる。そもそもモーセにとって、民が拝跪《はいき》した対象が何であるかは問題ではなかった。黄金への拝跪、現代風に言えば、「被造物神化」の道に陥ったことが問題であり、神の処罰を免れない背信行為であった。第二にこの金の神の制作者をアロンとせず、民とする点が違う。この違いはモーセが「民」の背信と処罰による滅びとを放置できないことによるのであって、この違いに基づいて一—四節とは別人の筆を見いだす理由にはならない。

・モーセは神が民を赦してくださらないのであれば、自分の名を「あなたが書き記した書」から抹消してくださいと願った。この願いについては後で触れるが、ここでは「書」とは何かを問うておきたい。ここでの「書」（セーフェル）は「名簿」と訳したほうがよいかもしれない。周辺世界では天上世界に人間の救いと滅びに関係を持つ人の名を記した書があると考えられていた。メソポタミアではあらかじめ神々が決定した個々人の運命が記されていると考えられていたが、その個人主義的で決定論的な思想はヤハウェ宗教にはなじまず、むしろ人々は将来、神が裁きにおいて下す生か死かに、すなわち赦免か滅亡かに関心を置いた。詩編の義人たちが神の裁きにおいて赦免される者の名簿、「命の書」から、彼らの敵たち、悪人たちの名前を抹消してくださいと神に懇願する（詩編六九・二九）。人々に広く浸透していた天の書の考えは黙示思想において終末論的な裁きと救済についての表象に生かされた（ダニエル一二・四）。またそれは新約聖書に引き継がれて、「永遠の命」を得る人々の名を記すこと、また記された書（ルカ一〇・二〇、ヘブライ一二・二三、黙示録三・五など）についての言及がなされた。しかしモーセが「あなたが書き記した書」から名を抹殺して欲しいと願ったときの彼の命の理解は、黙示思想もしくは新約聖書での終末論的な永遠の命の理解とは異なっている。モーセが大事にする命はこの地上で生きる神の民の群れの中に置かれていることである。彼の名が書から抹消されてもよいという申し出は、彼がその民の群れから外されてもよいという覚悟を示すものであった。

加筆層への若干のコメント

加筆層は、基本的な物語に挿入されることにより三二章の叙述を豊かにする反面、物語の筋書きを乱している。以下、個々の加筆部分の特徴を簡潔に指摘しておこう。読者に違和感を与える二五―二九節については、適切に読むための検討を加えておきたい。

F　九―一四節について

この加筆部分は神がイスラエル先祖たちに土地を与え、子孫を増やす約束したという神自身の決断に訴える。モーセはご自分の民を滅ぼすことは、いわば神自身の名誉を傷つけることだという独特な神義論を展開し、神が民を滅ぼすという決断を撤回することを求めた。モーセの願いは聞き届けられ、神は民に下すはずの「災いを思い直した」。これはアモスのとりなしの祈りを想起させる。神は北王国に下すはずの裁きをアモスの祈りのゆえに二度まで撤回した（アモス七・三、六）。この加筆部分でのモーセのとりなしと裁きの撤回は基本的な物語での彼の行動とその結果とに矛盾する。モーセは民の行為に怒り、子牛像を焼き、アロンの責任を問うた後で、最後に民の罪の贖いを神に願ったが、それは聞き容れられず、民に対する処罰は先に延ばされた。これは聞き手には不安を与える。加筆者は神の赦しを先取りすることによって、その不安を和らげたかったのであろう。

G　一五―一六節、一九節後半について

一五節の最初の一文は基本的な物語に属しており、残余の部分、すなわちモーセの手に二枚の掟の板があり、それは神自身が作り、それに書き込んだものであった。一九節後半はモーセが下山して民の祭りを見たときに怒ってその石板を打ち砕いたと記す。この加筆者は石板の由来を紹介する二四章

一二節をも加筆したであろう。神が文字を直接に石板に書き込んだという認識は律法の権威を強化しようと意図する。

H　一七—一八節について

加筆者は右の加筆部分（G）に割り込むかたちでモーセの随伴者ヨシュアを登場させる。彼はシナイでの契約記事との連結のために二四章一三をも加筆したと思われる。五書の無比の権威を確立するために、モーセは律法の叙述が完成する申命記の最後の箇所で生涯を閉じ、モーセと共にある律法書に権威を与えた。ヨシュア記はその権威においては五書には及ばないが、モーセの後継指導者ヨシュアが民を指導し、人々を約束の土地に定着させた。彼はヨシュア記では偉大な指導者として描かれるが、五書に登場するときにはその洞察力においてモーセに一歩及ばない。一八節はヨシュアが祭りの嬌声を戦いの雄叫びと聞き違え、モーセがそれを訂正するというその興味深いエピソードである。

I　二五—二九節について

・モーセがヤハウェに忠誠を誓う者を集めたところ、レビ人だけがモーセのもとに集まり、自分の兄弟、隣人、友を殺せという命令を忠実に実行し、約三千人が剣で殺したので、その忠実さのゆえに祭司職に就くことがモーセによって認められた。このような経緯を語る二五—二九節の叙述は三二章の物語全体の中では浮き上がっている。この特異な加筆は第二神殿時代に神殿の下働きを務めたレビ人の下級祭司への任職の正当性をモーセの権威に結び付けて語る特殊な起源説話的な記事である。冒頭でアロンが民の勝手な振る舞いを容認したことを非難しており、アロン系祭司に強い抵抗感を示している〔Weimar, 1987, p. 131は二一―二五節の物語連関を認め、二一節に対応する枠付けと見なすが、二五節における敵対者の嘲りのモティーフは二一―二四節の叙述意図から外れており、説得力がない〕。

・この記事は信仰への熱心のゆえの殺害を認めた箇所として、過去に一部のキリスト者によって異教徒迫害の根拠にされたという苦い経験を持つ〔Houtman, 2000, p. 629には、アウグスティヌスにおけるローマ軍の異教徒攻撃の正当化、十字軍による略奪の正当化、レビ人を選ばれたキリスト者と同一視したカルヴァンの事例が挙げられている〕。現在では読者に強い嫌悪感を与えるつまずきの箇所である。確かに聖書の編集時代には、宗教的な規範に違反した者の殺害を語る記事を信仰熱心者の勇敢な行為の範例として賞賛する傾向があった〔民数二五・一―五参照〕。今日の読者は執筆時における人々の感覚に追従することはできない。この加筆部分についても、それはいわれなければならない。他方、モーセが命じた殺害は実行不可能であり、このことは見落とせない。それはあまりにも明らかなゆえに、加筆者は安んじて非現実的で極端な出来事を叙述したのであろう。彼の主眼は、この世的な利害を離れた者が祭司職に就く資格があるという理念である。

・加筆者はレビ人の祭司資格を正当化することにだけ重点を置き殺害理由を明記しないが、文脈はレビ人による同胞の殺害が金の子牛事件が殺害理由であることを示唆する。殺害者数が約三千人とは、その数字だけを見れば大量殺害であった。しかしエジプト脱出者の男子の総数が約六十万人であるとする叙述の前提（出エジプト一二・三七）を考慮すれば、殺された者は約二百人に一人の割合になる。これは団体の中間指導層の、したがって神の製作要求に責任のあった者たちに当たると考えられる。「契約団体」は単なる利害状況を結合原理とする「集団」とは違い、指導者が責任を負う。それゆえに民の最高の指導者であったモーセも民の指導において自ら痛むことをいとわなかった。この観点から見れば、二五—二九節は前後の叙述と内的に連結する。

J　三五節について

バビロニア捕囚によって神が延期した処罰が民に下ったことを認識する最終編集者が三二章の結びとして本節を付け加えた。なおこの編集者はアロンによる子牛の製造のイニシャティヴが民にあったことを強調することで、アロンがレビ人による殺害を免れたことを弁明したと考えられる。

モーセのとりなしの愛

結論として、モーセにおける愛の特色を三二章の基本的な物語の最後の部分に即して短く記しておきたい。

モーセは民の罪に連座して、罪の赦しを神に懇願する

モーセは民に対しては神を代表してその意志を伝達し、神に対しては神の民が生きることのできるために、民を代表して神に捨て身の懇願を行ったイスラエルの無二の指導者であった。民の生のためにモーセが神に懇願することは、単なる祈りの言葉には終わらない。モーセにとっては、それは彼が神に対して犯した民の罪に連座して、民が犯した「大罪」（三二・二一、三一）を背負う覚悟を示すことであった。その覚悟なしには「あなたたちの罪のために贖いができるかもしれない」（三二・三〇）と民に語ることはできなかった。モーセが民の「罪の赦し」を神に願ったのは民が滅ぼされないためだけではない。罪を背負ったままの生はたとえ一時は繁栄できても、真に祝福された生ではないからである。モーセは契約関係を樹立した直後の民がこともあろうに、それを無効にするような偶像礼拝に走るという罪の大きさを思い、神の前で身も心も震えている。神は赦してくださらないだろうとの暗い予感が彼の言葉を支配する。「今、もしもあなたが彼らの罪をお赦しくださるのであれば」と彼は語り出したものの、そこで言いよどんで言葉を完結できない。罪の重さの自覚は人を寡黙にする。モーセは罪の赦しが神の自由の問題であり、人間が簡単にその領域に触れることができないということを知っている。

加筆部分F（三二・九—一四）のモーセはこれとは対照的に、民の罪を赦して欲しいとは願わず、神が怒って「災いをくだす」ことは神ご自身のためにはならないと語り、説得を試みる。彼は神の翻意を勝ち取ろうと熱弁を振るう。「雄弁」はアロンのものであり、モーセは「舌の重い者」のはずで

あるが（出エジプト四・一〇、一四）、この加筆部分ではモーセがアロンのお株を奪っている。指導者は自分が連座すべき人々の罪の重さを問わず、神の説得に努めるときには、おのずから多弁になるであろう。

モーセは民の罪を贖うために自分の霊的な命をも犠牲にしようとする

モーセは雄弁な言葉ではなく、自分を犠牲にすることで民を贖おうとする。彼は「もし、それがかなわなければ、あなたが記した書の中からわたしを消し去ってください」（三二節）と願う。この「書」はすでに言及したように、この地上で生きる神の民の名簿である。そこからモーセの名前が抹消されるなら、彼は神の民と共にもはや歩むことができない。モーセは神の民を失うのである。それとともに彼の召命、日々の努力は無意味となり、神との交わりに生きる霊的な命の一切をも失うであろう。それればかりではない。神の民から断たれた者としてのモーセは自分の死にもはや何の意味を見いださないであろう。それが神から見捨てられることである。民を生かすために神から見捨てられることを覚悟する。それは人類の罪の償いのための死を遂げたイエスの愛の業をはるかに指し示す。「友のために自分の命を捨てること、これ以上の愛はない」（ヨハネ一五・一三）。モーセのとりなしの愛を説明するこれ以上の言葉を私たちは持たない。

参考文献

E・オットー『モーセ――歴史と伝説』山我哲雄訳、教文館、二〇〇七年［Eckart Otto, *Mose. Geschichte und Legende,* München, 2006］。

J. B. Pritchard (ed.), *The Ancient Near East in Pictures Relating to the Old Testament,* Princeton, 2nd ed. 1969, p. 202, No. 616.

M. Noth, *Das zweite Buch Mose. Exodus (ATD 5),* Göttingen, 1959, S. 204.

H.-Chr. Schmitt, "Die Erzählung vom Goldenen Kalb Ex 32* und das Deuteronomistische Geschichtswerk," S. L. McKenzie et al. (eds.), *Rethinking the Foundations: Historiography in the Ancient World and in the Bible, Essays in Honour of John Van Seters, BZAW* 294, 2000, pp. 235–250.

ブレヴァード・S・チャイルズ『出エジプト記――批判的神学的注解（下）』近藤十郎訳、日本基督教団出版局、一九九四年［B.S. Childs, *The Book of Exodus. A Critical, Theological Commentary,* 1974］。

C. Houtman, *Exodus.* Volume 3, Chapters 20-40, Leuven, 2000.

W. H. Propp, *Exodus* 19-40 (The Anchor Bible 2A), New York et al., 2006.

P. Weimar, "Das Goldene Kalb. Redaktionskritische Erwagungen zu Ex 32," *BN* 38/39 (1987 SS. 117–160).

G. W. Coats, "Mose, Heroic Man, Man of God," *JSOTS* 57, 1988, Sheffield, p. 158.

丸山眞男「歴史意識の古層」［一九七二年］『丸山眞男集』第十巻、岩波書店、一九九八年。

カール・バルト教会教義学『和解論』Ⅰ／3　僕としての主イエス・キリスト　中、井上良雄訳、新教出版社、一九六九年［*Die Kirchliche Dogmatik,* IV/1, 1953, S. 476］。

ダビデ

神への畏れと信頼

藤原　淳賀

欠けもあり破れもある人物として

ダビデは、旧約聖書の登場人物の中でももっとも重要な人物の一人である。救い主はダビデの家系からお生まれになり、人々から「ダビデの子」と呼ばれた。旧約聖書に描かれているダビデは、歴史的人物であると同時に、来るべき救い主の性質を思わせる理想の王という側面も持っている。しかし聖書はまたダビデを完全な人物としてではなく、他のすべての人と同様、欠けもあり破れもある人物としても記している。ダビデは、卓越した指導力とカリスマ、また召しが与えられた人物であり、そういう意味で特別な人物であった。しかしダビデには私たちが親近感を持つような弱さがあった。そしてその中で浮き沈みしながらも、神に従っていこうとする生きた信仰者であった。それがダビデの魅力であり、私たちは聖書に描かれた彼の生涯から非常に多くのことを学ぶことができる。

はじめにダビデの生涯を概観してみよう。ダビデはベツレヘムに住むエッサイの末の息子として生まれる。彼の上には七人の兄がいた。古代イスラエル王国の初代王サウルの時代であったが、ダビデは次の王として預言者サムエル〔最後の士師であり最初の預言者〕から油注ぎを受ける。ダビデはペリシテ人との戦いにおいて、敵の勇士ゴリアトを倒したことでサウル王に召し抱えられる。ダビデは王の娘ミカルを妻として与えられ宮廷に住み、また、王の息子ヨナタンと深い友情を持つようになる。しかしサウル王はダビデの成功を妬み、その命を狙うようになる。ダビデは宮廷を逃げるように出て行く。そして放浪生活が始まる。

ペリシテ人とのギルボアの戦いで、サウル王とそしてまたヨナタンが戦死すると、王の末の息子イシュ・ボシェトがイスラエルの王となり、ダビデはヘブロンでユダの王となる。それから七年半後にイシュ・ボシェトは暗殺される（サムエル下四章）。そしてダビデはイスラエルからも認められ、イスラエルとユダの統一王国を築く。ダビデはエブス人からエルサレムを奪い首都とする。このようにしてダビデはユダの王となってから数えて四十年間王として統治したのだった。その中でダビデはその領土を広げ、イスラエル王国の絶頂期を築き上げる。また軍事、政治だけでなく、詩、音楽においても重要な貢献をしたと考えられている。「詩篇」の作品のうち七十三編にダビデの名前が冠せられている。

ダビデは非常に魅力的な人物である。ダビデがどのような男であったのかを示す短いエピソードを見てみたい。それはサムエル記下二三章一四―一七節に記されている。

ここでダビデはペリシテ人と戦っている。彼の故郷ベツレヘムはペリシテ人に占拠されている。この時ダビデは喉の渇きを覚え、故郷のあの井戸の水を飲みたいと言う。決して命令しているのではない。それを聞いてダビデの三人の勇士は相談をしたのだろう。「いまの言葉を聞いたか。ダビデ王が井戸の水を飲みたがっておられる」。「行くか」。彼らに多くの言葉は必要なかったであろう。彼らはペリシテの前線を突破しベツレヘムの井戸に行く。死の危険を伴った奇襲となったであろう。井戸で水を汲み、帰って来る、それだけのためのオペレーションだった。かすり傷の一つや二つは負ったであろう。ダビデの部下にとって、彼がその水を飲みたがっているということ、それが前線突破に十分な言葉であった。この勇士たちの能力もさることながら、一言で部下にそこまでさせることのできるこのダビデという人物の魅力に驚かずにいられない。「男心に男が惚れる」、ダビデはそのようなリーダーだったのではないかと思う。

ダビデは言う。「これは命をかけて行った者たちの血そのものです」(サムエル下二三・一七)。ダビデは、部下の彼に対する気持ち、そして彼らが通って来た犠牲を軍人として痛いほどわかっている。そしてその水を飲むことをせず、注いで主にささげる。

凡人の私たちなら、その三人の勇士に心からの感謝を表し、美味しそうにゆっくりとその水を飲むかもしれない。しかし、ダビデはそれを神に注ぎ、勇士たちの命がけの行為を、眼を神に上げて、昇華していく。

あの井戸の水を欲しいという彼の発言は、リーダーとしては愚かであったかもしれない。三人の大切な部下を命の危険にさらすことになったのだから。しかし彼は、重要な事態に直面するとき、結局のところ神の方を向く。これがダビデという人物を端的に表しているエピソードである。

人というのは、もし誰か一人でも自分の葛藤、痛み、苦しみを本当にわかっていてくれる人がいるなら、前に進んで行かれるのではないだろうか。ダビデは、「人間通」、あるいは部下のことをわかっていた「羊飼い」であったと思う。そして彼はその関係を、神との関係の中でとらえていた。彼らは、ダビデが完全ではないことを知りながら、しかし自分をわかっていてくれ、神を仰ぐリーダーとして見ていたのではないかと思う。このわかってあげられる理解力・共感力と、上へと目を注ぐ信仰がダビデの重要な性質である。


これから見ていくように、ダビデは父エッサイの家の中でもはじめから特権が与えられている長男ではなかった。サムエルによって油を注がれた後も、ダビデは常に信仰的判断をしていたというわけではなく、王となってからも過ちを犯す。にもかかわらず、神はサウルを退けたようには、ダビデを退けない。そしてダビデを用いられる。神は最後までダビデと共におられる。欠けもあり破れもあるダビデが神と共に歩む姿、そこから私たちはダビデに引き寄せられ、神がどのようなお方であるのかに心を向け、さらにはそこから慰めを受けることができるであろう。このダビデの持っていた特長を見ていきたいと思う。そしてそれは私たちにも当てはめることができるものである。

ダビデの謙虚さ

神の恵みによるダビデの選び

ダビデは、謙虚な生い立ちに生まれた人物であった。後に王となったが、その選びが神の憐れみによるものであることを深く知っていた。

ダビデは八人兄弟の末の息子であった。王どころか、家の跡継ぎになるにも程遠い、ものの数にも入っていないような扱いを受けて育った。彼はベツレヘムで父の羊の世話をしていた。

その彼のもとにある日、預言者サムエルが来る。おそらくその日も、ダビデは羊を牧草地へと導き、獣から守り、水を飲ませ、世話をしていたことだろう。突然父からの使いの者が彼を呼びに来る。預言者サムエルが家を訪れており、ダビデが帰るまでは食卓に着かないと言っているということが告げられる。

末っ子のダビデは、立派な兄たちの陰で、今までこのような特別な扱いを受けたことはなかっただろう。驚きと期待に胸をふくらませて大急ぎで家への道を駆けたに違いない。

サムエルは兄たちの前で、神が選んだ者としてダビデに油を注ぎ聖別した。兄も驚いただろうし、ダビデも驚いたであろう。ダビデはこれが何を意味するのかもまだよくわからなかったかもしれない。

しかしこれは彼に何らかの自覚をもたらしたであろう。ここからダビデは、自分の人生が神のために用いられるという大きな方向性を意識するようになったであろう。この「取るに足らない自分を、神が用いようとしておられる」という意識は、私たちが学ぶことができるものである。

サウルを立てるダビデ

ダビデは、呆れるほどにサウル王を立てる。ダビデが、ペリシテ人の戦士ゴリアトを倒したとき、サウルはダビデを召し抱える（サムエル上一八・二）。しかし人々が「サウルは千を討ち ダビデは万を討った」（サムエル上一八・七）と歌うのを聞いたとき、サウルは嫉妬し、すぐに彼の命を狙い始める。サウルはダビデにミカルを与え義理の息子とする。ミカルがダビデを愛していたからであったが、サウルとしてはそうしてダビデを信用させておいて、ペリシテ人の手によって殺そうと考えていた（サムエル下一八・二〇）。しかしダビデはその理不尽なサウル王に対し、最後の最後まで彼を尊重し敬意を表す。その謙虚さと誠実さの理由は、サウルが神に立てられた王である、ということに尽きる。そしてそれに自分が取るに足らない人物であり、神の恵みによって選ばれたにすぎないという自己理解が加わる。

ダビデは千人隊の長に任命される。そこで彼は先頭に立ち、戦いに勝利を収め、人々からの賞賛を受けていく。サウルはペリシテ人との戦いによってダビデが命を失うことを願うが、それがかなわないと知ると、息子ヨナタンや家臣にダビデを殺すようにと命じる。ダビデはサウルの娘ミカルと結婚していたが、王宮から逃げざるをえなくなり、そこから長い逃亡生活が始まる。

エン・ゲディの洞窟

サムエル記上二四章の記事を見てみよう。このときダビデは死海のほとりエン・ゲディに身を潜めていた。エン・ゲディには水もあり、しばらく滞在するには適した場所であった。サウルは三千の兵を率いてダビデとダビデに従う者たちを追っていた。彼らが洞窟の奥にいたとき、サウルが用を足すために、まさにその洞窟に入ってきたのであった。サウルは外を気にしながらも無防備に用を足し始めた。願ってもないチャンスである。ダビデの兵は、サウルの命を奪うように強く迫る。しかしダビデは彼らを押しとどめ、気づかれないようにそっとサウルの上着の端を切り取る。

サウルが外に出ていった後、ダビデはサウルに声をかけ、そしてその切れ端を見せる。しかも「顔を地に伏せ、礼をして」語る。殺そうと思えば殺せたのに、殺さなかったこと。襲おうとする兵を押しとどめて、サウル王を守ったこと。ダビデはサウルに自らの忠誠を示す。主が油を注がれたサウル王に、自分は敵意を持ってはいないと身の潔白を証明する。

それを聞いたサウルは声を上げて泣く（サムエル上二四・一八b―一九）。ダビデは、善をもって悪に処した。彼は、神が油を注がれたがゆえに、サウル王を立てたのであった。実は、主が油を注がれた者の上着の端を切ったことさえダビデは後悔している。ここに見られるのは、徹底した神への畏れ、そして歴史を支配しておられるのは神であるという明確な確信である。

ハキラの丘

サムエル記上二六章で似たような場面がまた現れる。これが二番目の例である。ダビデがジフの荒れ野にいたとき、サウルはダビデを殺害しようとまた精鋭三千人を率いて追う。サウルはエン・ゲディの出来事から学ばず、深い悔い改めには至らなかった。彼は同じ失敗を繰り返す。サウルとダビデは対照的な人生を歩んでいく。

サウルは砂漠に入る手前のハキラの丘に陣を敷く。ダビデはサウルの陣に近づき、サウルとその司令官アブネルが休む場所を見つける。ダビデが夜になって部下アビシャイと共に幕営に入ると、サウルも将軍アブネルも他の兵士も眠り込んでいた。聖書はこの深い眠りは神が送られたものだと記す（サムエル上二六・一二）。サウルの槍が彼の枕元に刺してあった。アビシャイはその槍でサウルを一突きに刺し通させてほしいと求める。ダビデはそれをとどめ、ただ槍と水差しを取ってそこを去る。

ダビデは遠く離れた山の頂に立ち、そこから将軍アブネルに叫ぶ。槍と水差しを捜すようにと。そうして彼は、エン・ゲディのときと同様に、サウル王に対する悪意のないことを再度証明する。サウルは前回同様自分の非を認める。そして自分のもとに帰って来るように求める。

当然ダビデは、サウルのもとには帰るはずもない。サウルの執拗な追尾のためにイスラエルから離れペリシテの地に逃げる。それを聞いたサウルはもはやダビデを追うことはなかった。サウルは今回も、反省はするのだが神の前における深い悔い改めには至っていない。彼は預言などの霊的な体験は豊かだったが、深い悔い改めには至ることのなかった人物だった。単なる霊的体験があることだけでは不十分なことを示す例である。サウルは結局のところ「自分の場所」に戻り、一方ダビデは神の人として「自分の道」を行くのだった。

ダビデは歴史における神の導きと支配を見ている。そして決して常にというわけではないのだが、重要なところでそれにかなう選択をする人物であった。ダビデの人格、彼の人生の大きな方向性、彼の生き方が、神を意識し、神と共に歩み、神を畏れるものだった。ダビデはアビシャイに語る。「主は生きておられる。主がサウルを打たれるだろう。時が来て死ぬか、戦に出て殺されるかだ」（サムエル上二六・一〇）。これだけの経験の後、さすがにダビデは、サウルを愛し赦すということは意図してはいないようである。しかし彼は、神がどのようなお方であるかを知っており、神がサウルを滅ぼされることを確信している。そして神が油を注がれた人に手を下すことを、神はよしとされないと考えたのである（ローマ一二・一九―二一、Ⅰテサロニケ五・一五、Ⅰペトロ三・九も参照）。

サウルに与えられている人権のゆえではなく、またそこまでするのは忍びないという同情でもなく、人類愛、あるいは生への畏敬のゆえでもなく、まさに神がどのようなお方であるかを知っているがゆえに、ダビデはサウルに忍耐したのである。これは、ユダヤ・キリスト教的香りのする（あるいはユダヤ・キリスト教の影響を多少受けた）すべての人に当てはまる自然法的倫理ではなく、信仰のゆえに成り立つ、明確に特徴的な聖書的倫理といえよう。

サウルの死

第三に、サウルに対するダビデの誠実さは、サウルの死においても現れる（サムエル上三一章、サムエル下一章）。ペリシテ軍との戦いに敗れ、サウルはついに命を落とす。寄留のアマレクの若者が王冠と腕輪をダビデのもとに持って来る。サウルに頼まれてとどめを刺したと言う。サムエル記下三一章四節にも歴代誌上一〇章四節にも、すでに戦いで深手を負ったサウルが剣の上に倒れ伏して自らの命を絶ったと書いており、この若者が実際に手を下したのかどうかはわからない。褒美が欲しかっただけかもしれない。しかしダビデは、主が油を注がれたサウル王を手にかけたという彼自身の告白のゆえに、この若者を打ち殺させる。そしてサウルと、また父と共に命を落とした親友ヨナタンのために哀悼の歌を詠む。自分の命を執拗に狙っていたサウルを、神が油を注がれたがゆえに最後の最後まで立てるダビデの姿を見ることができる。

さらには、サウル家で生き残っている者がいるならば、神に誓った忠誠を尽くしたいと故サウルの僕ツィバに告げる。ヨナタンの息子で足の悪かったメフィボシェトがいることがわかると、ダビデは彼を呼び寄せ、彼の食卓で王子の一人のように食事をさせる。神を畏れ、神が立てられた王サウルを重んじる姿はダビデの生き方の現れといえるだろう。

ダビデとサウルの対比

イスラエル第二代王ダビデの生涯は、初代王サウルの生涯と対照的に描かれている。両者とも神に選ばれ、王とされた。しかし神を畏れるダビデと対照的に、サウルは神を畏れていたとはいえない。

サムエルを待てないサウル

ペリシテ軍との戦いを前に、サウルの兵は恐れおののいていた。結集したペリシテの軍はイスラエルの軍を数の上でも軍事力の上でも圧倒的に凌駕していたからである。今にも敵が攻め込んでこようとしているのに、神への献げ物がいまだなされていない。献げ物をすべき預言者サムエルの到着が遅れている。「兵はサウルのもとから散り始め」る（サムエル上一三・八）。焦ったサウルは、焼き尽くす献げ物を自分でささげてしまう。しかしそれはサウルには許されていないことであった。しかしサウルにとっては、兵が恐れ逃げ惑わないために宗教的儀式が行われること、そしてできれば何らかの神からの助けを得ることが、何よりも必要だった。神を畏れること、また神の前に正しくあることは、サウルにとって最優先事項ではなかった。

人は失敗を犯したときにその真価が問われる。サムエルから「あなたは何をしたのか」と批判されたとき、サウルは言い訳をするだけでなく、サムエルを批判する（サムエル上一三・一一b—一二）。「あなたが遅れなかったらこんなことをしなくてもよかったのだ。この大切なときに一体何をしていたのだ」という声が聞こえてきそうである。サウルは常に言い訳の背後に隠れ、悔い改めない。私には、これがサウルの決定的な問題である。

価値あるものは取っておくサウル

サムエル記上一五章には、アマレク人との戦いが記されている。神はサムエルを通しサウルに、戦いにおいてアマレクの一切のものを滅ぼし尽くすようにと語られる。しかしここでもサウルは神に従わず、自分で判断をする。

戦いには勝利するのだが、「サウルと兵士は、アガグ、および羊と牛の最上のもの、初子ではない肥えた動物、小羊、その他何でも上等なものは惜しんで滅ぼし尽くさず、つまらない、値打ちのないものだけを滅ぼし尽くした」（サムエル上一五・九）と聖書は語る。よいものは自分たちのために取っておき、滅ぼしても惜しくないものを滅ぼす。これは一般的常識としては賢い判断であったことだろう。しかし神の目からは、神への従順・神を畏れるという観点からは、愚かな行為であった。そして神は時にこのようなラディカルな従順を要求される。

主の言葉がサムエルに臨む。サウルは神に背を向け神の命令を果たさなかった、というのである。その言葉を受けてサムエルがサウルのもとに行くと、彼はすでに自分のために戦勝碑を立てていた。サウルは、自分の益と栄誉に関することなら誰に言われなくても行う。これも私たちの姿に似ているかもしれない。そして自分は主の命令を果たした、とサムエルに答えている。そしてアマレクのよい羊と牛は、神への供え物とするために滅ぼさなかったという。

しかしサムエルは、サウルが「主の御声に聞き従わず、戦利品を得ようと飛びかかり、主の目に悪とされることを行った」（サムエル上一五・一九）と糾弾している。ここでようやくサウルは非を認める。「『わたしは、主の御命令とあなたの言葉に背いて罪を犯しました。兵士を恐れ、彼らの声に聞き従ってしまいました。どうぞ今、わたしの罪を赦し、わたしと一緒に帰ってください。わたしは、主を礼拝します。』」（サムエル上一五・二四、二五）。しかしここでも「兵士を恐れ」という言い訳が入る。そしてサウルの願いは預言者が自分と一緒に帰ってくれることなのだった。

しかしサムエルはそれを拒否する。しかし、サウルは、拒否された王として民の前に出たくない。聖書は語る。「サウルは言った。『わたしは罪を犯しました。しかし、民の長老の手前、イスラエルの手前、どうかわたしを立てて、わたしと一緒に帰ってください。そうすれば、あなたの神、主を礼拝します。』」（サムエル上一五・三〇）。この姿を、後に見るダビデの詩篇五一篇と比べてみてほしい。サウルにとっての最重要事項は、神の前に正しいとされることではなく、人の目に尊ばれることであった。そのような意味で彼は、霊的な経験は豊かにあったが、信仰者であるというよりも本質的に政治家であった。そして神はこの王を退けられた。彼には常に弁解があり、そして自らの非を何度か認めるのだが、そこには深い悔い改めは見られない。

口寄せのもとに下るサウル

ペリシテ人がイスラエルと戦おうと軍勢を集めたとき、サウルは主に伺いを立てる（サムエル上二八章）。しかし夢によってもウリムによっても預言者によっても、神はお答えにならない。困ったサウルは、なんと口寄せのもとに行き、すでに亡くなっていたサムエルを呼び起こしてもらう。これがサウルなのである。
彼は、誤りが指摘されたとき非を認める。しかし同じ失敗を繰り返す。そして窮すると、あらゆる手を用いて自分の目的を達成しようとする。彼は、有能なリーダーであったかもしれない。しかしそれは神の民イスラエルの王に求められていることではなかった。神はご自身に依り頼み、民を神と共に歩ませる指導者を求めておられた。しかしサウルはあまりにも「普通の」王だった。サウルは、神が彼と共におられないことをサムエルから確認する。そしてこれがサウルの最後の戦いとなる。

サムエルの従順

ここで、少しサムエルに目をとめてみたい。勝手に献げ物をささげたサウルに対するサムエルのフラストレーションを見ることができる（サムエル上一三・一三、一四）。

サウルに油を注いで王としたのはサムエルその人である（サムエル上一〇章）。自分の立場はどうなるのかと、彼は思ったことだろう。そのサムエルに、神は、今度はエッサイの子を新しい王とするという。エッサイのところに行き、その子に油を注げと語られる（サムエル上一六・一）。

すでにサムエルはサウルの悪を痛いほどよくわかっていた。しかしなぜ神は最初にサウルを王に選んだのかと思っただろう。さらにこの計画を知れば、サウルはサムエルを放ってはおかないであろう。多くの「なぜ」という思いを持っていたに違いないサムエルは、しかしながら結局のところ、神に従う。まだ十分に納得してはいなかったであろう。それでも結局のところサムエルは神に従う。それがこのサムエルの中に見られる信仰である。そして従って行ったときに、彼はダビデに出会う。

石投げ紐と杖のダビデ

ダビデとサウルの対比は、あのペリシテの戦士ゴリアトを倒した最初の戦いから明らかである（サムエル上一七章）。ダビデは、神の民に戦いを挑むゴリアトを見、これを神の戦いであると理解する。サムエルの油注ぎを受けた後で、すでに神のために戦う自覚が生まれていたのかもしれない。彼は武具によってではなく、おおよそ戦いにふさわしいとは考えられない石投げ紐と杖を持ってゴリアトに臨む。

これは出エジプトの際、エジプトの軍に対してモーセが持っていたのが杖一本であったことを彷彿とさせる。出エジプトにおいて戦われたのは、神であった。イスラエルの民は神に押し出されるようにして信仰によって前進したのであった。彼らは武器を持って戦うことはしなかった。モーセに言われるままに神に従い、海を渡って行った。

ダビデはここで戦闘のための武具ではなく、獣から羊を守るために日常使っていた石投げ紐と石、そして杖を持って、信仰者として、ほぼ丸腰で向かった。戦う意図を持って石を投げているから非暴力ではないが、ここにおいても戦われたのは神であったということができるだろう〔これ以後のダビデの戦いは決して非暴力であるとはいえず、ダビデが非暴力的であったということはできない（サムエル下一六・七、八参照）。彼は軍人であった（歴代上二二・八、二八・三）。さらにはこの場面でも、倒れたゴリアトの剣で彼を殺しその首をはねている。しかしこの戦いは信仰の戦いであった」。

ダビデはこのように、神が生きておられ、歴史を導いておられるという深い確信と、この方と共に生きるという明確な意識を持っていた。それが彼の謙虚さとつながっていた。そしてそれは、いつも神が自分と羊を守っていてくださるという日常感覚の延長にあった。

ダビデの潔さ

ダビデは魅力的な人物であった。彼は勇士であり、後に王となった。また詩人であり音楽も奏でた。多くの賜物を持ったダビデであったが、私たちと同じく弱さを持った人物でもあった。しかしそこで際立っているのは、彼が取り繕わず、言い訳をしなかったということである。そして彼は自分の非を認める潔さを持っていた。これが彼を悔い改めへと導き、神のもとへと導いている。

ダビデはどのような弱さを持っていたのだろうか。彼も敵の前で恐れることがあった。また性的誘惑への弱さも持っていた。家庭の問題も抱えていた。さらには子供の教育にも問題があった。

王宮を追われた後、まずサムエルのところに行き一部始終を報告する。指示を仰ごうとしたのであろう。しかし事態が好転しないなか、ダビデは自分の力に頼り始める。

次にダビデはエルサレムの北ノブの祭司アヒメレクのところに行く。アヒメレクは、ダビデがなぜ一人で来たのかとただならぬもの感じながらも、ダビデを迎える。ダビデは、自分は王の命令で来た、また若者たちを待たせている、と嘘をつく。おそらく何も持っておらず、また空腹だったのだろう。「何か、パン五個でも手もとにありませんか。ほかに何かあるなら、いただけますか」（サムエル上二一・四）と食べ物を無心する。聖別したパンしかなく、それを受け取る。さらにダビデは武器を求める。アヒメレクのところには、ダビデが石投げによって倒したペリシテ人ゴリアトの剣があった。ダビデは「それにまさるものはない」（同二一・一〇）と語り、その剣を受け取り、サウルの領土を離れる。

かつて石投げ紐一つで主のための戦いを戦ったあのダビデの姿をそこに見ることはできない。ここにあるのは恥も外聞もなく、自分が倒したゴリアトの武器を喜んで受け取り去っていくダビデの姿である。私たちはそこに哀しさを感じる。そして現実主義となったダビデからは祈りが消えている。私たちも神に頼らず現実的に対処しようとするとき、祈りを失うであろう。

ダビデが向かったのは、ペリシテ人の町アキシュの王ガテのところだった。とにかく生き延びなければならないという思いだったのであろう。しかしアキシュの家臣たちが、これは「サウルは千を討ち、ダビデは万を討った」といったあのダビデではないかと言うのを聞き、ダビデは非常に恐れる。捕らえられたとき、ダビデは気が狂ったふりをする。なりふり構わず、今や自分の知恵と精一杯の努力で、生き延びようとしているダビデがここにいる。そこをどうにか抜けることができたダビデはアドラムの洞窟に身を避ける。

注目すべきは、ダビデが神に頼り祈っている記述が二一章から二二章まで出てこないことである。これはまさにダビデにとって試練のときなのだが、自分でどうにか切り抜けようとし、惨めな姿をさらしている〔杉本智俊『ダビデの生涯を追って』新生宣教団、一九九六年を参照〕。

しかしダビデはこの後、再び神のもとに来て、祈る。二二章で祭司アヒメレクがダビデとコンタクトを持ったかどでサウルに殺される。ダビデは自分の責任を認め、二三章一―二節でようやく神に御心を求めるようになる。

バテ・シェバ事件

ダビデの失敗は、私たちと同様、一度ではなかった。ダビデの王国が安定しはじめたころの春、有名なバテ・シェバ事件が起こる（サムエル下一一章）。

王国は少しずつ落ち着いてきていた。ダビデは戦いには行かず、軍は将軍ヨアブに任せエルサレムに留まっていた。ダビデは午睡から目覚め、王宮の屋上を散歩していた。彼の人生の中で、ようやくほっと一息つくことができたときだった。

その時、大変美しい女性が水を浴びているのを目にする。ヘテ人ウリヤの妻バテ・シェバだった。ダビデは彼女を呼び寄せ、彼女はダビデの子を宿す。ダビデは戦場にいたウリヤを呼び寄せる。面会し、贈り物を与え、家へ帰そうとする。しかしウリヤは王の家の入り口で他の人々と共に休み、家には帰らない。ウリヤもこの不自然なもてなしに何かを気づいたことだろう。困ったダビデはウリヤの主君ヨアブへの手紙をウリヤに託し、ウリヤが戦死するように最前線に出すように命じる。ウリヤは戦死する。そしてダビデはバテ・シェバを自分の妻にする。

今までのダビデからは想像できないような変化である。しかしながらこの罪の性質はこれまでも彼のうちにあったものである。機会が整ったとき、それが鎌首をもたげてきたにすぎない。私たちはみな、ある状況の中では罪を犯さなくても済むが、悪しき状況が整い、ふと神から目を離すとき、罪を犯すかもしれない弱さを持っている。ダビデは、ほっと一息つけるようになったとき、神から目を離し、罪に罪を重ねた。

神は怒られ、預言者ナタンをダビデのもとに遣わす。そして厳しい裁きのメッセージを語られる。その時ダビデは我に返る。「わたしは主に罪を犯した」。それがダビデの応答だった。言い訳をせず、理屈をこねず、ただ神の前に罪を告白する。そして神はこのダビデを退けられなかった。神からの真っすぐな有罪宣告が来たとき、ダビデはそれをかわそうとせず、斜に構えず、言い訳をせず真っすぐに受けとめ、他ならぬ神の方に倒れ込んだ。ダビデは神の前にひざまずき、悔い改めた。これがサウルとの違いであり、このことのゆえにダビデは神からの憐れみを受けた。

「神よ、わたしを憐れんでください 御慈しみをもって。深い御憐れみをもって 背きの罪をぬぐってください。わたしの咎をことごとく洗い 罪から清めてください。あなたに背いたことをわたしは知っています。わたしの罪は常にわたしの前に置かれています。あなたに、あなたのみにわたしは罪を犯し 御目に悪事と見られることをしました。あなたの言われることは正しく あなたの裁きに誤りはありません。」「しかし、神の求めるいけにえは打ち砕かれた霊。打ち砕かれ悔

いる心を　神よ、あなたは侮られません」（詩篇五一・三―六、一九）。

このようにダビデは、自らの弱さと罪の中で、にもかかわらず神のもとに戻って来る。そして、神と共に歩むことを求める。彼は時に神から目を離し沈みそうになるのだが、神のもとに戻り、取り繕わず、非を認め悔い改める人物であった。

私が英国に留学をしていたとき、ある対談番組をテレビで観た。その番組に出ていた心理学者は、私たちはみな演技をしていると主張していた。家では妻として、子供に対しては母として、親に対しては娘として、職場ではプロフェッショナル・カウンセラーとして、また地域の集まりでは善き市民としてその役割を演じているというのだった。彼女の主張は、「本当の自分」というものはない、というものだった。向き合う対象によって自分は変わっていくというのである。

確かに、私たちはそのように異なる対応をする。しかし、「本当の自分」はあるのではないだろうか。それは絶対者なる神に、あるがままの姿で向き合うときの自分である。鎧兜を、ビジネススーツを、作業服を脱ぎ、家庭の、職場の、社会の責任を離れ、弱さを認め、全能の創造者の前に裸で独り立つ自分がいる。それが真の自分である。そして怒りも、憎しみも、不平も、フラストレーションも、そして自分の弱さも、罪も、正直に包み隠さずこの方に語り、あるがままの姿でこの方の前にひざまずくとき、私たちは真の自分になっているのである。それは、すべてはぎ取られた自分の中核といってもよいかもしれない。ダビデは、神の前にこのように立つことができる人物だった。それは、彼が、神が憐れみ深い方であることを知っており、砕かれた悔いた魂を決してさげすまれないことを信じていたからである。だから彼は、ぎりぎりのときに神の側に倒れ込むことができたのである。

家庭の問題

今日多くの家庭問題が報じられている。しかしダビデもかなりの家庭の問題を抱えていた。王の後継者争い、あるいは多くの資産を持つ者の遺産相続問題は珍しくはない。しかしそういった状況のゆえだけではなく、ダビデによる教育の欠如、罪、また優柔不断に由来する問題も見られる。敵に対しては強かったダビデも、父としてはその輝きを見せてはいない。

長男のアムノンが異母弟アブサロムの妹タマルを陵辱する（サムエル下一三章）。三男アブサロムは、実の妹を辱めたアムノンを憎み、二年の後に策略を施し殺害する。アブサロムはダビデの怒りを恐れゲシュルに逃げる。彼はこの件の許しを受けるのだが、その後今度は父ダビデの王位を奪おうとし、反逆を起こす（同一四—一八章）。ダビデはエルサレムから逃げなければならなくなる。そこにあったのは激しい混乱、崩壊した家庭である。これはバテ・シェバとの罪のゆえの裁きとして預言者ナタンが語っていたことだった（サムエル上一二・一〇—一二）。

しかしこの時もダビデは、逃げながら、神への深き信頼を持っている。それが揺らいでいない。都落ちするダビデに祭司ツァドクとレビ人たちはエルサレムから神の箱を持って来る。そのツァドクにダビデは語る。

「神の箱は都に戻しなさい。わたしが主の御心に適うのであれば、主はわたしを連れ戻し、神の箱とその住む所とを見せてくださるだろう。主がわたしを愛さないと言われるときは、どうかその良いと思われることをわたしに対してなさるように」（サムエル下一五・二五—二六）。

これがダビデの偉大さであった。困難さの中で彼は主を見上げる。アブサロムはこの後、ダビデの将軍ヨアブによって命を絶たれ、この反乱は終わる。

このように長男アムノンと三男アブサロムが亡くなった後、今度は四男アドニヤが高ぶり、王になろうと行動を起こす〔次男キルアブは後継者が問題になる以前に亡くなっていたのであろう〕。アドニヤは父からの叱責を受けたことがなかったと聖書は語り（列王上一・六）、ダビデの教育の欠如を指摘している。

ダビデはソロモンに王位を継がせると約束していたようである（列王上一・一三、一七、三〇）。アドニヤもそのことを知っていたために、それを制す行動を起こそうとしたのかもしれない。しかし王の意思はそれまで公に明らかにされておらず、この混乱を招いたともいえるであろう。結局ソロモンが王位に就く。しかしダビデの死後、アドニヤはダビデの妻であったアビシャグを妻に欲しいと申し出――それは王位継承の野心の現れだった――、ソロモンはアドニヤを処刑する。このようにダビデの死後も彼の家は大きな騒乱を経験するのだった。そこにおけるダビデの責任は小さくはなかった。

ダビデの未来志向――人々の信仰のための備え

寄留者としての意識

歴代誌上二九章一〇―二〇節にダビデの最後の祈りが記されている。それは、神への賛美と感謝にあふれ、まさに自分がその舞台を降りていく国の将来のための祈りだった。そこに見られるのは神の絶対的主権とダビデの有限性の明確な対比である。
ダビデはこの祈りで明確に神の主権を語る。「偉大さ、力、光輝、威光、栄光は、主よ、あなたのもの。まことに天と地にあるすべてのものはあなたのもの」と続く。偉大なのは決して自分ではなく、ましてやソロモンでもなく、主よ、あなたです、それがダビデの思いであった。一介の羊飼いから王へと選ばれてきたダビデは、ゴリアトとの戦い、サウル王からの攻撃、息子の反逆、ペリシテ人、モアブ人、エドム人、アンモン人、アマレク人、アラム人たちとの戦いを通ってきた。まさに波乱万丈の人生だった。そして彼の数々の過ちがあった。しかし、にもかかわらず、その中に常に神の守りがあったことをダビデは思い起こしていたのであろう。事実ダビデがここまで来ることができたのはただ神のゆえである。

ダビデはイスラエルの王であったが、神の御前では寄留者、移住者にすぎないと語る（歴代上二九・一五）。イスラエルはエジプトで寄留の民であった。彼らはそこから約束の地に導かれてきた（歴代上一六・一九）。寄留者とは、約束の地に住み、正当な権利を持つイスラエル人と区別され、その善意に頼って生きていく人である。しかしダビデは彼とイスラエルを指してこの言葉を用いている。イスラエルが今受け取っている神との関係・繁栄を当然の権利と考えることはできず、常に神に依り頼まなければならないと祈っている。そしてこの神中心の意識こそが、ダビデが神に用いられた理由であり、サウルが退けられた理由であった。

ダビデは夢想家ではなく、ましてや世離れした宗教者でもなかった。民の平和と安全を保たなければならない政治家であり、多くの戦いを経てきた王であった。報復についてさえソロモンに語っている（列王下二・五―六）。彼はきわめて現実的な人物だった。しかし、人の策を超えて、結局のところすべてが神の御手にあり、神のものであることを知っていた。自分は一時的な存在であり、ある期間この座におり、ここにあるものを一時的に用いさせていただいている寄留者にすぎないということを深く意識している。この寄留者というアイデンティティーは新約聖書にも受け継がれている神の民の自己理解である（ヘブライ一一・一三、Ｉペトロ二・一一）。

公的な宗教的貢献

私たちはダビデの個人的なデヴォーショナルな側面から多くを学ぶことができるが、また王としての公的な宗教的貢献も忘れることはできない。一つは、契約の箱をエルサレムのダビデの町に運び入れたことであり（サムエル下六章、歴代上一六章）、もう一つは神殿建築の準備である。

契約の箱

サウルはその治世の間、契約の箱をもキルヤト・エリアムに放置していた。それがサウルの神に対する態度であった。ダビデは、国の統一にあたってヘブロンからエルサレムに首都を移す。その際、契約の箱を真っ先にエルサレムに運び込む。

この時ダビデにも、自分の新しい治世のために、契約の箱の入城を用いたいという思いがいくらかあったとしても不思議ではない。しかしこの日は深刻な日となる。

契約の箱を運び込む日には、イスラエルの精鋭三万人が集められ、新しい車も、また音楽も用意され、盛大な祝典となった。しかし箱の扱いに関しては、もっとも注意深い信仰的配慮はなかった。契約の箱は本来、「聖なる物に触れて死を招くことがあってはならない」ようにと、担ぎ棒を差し入れて運ぶように指示されていた。(民数四・一四、一五)、しかしながらダビデは異教徒のペリシテ人がしたように(サムエル上六・七)牛で運ばせた。牛がよろめいたとき、ウザはそれを手で押さえた。この軽率な行為は主の怒りに触れ、ウザはその場で命を絶たれた。この衝撃的な事件によって、神を畏れることをダビデはいよいよ深く心に刻んだことであろう。

ダビデは搬入をすぐに中止し、三カ月の間待って仕切り直す。今度は、箱を担いでのぼらせた。ダビデはただ神の臨在が王国の中心にあることを喜ぶ。彼は雄牛をいけにえとしてささげ、さらには妻ミカルにさげすまれるほど喜び踊っている。

神殿建築

ダビデは、エルサレムを首都として契約の箱を運び入れたときから契約の箱を安置するための神殿を建築したいと願っていた。神殿建築は一大事業であったが、ダビデはそれをするだけの実力を持っていた。

政治的にも、それは王として人々の心を一つにするのに役立ったはずである。また神への献げ物がなされる神殿の存在は求心力となったことだろう。サウルは、ペリシテ人との戦いの前に、サムエルの到着を待ちきれず、神への献げ物を自分でささげてしまったが、それは人々が彼のもとから逃げて行ったからであった。

しかし神は、ダビデが軍人であり多くの血を流してきたとして、神殿建築を許されなかった（歴代上二二・八、二八・三）。むしろ神は、ダビデが神を守り保護するのではなく、神がダビデとイスラエルの民を守ってきたことを思い起こさせる。神は、ダビデを「牧場の羊の群れの後ろから」取って神の民「イスラエルの指導者にした」と語られる。さらには慈しみをもってダビデの後継者を扱い、過ちを犯すときには懲らしめると約束される（サムエル下七章）。

自分には神殿建築が許されないということが示されたとき、ダビデにはショックも落胆の気配も見られない。むしろ神の暖かい言葉に感動し、「何故わたしを、わたしの家などを、ここまでお導きくださったのですか」とその配慮に圧倒されている。そしてその思いはその後も変わらず、彼の最後の祈り「わたしなど果たして何者でしょう、わたしの民など何者でしょう」（歴代上二九・一四）という言葉にそのエコーを聞くことができる。

ダビデは彼の時代の後にソロモンが王として行う神殿建築のために準備を行う。ダビデは建築資材を準備し、個人的にも非常に多くのものをささげている。そして民も自ら進んで神殿のために多くのものをささげている。ダビデは「正しい心をもってこのすべてのものを寄進いたしました」と言うことのできた晩年を送ることができた（歴代上二九・九、一七）。

ダビデはハードウェアだけでなく（歴代上二二・一四―一六）、ソフトウェアの準備もしている。イスラエルの高官たちに、若く経験もないソロモンをサポートするようにと檄を飛ばす。またソロモンには、ちょうどモーセがヨシュアに語ったように、神の掟を守るように語り、「勇気をもて。雄々しくあれ。恐れてはならない。おじけてはならない」と励ましている（歴代二二・一三）。同時に妥協なく、神に従うことの厳しさと重大さを明確に語っている。「わが子ソロモンよ、この父の神を認め、全き心と喜びの魂をもってその神に仕えよ。主はすべての心を探り、すべての考えの奥底まで見抜かれるからである。もし主を求めるなら、主はあなたに御自分を現してくださる。もし主を捨てるならば、主はあなたをとこしえに拒み続けられる。今、よく考えよ、主は聖所とすべき家を建てるためにあなたを選ばれた。勇気をもって行え」（歴代上二八・九、一〇）。サウルはダビデにとっての反面教師であった。

ダビデは神殿ができた後のために、警備から聖歌隊、祭司に至るまでの組織作りも、礼拝のプログラムも用意している。ダビデがどれだけ神殿での礼拝を大切に考え、楽しみにしていたか目に浮かぶようである。食事のときも風呂に入っているときも床に就くときもこのことを考えていたことだろう。この心のこもった準備を見るとき、建てたのはソロモンであったが、これはダビデのプロジェクトでもあるといってよいだろう。彼は神殿を建てることは許されなかった。しかしこのプロジェクトに参与している。

一度でよいからこの完成した神殿で礼拝をささげたい。ダビデはそう思っていたに違いない。この神殿で神の前にひざまずき、彼の生涯を感謝し、心からの最高の献げ物をささげたかっただろう。たとえ中に入ることができないほど体が弱っていたとしても、外見だけでも一目見たかっただろう。しかし彼にはそれすらも許されなかった。ダビデは黙々と準備する。モーセが約束の地を望みながらそこに入れなかったように、神殿建築が許されなかったことを自らの分として受け入れ、神の定められた境界線を認め、自分にできる最善を、まさに最善をできるところまで精一杯行ったのであった。そして次の世代が神を賛美し、栄光を帰し、神に近づき、神と共に歩むことができるように、備えをする。

ダビデは寄留者として、一時滞在者として、人々が神に近づくように、そして神の御名があがめられるように備えをすることで満足できた人物であった。

自分でなくてもよい。神の御名があがめられるなら。
自分でなくてもよい。人々が神と共に歩むなら。
自分でなくてもよい。
人が神を守るのではない。神が人を守られる。
自分にできるもっとも善きことを。
次世代のために。
その思いがダビデの晩年に見える。

まとめ

ダビデは旧約聖書の中でも際立って魅力的な人物である。彼は、ユダの血筋からとはいえ、末の息子、羊の群れの牧場から選ばれた人物であった。

自分が取るに足らない者であること、その自分を神が憐れみによってご自身の目的のために選ばれたということをダビデは生涯胸に刻んでいた。私のような者が、という思いがダビデのうちには常にある。このアイデンティティーをダビデは持っており、サウルのように傲慢になることはなかった。またサウルの生涯はダビデにとって強烈な反面教師となったことだろう。

そして神の時《カイロス》が来たときに彼は雄雄しく立つのである。そして与えられた賜物と状況を用い、その務めを十二分に果たす。謙虚に、しかし大胆にダビデは羽ばたいた。

ダビデは、私たちと同じく、多くの過ちを犯した。その失敗において私たちに劣るものではない。しかしダビデは、揺れ動くことがあっても、神のもとに帰って来る人物であった。逃亡時代、不安と恐れで押しつぶされそうになりながらも、自分の力で切り抜けようとしたことがあっても、神の光を見上げ、神のもとに帰って来た。罪を犯し、神の顔を仰ぎ見ることができなくなっていたときも、神からの声を聞いたときに、真っすぐに正面からありのままで神に向き合い、神の御手に倒れ込んだ人物であった。それは、彼が神の憐れみを知っていたからである。

私たちはダビデの生涯に神の憐れみを見る。神はご自分に信頼するダビデを常に支えられた。

ホセア

いつくしみの愛

平山　正実

罪の本質に直面して

臨床現場で働く精神科医は、弾丸が飛び交う戦場の最前線に陣取って負傷した兵士を癒す軍医のようなものだ。野戦病院には「人間の罪」という弾丸に当たって、心傷ついた傷病兵たちが、続々と運び込まれてくる。私たちのところに搬送されてくる兵士の「心の傷」を詳細に分析すれば、罪の本質が見えてくる。

ホセア書は、心の傷と人間の罪の問題を扱っている。その中でも、とくに、異性間の背信や裏切りといったテーマを通して、人間の罪の本質と、神の救いの問題について、真正面から、取り組んでいる。この書は、今から約二八〇〇年前に書かれたが、不倫や浮気、姦淫といったきわめて現代的なテーマを取り上げており、その意味で時代を超えた普遍性を持っており、読者に強烈なインパクトを与えるとともに、貴重なメッセージを送ってくる。

預言者ホセアは、妻のゴメルが不倫を犯しても、彼女を捨てず、その帰還を待った。このような夫婦関係を、ホセア書は、神と背信のイスラエルとの関係を象徴する出来事として描いている。

ここで、読者に最初に注意を促したいことは、実際の臨床現場において、不倫を契機として、心の病を発生した事例は多いが、ホセアとゴメルとの関係とまったく同一のケースはないということである。ホセアは、神から選ばれた預言者であり、完全無垢な人格者であるという前提に立って、このホセア書の筋立ては成り立っている。ところが、現実の臨床現場において遭遇するケースでは、程度の差こそあれ、夫婦とも、自己中心的な生き方をしていて、互いに罪人である。このことがわかっていないと、ホセアが訴えようとした事柄が、理解できなくなるだろう。

不倫、浮気、姦淫

これまで述べてきたように、不倫や浮気や姦淫は、モーセの十戒を引用するまでもなく、究極的な人間の罪の問題とかかわり合いがある。罪という言葉はギリシャ語でハマルティアといい、その原義は、「的をはずす」「事をしそこなう」という意味である。矢が的をはずれて、本来の目的を達成できないこと、それが罪である。矢が的をはずれるのは、「ねじれた弓」で矢を射るからだ。「ねじれた弓」とはその人の心の中にある罪である。その弓によって射られた矢は的をはずれ、空しい方向に向かう（ホセア七・一六、以下「ホセア」省略）。神と人との関係にしろ、人と人とのそれにしろ、的がはずれないということ、矢がきちんと的に当たるということは、どういうことかというと、「ねじれない弓」を持っていること、言い換えれば、両者の心が素直さを持ち、真実であって、互いの心の絆がしっかりと結び付いていること、信頼関係が確立しているということである。不倫や浮気や姦淫という罪は、本来、信頼関係をもって、結ばれているべきもの同士が、裏切りや背信によって、その心の絆が絶ち切られた状態を指す。確かに、形式的にはホセアとゴメルとの関係と世間によくある不倫を行う夫婦関係とはよく似ている。しかし、その内容を分析すると、かなりの違いがある。

臨床現場で、不倫をしている人と話していて感ずるのは、彼らは、配偶者に対するうしろめたさと、世間や自己の良心に対する恥の感情を持っていることである。姦淫の女といわれるゴメルの場合はどうか。彼女は、むしろ、積極的に男性に接近していく。その意味で、恥や罪の意識が希薄である。しかし、究極的には、「彼らは、酔いしれたまま、淫行を重ね、恥知らずなふるまいに身をゆだねている。欲望の霊は、翼の中に彼らを巻き込み、彼らはいけにえのゆえに恥を受ける」（四・一八—一九）とあるので、彼女もその好奇心や感覚的快楽への欲望のゆえに、恥を受けることになった。

浮気する者と浮気される者との関係について考えてみると、現代の不倫夫婦とホセアとゴメルとの間で共通しているのは、背信や裏切り行為というテーマが基本となっていることである。しかし、ホセアは、ゴメルに対して、たとえ、彼女が裏切っても、最後まで、その罪を許し、帰還するまで待つという姿勢を崩していない。他方、現代の不倫夫婦の場合は、両方とも罪を持つ存在であるから、相手の裏切りや背信を許そうとしない場合が多い。その結果、離婚に至ることが多く、一度別居すると和解することが難しい。ここが、大きな違いである。現代における不倫夫婦の場合、その多くが、支配―服従関係にある。つまり、支配する側は、優越感を持ち、服従する側は、劣等感を持つ。突っ張って生きるか、いじけながら生きるか、どちらにしても、主に依り頼み、自らの非を悔いない限り、最終的に両者とも、強気の絶望に至るか、弱気の絶望に至り離別するだろう。とくに、劣等感を持つ側の人間は、弱気の絶望、つまり見捨てられた感、自己嫌悪感、空虚感、自己否定感、自己不信感を持つと同時に、性格的に未熟な場合、相手に対する敵意、恨みの感情、復讐心などを持つ。こうした欲求不満を持つ人は、相手に対して攻撃的に振る舞うか、自傷行為に走るか、心の病に逃げるか、あるいは、「つらあて」的に不倫という行為を行うことによって、その人の心の空しさを埋め合わせようとする。それは、結局のところ、空虚感と絶望感を伴う死の病いへと行きつくことになる。ボンヘッファーという神学者は、このような心の病態を「死の偶像化」と呼んだ。彼らは、「心の中にポッカリと穴があいたようだ」、「この先、どうしてよいかわからない」と訴える。この「ポッカリと穴があいたようだ」という訴えは、重要な意味を持つ。なぜなら、偶像（アイドル）の原義は、「空しい」という意味だからである（平山正実「不安からの救いについて　ギデオンの人間像から援助者のあり方を探る」、二〇〇七年）。人は、「どうしてよいかわからなくなった」とき、つまり、自己のアイデンティティーが揺いで、心が空しくなったとき、アイドルにしがみつく傾向があるからだ。しかし、そのアイドルにしがみついても甲斐がないと気づいたとき、死を選ぶことになる。

不倫を行う人は、自らの淋しさや空虚感を埋め合わせるために、優しさと思いやりを与えてくれそうな異性を求めて歩き回る。ところが、対象となった異性は、大抵、金銭やその他の欲望が目的であって、表面的には、優しく、思いやりがありそうな振る舞いをしても、それは、演技であり、「優しさ」という仮面をかぶっているにすぎない。それゆえ、その優しさや思いやりは、偽りであり、優しい言葉は虚言であるにすぎない。なぜならば、誘うほうの異性の心も「空虚」なのだから。要するに金銭やその他の欲望を媒介とするこのような二人の間の関係においては、真の意味での人格的コミュニケーションは成立しない。金銭やその他の欲望は、偶像であり空虚であり、究極的には絶望と無であって、死に至るものである。

ホセアの家庭生活

ホセアは、神の意志をイスラエルに伝えるように言われた預言者である。その彼が、よりによって、神から「行って淫行の妻をめとれ」（一・二、三、三・二）との命令を受ける。その後、ホセアの妻ゴメルは、「恋人たちの後を追って夢中になった」と記されている。ここでは、「恋人たち」と複数形になっていることから、彼女は、複数の異性と交渉があったと見られる。このことから、彼女が奔放で感覚的快楽を好む女性であったことがわかる。また、「追って」という表現から、彼女は好奇心が強く、自ら強い意志を持って、積極的に不倫の相手のふところに飛び込んでいったと考えられる。このように見てくると、彼女の姦淫行為は、相手に誘惑されたというより、自らの強い意志と決断によって行われたといってよいであろう。彼女は、自らの背信行為によって、配偶者がどれほど傷つき、その心を悲しませたかということなど、まったく頓着しなかった。それほど、彼女は自己中心的な罪の心に汚染されていたのであった。「告発せよ、お前たちの母を告発せよ。彼女はもはやわたしの妻ではなく、わたしは、彼女の夫ではない。彼女の顔から淫行を、乳房の間から姦淫を取り除かせよ」(二・四)。ホセアは、ここで、ゴメルとの夫婦関係は破綻したこと、したがって「もはや、もう私の妻ではないこと」、つまり、離婚したことを宣言する。この後半の部分に書かれている「乳房の間から姦淫」という言葉は、性的魅力を売り物にする娼婦の姿を彷彿とさせる。また、「彼女の顔から淫行を」という表現から、どぎつく派手な化粧で飾り立て、媚を売る女(二・一五)の顔を連想させる。

彼女は、夫から離れ、どのような宗教生活や社会生活を送っていたのだろうか。「バアルを祝って、過ごした日々について、わたしは彼女を罰する。彼女はバアルに香をたき、鼻輪や首飾りで身を飾り、愛人の後について行き、わたしを忘れ去った、と主は言われる」(二・一五)と記されていることから、彼女は、バアル信仰と深くかかわっていたようである。バアル信仰は多神教であって、人間の物的欲望の投影である穀物の豊作や動物の多産を願う一種の御利益宗教であった。イスラエルの神ヤハウェは、このバアルの神を拝むことを嫌われた(士師二・一一)。このバアルの神が拝まれる神殿の聖所では、神殿娼婦たちが男たちと共に乱舞、乱飲するといった宴が設けられた(四・一一—一九、九・一—三)。そこに礼拝に来た男性は、神殿で祭儀を行う娼婦と性的交渉を持つとされた。ゴメルは、「バアルに香をたき、鼻輪や首飾りで身を飾った」とあるから、この神殿娼婦の一員であった可能性がある。いずれにしても彼女は、偶像を拝むバアル宗教と深くかかわりを持ち、多くの男と性的交渉を持つような堕落した生活をしていた。聖書はそのことを、彼女（ゴメル）は「愛人の後について行き、わたし〔神〕を忘れ去った」と結論付けている。「彼女は知らないのだ。穀物、新しい酒、オリーブ酒を与え、バアル像を造った金銀を、豊かに得させたのは、わたしだということを」（二・一〇、イザヤ四一・一八―二〇）と神は言う。ゴメルは倒錯した思考にとらわれていた。すなわち、穀物や新しい酒、オリーブ酒や金銀は、本来、神が創造したものである。ところがゴメルはそうした被造物を「神」として拝んでいる。これこそ、神が嫌われる偶像礼拝であり、倒錯した思考である。偶像という言葉の中には、倒錯という意味もある。このような空しい神に頼るとき、ヤハウェの神は、忘れ去られる。

被造物である人間や物を拝むことを創造者である神ヤハウェは、忌み嫌われた。そのことは、モーセの十戒の第一戒に記されているとおりである。彼女の拝んでいたのは、物であるが、こうした偶像礼拝の流れは現代の唯物思想や御利益宗教に及んでいる。現代の病理は精神の貧困、感覚的快楽主義、お金や物優先の唯物主義、空虚感の蔓延であるといわれる。こうした病理は、すでに士師の時代からホセア時代に広がっていたバアル信仰の中に芽生え始めていた。ちなみに新約聖書に出てくるサタンを意味するベルゼブル（マタイ一二・二四）は、ヘブライ語のバアル・ゼブーという言葉に源を持つという。物質や快楽を絶対視すること（偶像ないしバアル礼拝）は、サタン（悪魔）の支配下に組み込まれるということをホセアは見抜いていた。

このような、偶像崇拝を行い性的不品行を放置しておくと、どのようなことが起こるのか。主は、姦淫を取り除かなければ、「わたしが衣をはぎ取って裸にし、生まれた日の姿にして、さらしものにする。また、彼女を荒れ野のように、乾いた地のように干上がらせ、彼女を渇きで死なせる」（二・五）。そして、「彼女の恥を愛人たちの目の前にさらす」（二・一二）と述べている。偶像礼拝、物質礼拝の究極的姿は死であるというのである。神を神として拝まず、物や感覚的快楽を神として拝めば、それは、偶像を拝むことになり、そのようなことを続けていくと多くの人々の前で裸にされ恥をさらすことになる。つまり、大恥をかく結果になるというのだ。ちなみにサウルの子エシュバアル（バアルの子）がイシュ・ボシェト（恥の人）と呼ばれていることは大変示唆的である（歴代上八・三三、サムエル下二・八）。裸になるということは、自分を守ってくれるものが何もなくなるということを意味しているのであって、そうした事態は不安と恐れを惹起せしめる。また、他人から、裸体を見られることは当事者にとって恥の感情と苦痛の感情を引き起こす。そして、このような感情は、罪の感覚と密接に結び付いている（創世三・七、一〇、九・二一―二三）。人は、恥の感情を通して、罪を知った。神は、物や感覚的快楽の虜となっている人間に恥の感情に伴う不安感や恐怖感を植え付け、罪があることを知らそうとされた。そして、恥や罪の感情は、「荒れ野」や「乾いた土地」という言葉が象徴するように、心身を衰弱させ、最終的には死に至らしめると警告されている（二・五）。

ところで、姦淫の女、ゴメルの言行は、子どもにも大きな影響を与えた。

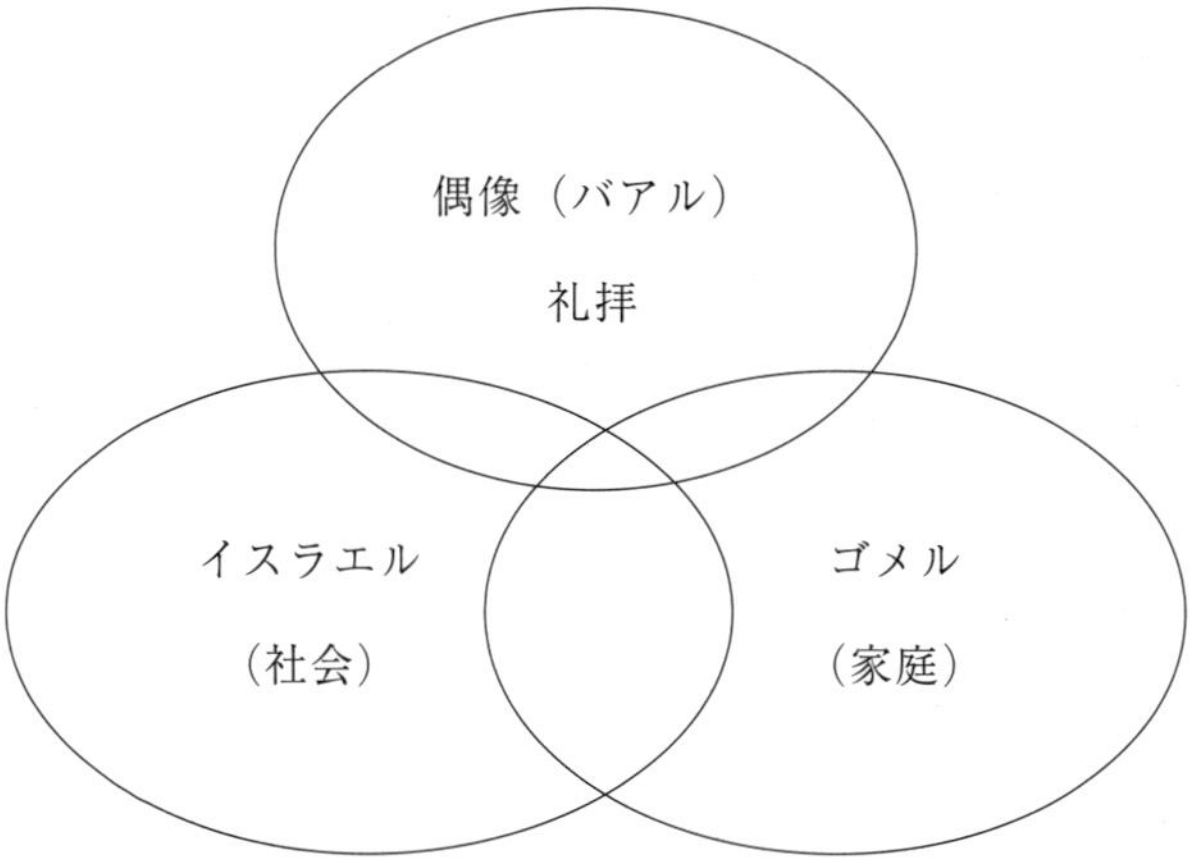

図１　偶像礼拝の蔓延——ホセアをとりまく家庭環境と社会環境

「わたしは、その子らを憐れまない」（二・四—七）とヤハウェの神は言う。このことは、ホセアが子どもにつけた名前によっても明らかだ。彼が、自分の第二子をロ・ルハマ（憐れまれぬ者）と名付け、第三子をロ・アンミ（わたしの民ではない者）と命名したことだけでも親の不品行が子どもにいかに大きな影響を与えるかということがわかる。ホセアは妻に背かれ、しかも、父親として、こうした子どもたちを育てる苦しみを味わった。このような家庭の悲劇とちょうど同じような悲劇が、イスラエル社会でも起こった（一二四頁以降「ホセアが生きていた時代」参照）。その原因は、バアル（偶像）礼拝によるものだとホセアは主張する（図1参照）。

ここで、もう一度、私たちは、精神科クリニックの臨床現場に戻ってみよう。不倫、浮気、姦淫の事例から見えてくるのは、相方の間で、嫉妬、中傷、言い争い、流血、暴力、虚言、自己正当化、責任転嫁、子どもの非行、家庭内暴力、摂食障害、不登校、それに家族の精神病の発症、自殺、アルコールやギャンブル依存、薬物依存、離婚や死別などである。このような、裏切りと争いの結果として、家族は崩壊し、バラバラになる。そして、最終的には、その家族は跡形もなく雲散霧消してしまう。まさに、不倫＝偶像礼拝＝空ろというホセアが預言したとおりの現実がそこにある。

ホセアは、神の代理人として立てられた預言者である。それゆえ、彼の生き方そのものが神の意志を現していた。彼の苦しみに満ちた家族の悲劇と崩壊そのものが、背信行為を行ったイスラエル全体の姿を象徴していたといえよう。この点について、次にもう少し詳しく述べることにする。

ホセアが生きていた時代

ホセアが預言者として活躍しはじめたころの北イスラエルは、ヤロブアム二世（紀元前七九三―七五三年、列王下一四・二三―二九）によって統治されていた。彼が支配していたころの北イスラエルは、経済的には発展し、人々はその繁栄を謳歌していた。この時代、アッシリアをはじめとする近隣諸国は、内部分裂を繰り返し、弱体化していた。そのために、北イスラエルは、ダビデやソロモンの時代に匹敵するほどの領土を有し、人々は物質的にも豊かな生活を送っていた。このように急成長した北イスラエルであったが、貧富の格差は拡大し、富裕層に搾取された低所得層の市民は、貧困に苦しんでいた。このような社会の構図は、自殺率が急増した戦後日本のバブル期以降や、二〇〇八年、未曾有の経済危機を迎える前のアメリカ、急成長する中国やインドなどといった新興国の現状と類似している。ホセアは、このような世相を憂え、正義と公平が維持されるように、為政者や祭司などといった当時の指導者に訴えた。彼は、貧富の格差が生じ、国家統治において正義と公平が保たれなくなる原因は、偶像を拝むバアル信仰によるところが大きい（列王上一六・三〇、一八・二一）と述べている。偶像礼拝の影響によって、裁判官は正義をゆがめ、祭司は悪徳を行い、為政者は国家を正しく統治せず、実業家は貧困者を搾取し所得の格差が生じたのである。また、民衆の間では貧困層が増加し、風紀は乱れ、彼らは性的放縦に走った。

偶像礼拝に基づく北イスラエルの混乱は、ホセア時代に始まったものではない。

イスラエルはモーセに導かれ、出エジプトし、「乳と蜜とが溢れる地」カナンを目指したが、彼は、目的を達せず、カナンに入ることはできなかった。彼の死（紀元前一四〇五ごろ）後、後継者のヨシュアが、イスラエルをカナンの地に招き入れた。ヨシュアの存命中と彼の死後しばらくの間は、民はヤハウェ信仰に忠実であった（士師二・七）。また、ギデオンなど有力な士師の指導によって、一時は、バアル礼拝はあまり行われなくなった。ところが、しばらくすると、ヤハウェを知らない世代が興り、士師という名の指導者がいたにもかかわらず、イスラエルはカナン人の崇拝するバアル信仰の影響を受け始める（士師二・一〇）（平山、前掲論文）。それ以後、イスラエルにとって、偶像を拝むバアル信仰とヤハウェ信仰の対決はホセア時代まで続く。そして、この対決は現代に至るまで継続しているといえるだろう。

イスラエルが偶像礼拝に汚染されていくありさまを、聖書記者は、随所で記している。「イスラエルの人々は主の目に悪とされることを行い、バアルに仕えるものとなった」（士師二・一一）。「彼らは士師たちにも耳を傾けず、他の神々を恋い慕って姦淫し、これにひれ伏した」（士師二・一七）。そこで「主はイスラエルに対して怒りに燃え、こう言われた。『この民はわたしが先祖に命じたわたしの契約を破り、わたしの声に耳を傾けなかった』」（士師二・二〇）と。その具体的な徴候は、彼らの結婚生活に現れた。「イスラエルの人々はカナン人、ヘト人、アモリ人、ペリジ人、ヒビ人、エブス人の中に住んで、彼らの娘を妻に迎え、自分たちの娘を彼らの息子に嫁がせ、彼らの神々に仕えた」（士師三・五―六）とある。その結果、イスラエルの国家統治と家庭生活に混乱が生じた。しかし、神は、イスラエルを略奪者の手に任せて、略奪されるがままにし、すぐ追い払うことなさらず（士師二・二一、二三）、彼らの周りの敵の手に売り渡された（士師二・一四）。それは、主が「モーセによって先祖に授けられた戒めにイスラエルが聞き従うかどうか知るためであった」（士師三・四）と記されている。イスラエルの民がヤハウェに対する信仰に忠実であるかどうか試すために、主は、あえて民の危機に介入されなかったのである。このような偶像礼拝をめぐる神とイスラエルとの関係は、ホセア時代の北イスラエルと神との関係においても、繰り返される。

ヤロブアム二世が死亡すると、北イスラエルは、求心力を失い、政権は、弱体化する。その背後に、バアル礼拝の蔓延があることは、さきに指摘したとおりである。軍、官、財、政界等の実力者は、権力闘争に明け暮れ、クーデター、暗殺、テロが繰り返され、政権は短期間で交代、不安定な時代に突入した。このような混乱に乗じて、隣国アッシリアが急速に勢力を増し、オリエント世界の統一を目指して動き始めた。北イスラエルの内政の混乱もあって、政権が弱体化したのを見極めたアッシリア王ティグラト・ピレセル三世は、紀元前七三四―七三二年に北イスラエルに攻め入り、全地を占領。北イスラエルの住民を捕囚としてアッシリアに連れ去るという悲劇が生じる〔列王下一五・二九、一七・二四―四一〕。

ホセアが預言者として活躍した期間は、紀元前七五〇―七二二年ごろといわれる〔新共同訳「聖書事典」五六六頁〕。ホセアは、北イスラエル王国末期の内政の変動とアッシリア軍侵入という民族的危機の中で、また国内の混乱と悲嘆の中にある人々に向けて、自らの使命である神の言葉を伝えたのである。

神の本質について

ここでは、ホセア書の中で、神の本質はどのようなかたちで、述べられているかということについて考えてみたいと思う。

まず、はじめに、ホセア書において、神の本質が、明確に記されていると思われる箇所を選び出してみよう。

「わたし〔神〕は、あなたと契りを結び、正義と公平を与え、慈しみ、憐れむ」（二・二一）「主は

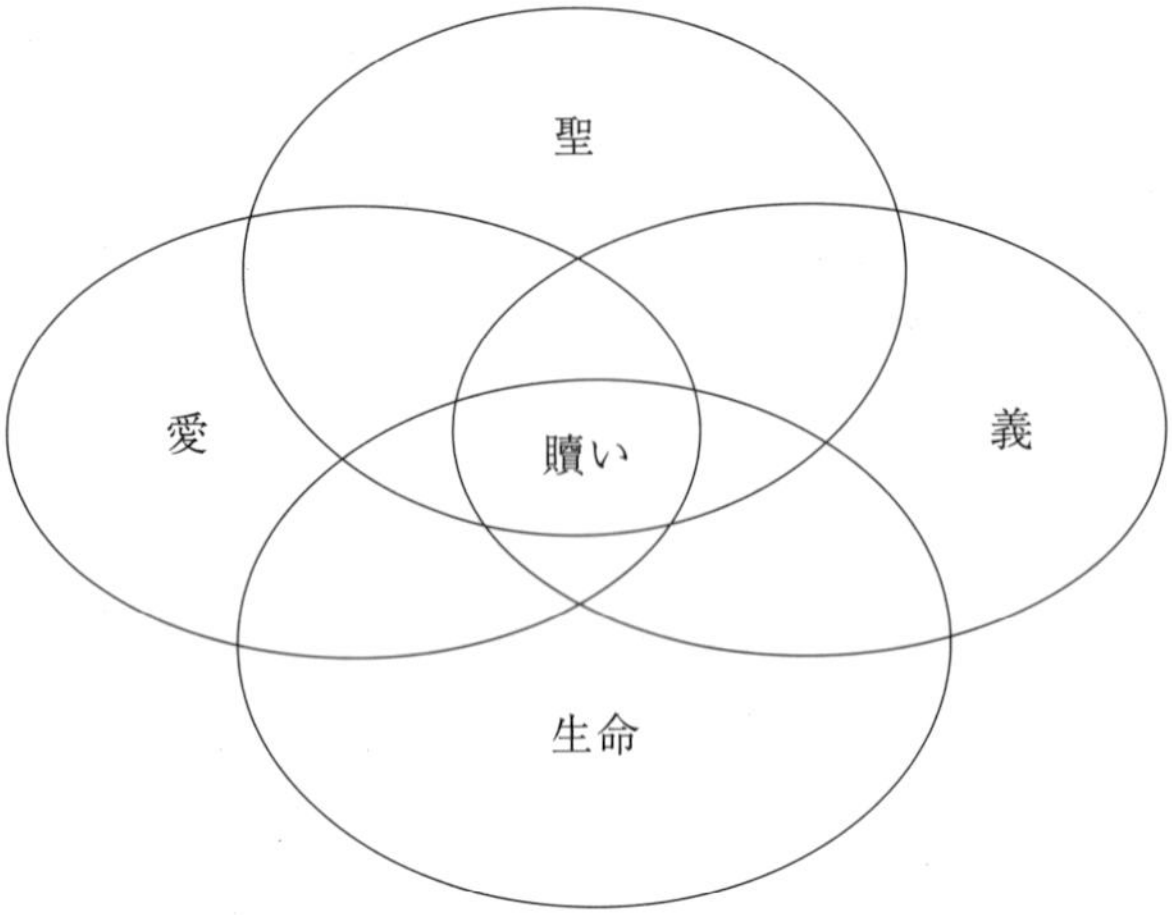

図２　神の本質

我々を生かす」（六・二）といった言葉は神の本質をよく表している。すなわち、神の本質が、正義と公正、慈しみと憐れみ、生命であることを的確に記している。ホセア書以外にも、神の本質について述べている箇所は、数多くある。たとえば、「万軍の主は正義のゆえに高くされ、聖なる神は恵みの御業のゆえにあがめられる」（イザヤ五・一六）という言葉も神の本質をよく表している。以上の聖句から神の本質を表すキーワードをまとめてみると「聖」、「義」（公平と正義）、「愛」（恵み、慈しみ、憐れみ）、そして「生命」に分けられる。私たちは、この四つのキーワードを神の本質として抽出することにする。そして、この四つの神の本質を支える扇のかなめの役割を担うのが、後述（一三三頁以降）する贖い（代償、とりなし）である。この合計五つのキーワードでまとめられた神の本質は、決して、分離し合うものではなく、相互に関連し合っている。この関係をわかりやすく描いたのが、図2である。

次に、神の本質を表すこの五つのキーワードについて、主として、ホセア書のテキストから考えていきたい。

神の聖について

神の本性は聖であることが、ホセア書でも謳われている。「わたしは神であり、人間ではない。お前たちのうちにあって聖なる者」（一一・九）であると神は言われる。聖とは、ヘブライ語でカードーシュ、ギリシャ語でハギオスといい、「分離する」「分断し隔離する」といった意味を有している（『新聖書大辞典』、七六一頁）。ちなみに危機という言葉の英語クライス、ギリシャ語のクリノーは、聖（ハギオス）と同義の「切り分ける」という意味であることも付け加えておく。このことからわかることは、聖に近づくことは危機でもあるということだ。それは、聖が光と闇、清さと汚れ、救いと滅びを分ける働きがあるからだ。聖は、神が人との間に境界線あるいは距離を置くことであり、汚れと罪を持つ人間は神が聖なるがゆえに、容易に神に近づくことができない（出エジプト三・五、サムエル上六・二〇）。そして、聖なる神の思いと、俗なる人の思いとは異なる（イザヤ五五・八―九）。そのために、人間が神の思いを極めることはできない（ヨブ一一・七）。つまり、限界のある人間は全能の神の意図をすべて理解することはできない。ところが、人間は自らがこの世界の支配者であるように振る舞い、人間に都合のよい神をつくってきたのである。このように、人間の高慢さを背景にして、人間は自らの欲望の投影としての偶像を神として拝もうとするようになった。そこでは偶像の聖化という倒錯が行われている。その場合、人が神を操作することになる。それは「人間は偶像を聖なるものとして信頼している」（一二・一、一三・二）からである。ところが、本当の聖は、人と距離を置き、汚れを清さから分かち、罪ある者を裁くものである。このことは、聖書の中で、聖がしばしば火にたとえられており、しかも、火が神の審判や怒り、人間にとっては試練や畏れを表していることからも明らかである。

他方、聖は、恵みや愛や癒しという側面も持つ。「聖なる神は恵みの御業のゆえにあがめられる」（イザヤ五・一六）とあるように、神の本質である聖は、不完全な弱さを持つ人間に愛を施す。

以上、神の聖性には、相矛盾する二つの側面がある。一つは、神が人との間に距離を置くということ、つまり、神が人の汚れや罪を裁く聖性という側面を持っていることである。これは、神の聖性の中でも、神の義という側面を表す。他方、神の聖性は愛という側面を有し、愛は神と人との距離を近づける。このように、神が人間にかかわるそのあり方は柔軟性に富んでいる。

神の義と神の愛

ホセア書には「神のもとに立ち帰れ、愛と正義を持ち、常にあなたの神を待ち望め」（一二・七）という言葉がある。このことは、神にあっては義と愛は一体であることを示している。つまり、前述したように、聖は、神の義と愛を包含するのである。ここでは、神の本質である義と愛との関係についてもう少し詳しく考えてみたい。

神は、義を愛し、悪をそのまま放置しておくことはできない。そこで、神は、この地上で義を全うするために「見張り」を置く。悪は、さまざまな罪、すなわち姦淫、淫行、流血、虚言、盗みなどを含む。もし、このような悪や罪を放置しておくならば、人間の生活は悲嘆と死に覆われてしまうだろう。このようなことを、神は、望まれるわけはない。神は、義を愛し、悪を憎む。したがって、地球上に、このような悪がはびこらないために、見張りを置き、罪と悪を告発し、裁く。

「エルサレムよ、あなたの城壁の上に、わたしは、見張りを置く」(イザヤ六二・六)。そして、正義の神は「神の正しいことを告げ知らせる」。また、神は、「御自ら裁きを行われる」(詩編五〇・六)。神の裁きの対象となった「罪ある者は皆、剣で死ぬ」(アモス九・一〇)とある。この場合の罪とは、イスラエルが神に背いたからである。「イスラエルよ、お前の破滅が来る。わたしに背いたからだ。お前の助けであるわたしに背いたからだ」(ホセア一三・九)。ここに記されているように、神にとって、究極的な罪とは、神に背くこと(モーセの十戒の第一戒参照)である。神の義が保たれるためには、神は、神に背くものを裁かなければならない。

しかし、神が、この地上で、徹底的に義を立てようとするならば、その義に耐えうる人がどれだけいるだろうか。また、完全に正義が実現している社会などありうるだろうか。この点について問うてみたいし、聖書はどう語っているのか探ってみたい。

まず、この世の中に、完全に正しい人、義なる人がいるのだろうかということを問題にしたい。

詩編には、「知らずに犯した過ち、隠れた罪から、どうかわたしを清めてください」（詩編一九・一三）という言葉がある。無意識の領域に存在する罪を追及されたとき、人はそれに耐えうるだろうか。おそらく、その罪に対する告発に耐えうる人はいないだろう。まさに「善をなそうとする意志はありますが、それを実行できない」（ローマ七・一八）というのが人間の真実の姿であろう。

これまで述べてきたことは、心の中における罪悪の問題だが、次に、人間の外側、すなわち社会・世界・宇宙における罪悪の問題に目を向けてみよう。詩編にこんな言葉がある。「神に逆らう者の安泰を見て、わたしは驕る者をうらやんだ。死ぬまで彼らは苦しみを知らず、からだも肥えている。だれにもある労苦すら彼にはない。だれもがかかる病も彼らには触れない」（詩編七三・三―五）。

この世の中を見回すと、神に逆らって生きている者、神を否定し自らを神とする高慢な者が、かえって、病気や苦しみを体験することなく、金持ちになり、何の憂いもなく暮らしている。これで、この世界に義が全うされているといえるのか、神は本当に存在するのかという神義論が、昔からある。「善人でありながら、悪人の業の報いを受ける者があり、悪人でありながら、善人の業の報いを受ける者がある」（コヘレト八・一四）といった言葉や「悪人が災いの日を免れ、怒りの日を逃れている」（ヨブ二一・三〇）という発言も、この神義論の範疇につながる思想である。

人間の心の中を小宇宙とし、社会や自然を大宇宙と見なすならば、人間の側に立って判断すると、この宇宙においては、神の義が本当に貫かれているのか、という疑問がわき上がってくるだろう。

小宇宙である人間の心の中にも、自分の力で解決できない謎の部分があり、社会や自然に目を転ずると、やはり、さまざまな矛盾や齟齬が見られる。つまり、人間や社会や自然を含めたこの世界は、宇宙的不整合が見られる。このような事態は、人間の理性に基づいて考え抜かれた「正義」や「公平」という定義に従うとすると、どうしても正義や公平という概念が狭くなり不可知論的な考えに傾いてしまう。神の正義や公平は、もっと広く深いのではないか。

たとえば、富者や罪悪を犯す者の影に隠れ、その犠牲になっている善人や貧者や病者の存在に対して、人間の例に立った正義観をもって、理解することは困難であろう。この課題に答えていくためには、義を狭義の定義に従って「正しさ」「正義」「公平」ととらえるだけでなく、「罪を許す義」(ダニエル九・一五—一八)を広義の「義」と定義付ける必要が出てくる。私たちは、心身ともに痛み、社会全体が危機にあるとき、「神よ、……都の荒廃を御覧ください。わたしたちが正しいからではなく、あなたの深い憐れみのゆえに、伏して嘆願の祈りをささげます。主よ、聞いてください。主よ、お赦しください」(ダニエル九・一八—一九)と祈る。私たちが死、病、罪、貧困といった限界状況に達したとき、「正しさ」「正義」という基準に基づく狭義の義ではなく、神の深い憐れみ(神の愛)に基づく広義の義がこの宇宙において行われることが求められてくるのである。

神の贖い

神は、あくまで正義と公平と聖がこの宇宙において、貫かれることを要求する。しかし、人間は弱く、不完全で、病むことがあり、罪と悪と汚れに染まりやすい存在である。そのために、人と社会と自然とは常に混乱している。この宇宙論的難題、矛盾、不合理をどう調整し、秩序を守り、整合性が保たれる「場」とするかということが大きな課題になる。この課題に答えるためには、「わたしたちが、正しいからでなく」（ダニエル九・一八）、と記されているように「正しさ」による狭義の義ではなく、むしろ、そうした義と対峙する広義の義、すなわち「神の深い憐れみ」（ダニエル九・一八―一九）による義、すなわち「罪を許す義」という考えを導入する以外に、この世の「荒廃」を救う道はない。そのような神の憐れみとは、どのようなものか。ホセアは、自らの家庭生活の悲劇と重ね合わせながら、神の憐れみというものの本質について語っている。

ホセア書には、次のような記述がある。「主がホセアに語られたことの初め。主は、ホセアに言われた。行け、淫行の女をめとり、淫行による子らを受け入れよ。この国は主から離れ、淫行にふけっているからだ」（一・二、傍点筆者）。

ホセア書は、ここではっきり「初め」にと謳った後に、「主は、ホセアに、淫行の妻とその子らを受け入れよと言われた」と記している。この主による命令自体、もしも、神が主張する狭義の義あるいは正しさという考え方を当てはめた場合、矛盾する。

なぜならば、「淫行にふける」ということは、神の聖や義や正しさに反する行為だからである。ここで問題にされている淫行しているとと糾弾されている対象は、妻や子だけでなく国あるいは社会全体を含む。淫行という不義は家庭生活と社会全体に及んでいる。そのような家庭や社会を受け入れよと、ホセアは神に命令された。そのこと自体、聖と義を伝えることを使命とするホセアにとって、自己矛盾であり、心の中で非常に大きな葛藤があったに違いない。

注目すべきことにこのような主の命令は、一回だけでなく繰り返されていることである。「主は再びわたし〔ホセア〕に言われた」（三・一）とある。この「反復性」ということの意味するところは大きい。何度、妻が背信行為をしても、それをそのたびごとに許せというのだ。「行け、夫に愛されていながら姦淫する女を愛せよ。イスラエルの人々が他の神々に顔を向け、その干しぶどうの菓子を愛しても、主がなお彼らを愛されるように」（三・一、傍点筆者）。

「再び」とか「なお」という言葉の背後に主の愛の深さをみる。ところで、この部分とホセア書一章の記述と比較すると、三章では、もっと具体的な行動を促している。「行け」という言葉が、そのことを示している。また、背信という点で、姦淫の女とイスラエルが、ここでも同一視されている。この背信という不義とそうした不義を犯した家族および国全体を憐れみ愛すという行為とをどう切り結ぶかということが、次に考えるべき重要な課題となる。

淫行を犯す彼らをなお愛するようにと神に言われたホセアは、「銀十五シェケルと大麦一ホメルと一レテクを払って、その女を買い取った」（三・二）とある。非常に具体的に記述だ。きちんと、姦淫の妻を買い取った金額まで記されている。ここに書かれている金額は、奴隷一人が解放されるための代価である（出エジプト二一・三二）。ゴメルは、このとき、娼婦をしていたのか、あるいは、異邦人の男性に囲われていたのか、明らかでないが、いずれにせよ、多額の代金を支払わなければ、解放されない状態にあったことは確かである。彼女が犯した背信という罪をホセアは、犠牲を支払って

〝弁済〟した。犠牲は、金銭だけではない。自ら病むことで、相手の痛みを担うこともある（イザヤ五三・四―五）。

筆者のささやかな臨床体験からいわせていただければ、不倫や浮気、姦淫といった不義を犯すような人々は、精神的にも病んでおり、自分の責任において、義を全うできる人は少ないということである。つまり、理非弁識をわきまえるための責任能力が、心の病によって低下していることがしばしばある。そのような人には、罪を糾弾し悔い改めを促すだけでなく、憐れみをもって接することが必要なのである。彼らに対して、裁き、怒り、見捨てるだけでは、神による広義の義からはずれてしまう可能性がある。このような人々に対しては、「許しの愛」（三・一）、「育てる愛」（一一・一―三）、「癒しの愛」（一四・五）が必要である。そのようなかかわりによって信頼関係が確立されて初めて、ホセアの妻のゴメルは「初めの夫のもとに、帰ろう、あのときは、今よりも幸せだった」（二・九）と告白する境地に達することができたのではないか。

神の本質は命である

ホセア書には、神の本質が、命を守り、心傷ついた者に命を与え、立ち上がらせる存在であるということが記されている。

「さあ、我々は主のもとに帰ろう。主は我々を引き裂かれたが、いやし、我々を打たれたが、傷を包んでくださる。二日の後、主は我々を生かし、三日目に、立ち上がらせてくださる。我々は、御前に生きる。我々は主を知ろう。主を知ることを追い求めよう。主は曙の光のように必ず現れ、降り注ぐ雨のように、大地を潤す春雨のように、我々を訪れてくださる」(六・一―三)。

自然の光、大地を潤す雨という比喩を用いて、ホセアは、命が神の本質であると言っている。大地を潤す雨と太陽の光が、すべての被造物を育て養うように、神は、傷つき、引き裂かれ、打たれた魂を、癒やし、立ち上がらせてくださると言う。ここには、命への賛歌がある。神は、このように命そのものを愛することが、自分の本質であると、主張される。

「神は死んだ者の神ではなく、生きている者の神なのだ」(マルコ 一二・二七)。

私たちは、ホセア書から何を学ぶか

最後に、現代に生きる私たちは、ホセア書から何を学ぶのかということについて、若干言及しておきたい。ホセア書は、実際に臨床現場で働く者に役立つ多くの知恵を提供してくれる。

ケアの精神の大切さ

ホセア書が強調しているポイントの一つは、ケアの重要性ということである。ケアと関係がある言葉を拾い上げてみると、安心感（二・二〇）、慈しみと憐れみ（二・二一）、傷を包むこと（六・一）、支えること（一一・三）、見捨てないこと（一三・五）、喜んで愛すること（一四・五）、保護（一四・八）、人間を庇護するための木蔭（一四・八）などである。

ケアとは、病み傷ついている人への心配り、気づかい、配慮、手助け、支え、世話、慰めを意味する。これらのケアを行うにあたって大切な姿勢は、ここでホセア書が指摘している心傷ついた人々への態度と重なる。

ホセアは、このようなケアの精神の真髄を、自らの家庭生活の悲劇を通して身をもって学んだのである。

危機と記憶の再生

記憶とは、過去のイメージ（想像）や経験を把握し、保存するとともに、必要なときに想起再生させることをいう。神は、人に対して、救いの契約を結んだことを、記憶し、絶えず想起することを望まれた。祭儀や聖餐などのサクラメントは、この記憶を想起するために意味のある象徴的な行為であって、そうした行為を通して、神は、自らの救いの約束を民に思い出すよう導かれた。ところが、ホセアの妻ゴメルは、「バアルに香をたき、鼻輪や首飾りで身を飾り、愛人の後について行き、わたしを忘れ去った、と主は言われる」（二・一五）。また「満ち足りると、高慢になり、ついには、わたしを忘れた」（一三・四）とある。つまり、ゴメルは、バアルという偶像、すなわち物質的満足に心を奪われ、安逸と快楽に酔っている間に、ヤハウェの神を忘れた。そのことを憂えた神は、こう言われた。「わたしは彼女をいざなって、荒れ野に導き、その心に語りかけよう。そのところで、私は、ぶどう園を与え、アコル（苦悩）の谷を希望の門として与える」（二・一六、一三・五も参照）。

つまり、神を忘れた女を、主は荒れ野に導いたのである。彼女は、危機的状況に向かい合うことになった。彼女は、バアルを拝めば、死の危機が訪れることを悟る（一三・一）。その後、彼女は、自らの苦悩（アコル）と直面することによって、夫との結婚の誓いを思い出し、再生への道を歩み出したのである。神と人とが記憶し合うというテーマは、神にとっても、人にとっても重要な課題であることを忘れてはならない。人が神を忘れれば、神は人を忘れる（四・六）。そして、記憶と試練としての苦難ないし危機は密接な関連がある。

神は、人の苦しみや嘆きを聞いたとき、忘れていた人との救いの契約を思い出された。「神はその嘆きを聞き、アブラハム、イサク、ヤコブとの契約を思い起こされた」（出エジプト二・二四）とある。人間は、試練を通して、神との救いの契約を思い出すかどうかということが、試される。

「あなたの神、主が導かれたこの四十年の荒れ野の旅を思い起こしなさい。こうして主はあなたを苦しめて試し、あなたの心にあること、すなわち御自分の戒めを守るかどうかを知ろうとされた」（申命八・二）。

このように、神への記憶は、人生の荒れ野において想起される。荒れ野は、文字どおり、この世の苦難、すなわち、貧困、病、死、罪などといった限界的危機的状況を指す。人が苦難の中で、神を思い出すとき、神も人を思い出される。神と人とは相互主体的な関係にある。

教育的配慮の重要性

神の本質として指摘されるべき、重要なもう一つのポイントは、人に対して教育的配慮を忘れない姿勢である。

「エフライムの腕を支えて、歩くことを教えたのは、わたしだ。しかし、わたしが彼らをいやしたことを、彼らは知らなかった。わたしは人間の綱、愛のきずなで彼らを導き、彼らの顎から軛を取り去り、身をかがめて食べさせた」（一一・三―四）。

ここで重要なことは、ヤハウェの神は、民を支え、教え、癒し、愛のきずなや綱をもって導いたということである。しかも、神ご自身が、自ら身をかがめて、かかわっておられる。このような教育的配慮の必要性が、強調されていることは、注目すべきである。

他方、神は民が「神の知」を学ばないことを非難している。また、民を指導する立場にある祭司に対しても、同様な裁きの言葉が投げかけられている。このように、学習や教育をおろそかにしないようにとの警告があらゆる階層の人々に対して出されている。

「わが民は知ることを拒んだので沈黙させられる。お前が知識を退けたので、わたしもお前を退けて、もはや、わたしの祭司とはしない。お前が神の律法を忘れたので、私もお前の子らを忘れる」（四・六）。前節でも触れたように、ここでも人間が知識を退けたので、神も人間を退けると記してあるように、両者は相互主体性関係にあるとの言及がある。そして、知ること、知識を持つことがどんなに大切かということを、この箇所は私たちに示してくれる。

待つということの大切さ

ホセアは、姦淫を犯した妻のために身代金を支払うとことによって、自分の連れ合いを、やっとのことで、連れ戻した。彼女は、その時の心境を「初めの夫のもとに帰ろう。あのときは、今よりも幸せだった」（二・九）と言っている。彼女自身も、放蕩時の生き方を悔い改め、方向転換したのだと思われる。しかし、その後に、ホセアは重要なことを示唆する次のような言葉を残している。「わたしは彼女に言った。『おまえは淫行をせず、他の男のものとならず、長い間わたしのもとで過ごせ。わたしもまた、お前のもとにとどまる。』イスラエルの人々は、長い間、王も高官もなく、いけにえも聖なる柱もなく、エフォドもテラフィムもなく過ごす」（三・三―四）。

前段の三節では、ホセアは大金を支払って買い戻した妻に、今後はずっと不貞を働くようなことはせず自分のもとにいなさいといった常識的な発言をしている。しかし、三節と四節とを関連付けて考えてみると、隠されている意味が見えてくるように思う。

四節では、イスラエルが、長い間、王や高官、司祭もいない状態、すなわち、自分の民族としてのアイデンティティーを失ったモラトリアム的な状態の中で生きていかなければならないことを示している。前述したように、この時期は、ホセアがイスラエルにおいて予言活動を始め、しばらくたったころと一致する。イスラエルの国の状態とホセアの家庭とを重ね合わせてみると、おそらく、ゴメルは、ホセアのもとに戻ったものの、すぐにはきちんとした婚姻関係に戻れず、中途半端な状態で長く過ごしたのではあるまいか。人間は、回心したといっても、成熟に至るまでには長い時間が必要である。ホセアも「わたしもまた、お前のもとにとどまる」（三・三）と言っているから、ホセアもおそらく、その宙ぶらりんの不安定な状態にじっと耐えて、彼女と共に歩みながら、彼女の成熟と人格の完成を待ったのであろう。しかし、最終的には、「イスラエルの人々は帰って来て、彼らの神となる主と王ダビデを求め、終わりの日に、主とその恵みに畏れをもって近づく」（三・五）とあるので、神とホセアは、ゴメルとイスラエルの民と共に苦悩（アコル）の谷から希望の門に近づくべく歩むことになるのである。

参考文献

平山正実「不安からの救いについて　ギデオンの人間像から援助者のあり方を探る――とくに「枠」と「欲望」の関係をめぐって」、聖書と精神医療研究会編『喪失が希望に変わるとき』（21世紀ブックレット32）、いのちのことば社、二〇〇七年。

大串元亮、「聖」に関する項目、馬場嘉市編『新聖書大辞典』、キリスト新聞社、一九七一年。

ヨブ

苦難の意義

平山　正実

はじめに

筆者は、長年精神医療の現場で、心身ともに病み苦しむ患者の治療に携わってきた。クリニックを訪れる患者の中には、教会関係者も多い。教会の玄関の看板には「疲れた者、重荷を負う者は、だれでもわたしのもとに来なさい。休ませてあげよう」（マタイ一一・二八）という聖句がよく書いてある。それなのに、どうしてこんなにたくさんのクリスチャンや求道者が心を病み、傷つき、救いと癒しを求めて精神科のクリニックを訪れるのだろうか。この現実と信仰の落差をどう考えたらよいのか。筆者が、信仰における苦難の問題を考えるに至ったのは、このような臨床体験によるところが大きい。

旧新約聖書を通して苦難の問題が、繰り返し取り上げられているが、その中でも信仰と苦難に関して、真正面から取り組んでいるのがヨブ記である。このヨブ記から得られる知恵を通して、患者も彼らを援助する者も癒され、慰めを受けることができないものか。ヨブ記を取り上げるに至った執筆動機がここにある。

なぜ私だけが

人間の一生を俯瞰するとき、誰でも、祖父、親、本人、子ども、孫、親戚等、血縁関係にある者たちが長寿と繁栄のうちに生き死ぬということがいかに難しいかということに気づく。この中の幾人かは人生のある時期に思いもよらない災禍に巻き込まれ、苦しみの時を過ごす。人間は、こうした不条理な生と死を、なかなか受け入れることができない。なぜ他人ではなく自分だけがこのような苦しみを引き受けなければならないのか、その理由をいろいろと説明されても、納得できる人は少ない。

筆者の臨床現場には精神障害、認知症などに罹患した大勢の患者やその家族が訪れる。あるいは、知的障害のある人々とその家族も訪れる。また一般病院に行けば、奇形、難病、難治性・致死性のがんや、糖尿病、脳血管障害、遺伝病など難しい病気に罹患した患者があふれている。さらに、目を外の世界に向ければ、自殺、虐待、事故（交通事故や医療事故を含む）、解雇、倒産、テロ、犯罪被害など心的外傷（トラウマ）となるような出来事に遭遇する人がたくさんいる。さらに、旱魃《かんばつ》、地震、火災、風水害といった環境被害にあう人も少なくない。健康で命の安全が守られているときはそれが当然のことのように思えるが、今述べたような災禍に突然襲われると、人は「なぜ、自分だけが」と問うのである。

このような問題に突然直面したとき、人は解決策がすぐには思い浮かばず、途方に暮れる。不条理と思われる苦難にどう対峙するかということは、民族、時代、文化、宗教、性差、貧富を超えた普遍的なテーマである。

ヨブは、こうした人生の難題に直面したとき、ただ途方に暮れたのではなく、神に問いかけ、神に挑戦したのである。

ヨブは、ウツの地に住んでいた（ヨブ一・一、以下、出典名を記していないものはすべてヨブ記からの引用）とある。ヨブの故郷ウツは、パレスチナの南東部のエドムというアラビア国境に接する地域（哀歌四・二一）に属し、あたり一面、耕地は少なく砂漠が広がっていた（一・一九）。

ヨブは、このように中央の都市部ではなく人々から辺境といわれるような砂漠地帯の周辺に住む人であったようだ。ヨブの生き方や考え方を理解するためには、どうしてもこうした彼の「立ち位置」を知っておく必要がある。つまり、彼は、社会学的にいえば、都市に住む中心型人間ではなく、境界型ないし周辺型人間（マージナル・マン）として描かれている。人間の一生というものを考えるとき、権力者、富者、健康者は、この世における「中央」あるいは「都会」に生きる中心型人間に属している。他方、貧者、病者、被抑圧者、異邦人は、「地方」「辺境」に生きる周辺型あるいは境界型人間に属する。ヨブは、後者である周辺型人間としての「立ち位置」から、この世界にメッセージを発信しているのである。

ヨブ記が際立っている点は第一に、病気や死、財産や名誉の喪失など人間にとって普遍的かつ、実存的、個人的な苦難の問題をテーマとしていることであり、第二としてヨブの体験が、ユダヤ教に基づく先祖伝来の因果応報的かつ伝統的信仰と現実との矛盾相剋を問題にしていることである。また、この二つの特徴を統合した場合、ヨブ記の枠組みは、時空間を超越した「なぜ義人が苦難に会うのか。神は義なる方ではないのか」という苦難の神義論の問題を扱っているということになる。

人間の苦難は、なにもユダヤ教を信ずる者のみに襲いかかるものではなく、人間である以上、すべての人が負わなければならない重荷である。ヨブ記に登場する三人の友人が外国人という設定になっているのは、この書に国際性、普遍性を持たせるための編集者の配慮であろう（浅野順一「ヨブ記」の項、『新聖書大辞典』、一四六八―一四七三頁）。ヨブは文字どおり「無垢な正しい人であった」（一・一）。彼は「神を畏れ、悪を避けて生きていた」（一・一）。ここでいう「正しい」（ヘブライ語の sedeq セデク）とは、弱い者、貧しい者を保護する、救うという意味（二九・一二―一七）の他に誠実、純粋、素直といった意味を持つ。

そのヨブに、「突然」（一・一五―一九）災いが襲いかかる。そして、彼は、全財産と子どもを含む家族を失った。その上、肉体的生命のみならず、精神的生命をも脅かされる病気にかかった。つまり、ヨブは、文字どおり丸裸になったのである（一・二一）。ヨブが、この時、皮膚病に罹患した（二・七）ということは、象徴的意味を持っている。皮膚は外界から人体を保護し、防衛する役割を持っている。ところがヨブの場合、この皮膚が病み、破壊された。皮膚病になるということは、人体を守る境界（レビ一三—一四章参照のこと）がなくなることであり、その結果として、人間は自分を守ることができなくなり、死の危機に直面する。

精神の病である統合失調症の患者は、自我境界といわれる他者と自己との心の境が破壊され、「他人の考えが自分の中に入ってくる。他人の声が聞こえる」と訴える。このような心の外と内との境界の破壊が起こると、人と人との間で正常なコミュニケーションができなくなる。心にせよ身体にせよこうした「外」と「内」の境界が破壊されると、人間は死の不安に襲われる。皮膚という境界が破壊され丸裸になったヨブも、恐怖に怯え、生きることを拒否し、死を願うようになった。「わたしの魂は息を奪われることを願い、骨にとどまるよりも死を選ぶ。もうたくさんだ、いつまでも生きていたくない。ほうっておいてください、わたしの一生は空しいのです」（七・一五—一六）とヨブは言う。

功利主義と因果応報主義

ヨブとサタン

ヨブが健康、財産、子どもなど生きていくために大切なもの、不可欠なものをなぜ、愛の神は取り去り給うたのか。主はサタンに言われた。「お前は理由もなく、わたしを唆して彼を破滅させようとした」と（二・三）。この点を解明するためのヒントとなるのが、サタン（告発する者という意味を持つ）と神とのやりとりである。

サタンは神に問う。「ヨブが、利益もないのに神を敬うでしょうか」（一・九）。「御手を伸ばして彼の財産に触れてごらんなさい。面と向かってあなたを呪うにちがいありません」（一・一一）。「皮には皮を、と申します。まして命のためには、全財産を差し出すものです。手を伸ばして、彼の骨と肉に触れてごらんなさい。面と向かってあなたを呪うにちがいありません」（二・四―五）。神は、ヨブに災禍を与え、試練に直面されることを、サタンに許可された。「彼〔ヨブ〕のものを一切、お前〔サタン〕のいいようにしてみるがよい。ただし彼には、手を出すな」（一・一二）。

ヨブがさまざまな苦難に直面していたとき、追い討ちをかけたのは、信頼していた妻の言葉であった。「どこまでも無垢でいるのですか。神を呪って、死ぬ方がましでしょう」（二・九）と妻はヨブに言う。神学者アウグスティヌスはヨブの妻をサタンの使いだと言っている。

サタンは、ヨブの信仰が功利主義に基づく御利益信仰であるか否かを試すために試練を与えることを許可してほしいと神に願い求めた（一・九）。確かに、信仰することによって、自分の利益になるかどうかを計算する人は多い。とくに日本人は、信仰により家内安全、商売繁盛、無病息災などいわゆる世俗的御利益や幸福が与えられることを願う傾向が強い。その場合、信仰が幸福という御利益を得るための取り引きの材料となる。このように考えると、幸福の対極にある災禍という悪は否定的な評価しか与えられない。日本の文化的伝統の中に深く根を下している怨霊信仰なども、その根底にあるのは災禍は除去すべしという思想である。たとえば財産の喪失や人の死をもたらす天変地異や疫病流行などは怨霊の働きであると見なされ、その怨霊を鎮め慰めるための祈りがささげられた。こうした怨霊信仰は功利主義的思考や因果応報的思考に近い。そして、信仰そのものが、人間の幸福を獲得する手段と見なされてきた。

ヨブと三人の友人

サタンが現れた後に、ヨブの三人の友人が登場する。「ヨブと親しいテマン人エリファズ、シュア人ビルダド、ナアマ人ツォファルの三人は、ヨブに降りかかった災難の一部始終を聞くと、見舞い慰めようと相談して、それぞれの国からやって来た」（二・一一）。

彼らは、苦しんでいるヨブを見舞おうとするくらいだから、人間愛を持った人たちであったことが、この記事からもよくわかる。しかも、この三人の友人の主張の共通点を一言でいえば、ヨブが罪を犯したのだから災禍が襲ったのだということにある。つまり、彼らに共通しているのは、因果応報、善因善果、悪因悪果の思想である。因果応報論は、ヨブの三人の友人に共通する主張であって、それはまったく聖書的根拠がないというわけではない（箴言一一・二一、詩編三七・二五）。

彼らが、ヨブを批判する際の根拠として挙げた因果応報思想の中心は、勧善懲悪、つまり善事や善行を勧め、悪事や悪行を懲らしめることにある。このような考え方は、儒教や仏教思想の中にもあり、通俗的な道徳思想として日本人の一般大衆にも受け入れられ、江戸時代以降、文学や演劇などでもこのようなテーマが盛んに取り上げられてきた。

しかし、こうした応報思想（因果論）は、古今東西、世界中に共通する普遍的な考え方である反面、単純な善と悪の二分主義に陥り、この原理、原則にこだわり、すべての言行を教条主義的に判断していくと、決定論や宿命論に陥り、ついには、あきらめを肯定するようになる。そして、神に祈り求めたり、自然と共生し、自己改革するという創造的な生き方をする意欲を失うという負の側面を持っている。

しかも、単純かつ極端に善と悪とを二分化すると、物事を全体的・総合的に見ようとするユダヤ・キリスト教信仰から離れていく危険性がある。また、臨床の現場では、生命倫理にかかわる諸問題や社会や自然環境の中で起こってくるさまざまな事柄があり、すぐに白か黒かを判断したり、因果応報思想ですべてを割り切れるほど、現実は単純ではないことを日々経験している。このような観点を持った上で、ヨブの三人の友人の主張を聞いてみたい。

最初に登場するのがエリファズである。彼は、ヨブのところに来た見舞い客の中で、もっとも長老格の人物であり、教養のある教育者として知られていた。彼は、自ら神秘体験を持ち、しかも比較的、他者に配慮したかかわりのできる人物であった。しかし、彼は、「あなた〔ヨブ〕は、甚だしく悪を行い、限りもなく不正を行ったのではないか」（二二・五）、「罪のない人が滅ぼされ、正しい人が絶たれたことがあるかどうか」（四・七、四・八―一一、四・一七）と述べ、ヨブをただす。ここで、エリファズは、罪と悪を厳密には区別せずに使っている。

ビルダドもエリファズと同じように、「神が裁きを曲げられるだろうか。全能者が正義を曲げられるだろうか」（八・三）と述べ、神は裁きと正義を曲げることはないと断じて、ヨブを批判する。このような教条主義的な因果応報論の根拠として、彼は、ユダヤの伝統社会における子どもの罪が親に波及するという考え方を持ち出してくる。「あなたの子らが、神に対して過ちを犯したからこそ、彼らをその罪の手にゆだねられたのだ」(八・四)と手厳しい。

ここで、筆者が注目するのは、子どもの罪の責任を親も負うという、家族および血縁と罪との関係についてのビルダドの考え方である。彼は、人間の罪というものを家族共同体の歴史という時間軸の枠組みの中に位置付けている。つまり、血縁との連帯性や責任性を問うている(ヨハネ九・一—二)。ヨブも、ビルダドのような歴史意識や時間観を持っていないわけではなかった。彼は、「息子たちが罪を犯し、心の中で神を呪ったかもしれない」(一・五)と思って、朝早くから神にいけにえをささげていた。彼は、罪というものを個としてとらえるだけではなく、家族共同体のものとしてとらえる感覚を有していた。

他方、ツォファルという人物は、エリファズやビルダドのように、教条主義的な因果応報論者ではなく、頭の柔らかい人物であったようだ。彼は、「神が隠しておられるその知恵を、その二重の効果をあなたに示されたなら、あなたの罪の一部を見逃してくださったとあなたも分かるだろう」(一一・六)と述べている。つまり、神の知恵は入り組んでいて、複雑であるから、神はヨブの罪も、ただ単に機械的に罰するのではなく、状況に応じて一部は見逃してくださるという考えを持っていた。彼の主張は、杓子定規に物事を判断する原理主義的、教条主義的、因果応報思考とは明らかに異なる。ヨブにとって「悪役」となった友人の中にもこのような思考の柔軟な人物がいたことは、注目すべきことである。

ところで、ビルダドが、宇宙の枠組みを時間軸の中でとらえているのに対し、ここに登場するツォファルは、空間軸の枠組みの中でとらえている。「あなたは神を究めることができるか。全能者の極みまでも見ることができるか。高い天に対して何ができる。深い陰府について何が分かる。神は地の果てよりも遠く海原よりも広いのに」（一一・七―九）と。彼は、神と比較したとき、人間がいかに限界のある存在であり、不十分であるかをよく知っていた。そして、神は、広大かつ宇宙的な自然の姿をヨブにイメージさせることによって、「自分は、災禍が降りかかるほどの罪を犯していない」という彼の主張が、いかに視野が狭いかということを、ヨブに示そうとしている。

以上のことからわかるように、詳細な部分では多少のニュアンスの違いはあるものの、大枠では三人の友人は、功利主義と因果応報、勧善懲悪の原理に基づいて、ヨブの災禍とそれに伴う苦難の原因を説明したり、解釈したりして、ヨブに自分の罪を認めるように訓戒し忠告している。

ヨブの怒り

三人の友人の説得的態度に対するヨブのとった反応は、怒りであった。怒りの背後には、悲しみの感情が存在しているといわれる。ヨブは、彼自身にふりかかってきた災禍は、罪のためであるとする三人の友人の考え方に、強く反発した。

どうか、わたしの言葉を聞いてくれ、黙ってくれ

心身ともに病み苦しんでいる者にとって、一番してほしいことは、その悩みや悲しみをただ黙ってその訴えを聞いてくれる人がいることである。

友人たちはヨブの底知れぬ嘆きを聞き、その原因となった災禍は、ヨブの性格的、倫理的、道徳的な不完全さや弱さ（四・八、一五・五、二二・三―一〇）によるものだと断ずる。これは、友人たちがヨブの境遇に対して行った「因果論」に基づく解釈である。しかも、このような苦しみを通して、神はヨブを教育しようとされているのだ（五・一七）そして、究極的には、人間を救い癒そうとされている（五・一八―二七）という「目的論」をも動員して、ヨブを説得しようとする。

こうした友人たちの考えに、ヨブは怒る。「どうか、わたしの言葉を聞いてくれ。聞いてもらうことがわたしの慰めなのだ」（二一・二）。つまり、聞いてもらうことが、自分について唯一の慰めなのだとヨブは言う。悩みや苦しみを吐き出させることは、浄化（カタルシス）といい、精神療法の基本的技法の一つである。このことを、ヨブはよく知っていた。悲嘆のどん底にあるとき、説教や忠告は、苦しんでいる心にとっては、傷口に塩を塗るようなものだとヨブは思ったに違いない。

「空しい言葉で、どのようにわたしを慰めるつもりか。あなたたちの反論は欺きにすぎない」（二一・三四）。「あなたたちは皆、慰める振りをして苦しめる」（一六・二）。「あなたたちは皆、偽りの薬を塗る役に立たない医者だ」（一三・四）。このように、ヨブは、説教をしたがる三人の友人を完膚無きまでにやりこめる。きわめつきが次の言葉である。「どうか黙ってくれ。黙ることがあなたたちの

知恵を示す」（一三・五）。つまり、沈黙こそが、苦しんでいる人に対するもっとも優れた対処方法なのだと、ヨブは自らの苦しみの体験を踏まえて語るのである。

ヨブの怒りは、ついに神にまで及ぶ。「神はわたしの道をふさいで通らせず、行く手に暗黒を置かれた」（一九・八）。「この地は神に逆らう者の手にゆだねられている。神がその裁判官の顔を覆われたのだ。ちがうというなら、誰がそうしたのか」（九・二四）。「罪もないのに、突然、鞭打たれ、殺される人の絶望を神は嘲笑う」（九・二三）。

ヨブの怒りの背後には悲しみがある。その悲しみは、友人や神の権威をも超越するほど、広く深いものであったことを、これまで記してきたヨブの言葉は物語っている。

筆者は、あるクリスチャンから「私は、以前、時々、牧師さんに職場の人間関係について困ったことや薬のことを相談したことがあります。その時受けた心の傷を、今も思い出して悲しくなることがあります」という訴えを聞いたことがある。彼女はこう語った。

「私は、会社の上司や同僚からいじめを受けたり、騙されたりしたことがあって、そのことがいつも心にひっかかっていました。そこで、牧師さんに、どのようにそのことを受けとめたらよいのかと相談したら、あなたの態度は、社会の中で生きていくためには生ぬるいと叱責されました。私には甘えがある。私がわがまますぎると言うのです。確かに、牧師さんの言われることは正論だと思います。でも、私は、牧師さんに、私の心に寄り添ってほしかった。そのことがあってから、私は、教会の中では良い子でいなければならない。自分の気持ちをおもてに出してはいけないと思うようになりました。それに、牧師さんは、薬を飲まないで祈りによって病気を治しなさいと言うのです。このようなやりとりの中で、私は、ああ、この牧師さんは、弱い人を受け入れてくれない人だと思うようになり、だんだん居心地が悪くなって、教会から遠ざかるようになってしまいました」。

この牧師は、相談相手の悩みや苦しみをまず聴くという姿勢を持っていないようである。その意味で、ヨブの三人の友人とよく似ている。

罪と悪

ヨブと三人の友人、ならびに神との間に存在する基本的な争点は、罪と災禍との関係をどう見るかということである。

ヨブ記をよく読んでみると、ヨブは必ずしも己の罪をすべて否定しているわけではないことに気づく。つまり、彼は、自分の不完全さを認めているのである。たとえば「若い日の罪」（一三・二六）、「わたしが過ちを犯したのが事実だとしても」（一九・四）、「わたしの罪を袋の中に封じ込め、わたしの悪を塗り隠してください」（一四・一七）、「無垢かどうかすら、もうわたしは知らない」（九・二一）といった言葉は、彼が自分がまったく罪のない完全無欠な人間ではないということを告白していることを示している。

一方で、彼は、自分が倫理・道徳的に高い水準に達している人間であることを自負している。「わたしは自分の目と契約を結んでいるのに、どうしておとめに目を注いだりしようか」（三一・一）、「わたしの手には不法もなく、わたしの祈りは清かった」（一六・一七）などといった言葉は、彼が高い道徳観を持っていることを示している。このような自負心、つまり誇りを持っていたからこそ、ヨブは、自分の罪が、自分が受けた試練、つまり、病気、財産の喪失、子どもの死などの禍いに相当するものであるとする三人の友人の意見に対して、強く反発したのだろう。つまり、自分に与えられた苦難は、あまりにも重すぎて、天秤にかけるとバランスに欠けるというのがヨブの主張だ。しかし、主は、最終場面において、ヨブのこうした主張を受け入れている（四二・八）。

しかし、ヨブは、自分の周辺だけでなく、広く社会全体を見回すと、愛なる神がおられるなら、どうしてこんなにも悲惨な出来事が起こるのかと神に問いただし、不条理感に苦しんでいる。「町では、死にゆく人々が呻き、刺し貫かれた人々があえいでいるが、神はその惨状に心を留めてくださらない」（二四・一二）。このヨブの主張は、カミュが小説『異邦人』の中で指摘したように、この世が理不尽な世界であることに対する抗議であるといえよう。

なぜ、このようなことになるのか。このことを明らかにするために、罪と悪とを三つの層に分けて考えてみたい。

第一層・意識された罪——人間は、良心や道徳や恥の感情を持つ。そして、良心や道徳に反したとき、人は罪の意識を持つ。ヨブが日ごろから考えていたのは、このレベルの道徳的罪意識である。

第二層・隠れた罪あるいは無意識の罪――この二つの罪は、神による啓示、つまり聖霊の光が与えられないと認知することは難しい。ダビデは、「知らずに犯した過ち、隠れた罪からどうかわたしを清めてください」（詩編一九・一三）と言っている。この「知らずに犯した過ち」は、隠れた罪、あるいは無意識の罪に属する。パウロも、「わたしは、自分のしていることが分かりません。自分が望むことは実行せず、かえって憎んでいることをするからです」（ローマ七・一五）と述べ、隠れた罪の存在を示唆している。これは原罪責（Urschuld（ドイツ語））といわれるもので、人の知力をもってしては、このような深層の罪を認知できない。この種の罪は、前述したように、神の啓示によってしか悟ることができない。

第三層・悪の領域――悪は、第二層の隠れた罪より、さらに洞察することが困難である。悪は、第二層の罪と結び付いている部分もあるが、主として、独立しており、聖書では混沌（chaos（ギリシャ語））、闇、不完全さ、弱さ、無秩序と関連して描かれている。この悪は、人間の理性をもってしても届かない領域であり、ヨブを襲った災禍は、主として、この第三層の悪と関連させながら考察を深めていく必要がある。ヨブは、この悪に気づいていたからこそ、災禍は自分の罪によるものだけで生ずるものではないと主張しているのである。

「初めに、神は天地を創造された。地は混沌であって、闇が深淵の面にあり、神の霊が水の面を動いていた」（創世記一・一―二）とあるように、神は、闇や混沌を含めてこの地を創造された。このことは、一見すると悪や混沌、闇、無秩序に見えることすら、それらはすべて神の支配下にあることを示唆している。神は、動植物など生物界（四〇・一五―三二）を支配し、しかも、災禍を自然（エレミヤ四・二三）を通して下されることがある。そして究極的には闇も光とともに神の管理下にある（詩編一三九・一一―一二）とされる。

神の自由と人間の限界

現代世界の中にも、創世記（一・二）にあるような混沌や闇や無秩序が存在する。たとえば、地震、火山の噴火、台風、洪水、旱魃などは、昔から現在に至るまで、しばしば人間の生命をおびやかしてきた。しかも、これらの災禍は、人間の努力によっても完全に防ぐことは難しい。このような事実を私たちは素直に認めなければならない。ヨブを襲った災禍も、一部はこのような悪であり闇であり、混沌である。彼は、自らの不完全さを認めつつ、自分はこのような「罪」に相当する罪は決して犯していないと、神に異議申し立てをする。ここからヨブと四人の友人および神との論争が始まった。

ここで忘れてはならないことが一つある。それは、サタンが神に対して、ヨブにさまざまな試練を与えてよいかと問うていることである（一・九）。試練や災禍は、ユダヤ教の伝統では、サタンによってもたらされると考えられてきた。しかし、その実行にあたって、サタンが神にお伺いを立てているということは、究極的に、悪の領域に関する事柄も、神の自由、すなわち裁量の内にあることを示唆している。

この世の悪も、神の権限と自由の内にあり、最終的には神の権限の中にある。それゆえに、悪も神の計画の内にあるのである。「これは何者か。知識もないのに、言葉を重ねて、神の経綸《けいりん》を暗くするとは」（三八・二）とあるが、ここでいう経綸とは、計画や策定プランを指す。

神の意図、計画と人間の分別（三八・四）との間には深い溝がある。「神の御業を見よ。神が曲げたものを誰が直しえようか」（コヘレト七・一三）という言葉がある。コヘレトによれば、神は、人間の考えたように振る舞われない。人間の目からは、曲がったように見えることも、神の計画の中にある。人間は、限界を持った存在である。だから、人間の側からの神に対する異議申し立ては絶対的なものではなく、相対的なものである。このことは、裏を返せば、災禍の責任をすべて人間が負えるものではないということ、そして、人間の責任や権限の及ばない悪（たとえば地震など自然災害を指す）もあることを示唆している（使徒一六・二六―三四）。

ヨブに対して、最終責任を負われる神は、ヨブ記の「結び」において、ヨブに対して、災禍からの再生と恢復を約束しておられる（四二・一〇以下）。神は、人類の歴史のはじめ（創世一・三一）と終わり（黙示録七・一七）において、宇宙とその中に住まう人間の存在を肯定されているのである。

調停者の出現を強く望むヨブ

ヨブは、自分の身の回りに起こった悲劇と、全宇宙を支配する神の計画や意図との間には、あまりにも大きな落差があるため苦しんできた。そのために、ヨブと神との間を隔てる溝を埋める調停役や、ヨブの側に立って、ヨブの立場を弁護してくれる証人が必要になる。

彼は、自分の苦しみをこう訴える。「力に訴えても、見よ、神は強い。正義に訴えても、証人となってくれるものはいない」(九・一九)。「罪もないのに、突然、鞭打たれ、殺される人の絶望を神は嘲笑った」(七・二三)。「この地は神に逆らう者の手にゆだねられている。神がその裁判官の顔を覆われたのだ」(九・二四)。

他方、彼はこうも言っている。「天にはわたしのために証人があり、高い天には、わたしを弁護してくださる方がある。わたしのために執り成す方、わたしの友、神を仰いでわたしの目は涙を流す」(一七・一九―二〇)。「あなた自ら保証人となってください。ほかの誰がわたしの味方をしてくれましょう」(一七・三)。

このように、ヨブは、一方で不条理かつ理不尽な苦しみを裁く裁判官の不在を嘆きつつ、他方でその苦しみからの救済を神に求めている。この苦しみから脱却するために、彼は、神に対して、自分を執り成す者、友となる者、弁護する者、あるいは保証人であることを求めている。それらの役割を担う人々を、筆者は一括して調停者という言葉でまとめておきたい。ヨブは、この調停者の出現を強く望んでいるのである。

調停者の役割

調停者ないし執り成す者、あるいは仲保者の必要性を強調しているのが、ヨブ記に登場する四人目の友人エリフである。もちろん、エリフも前述した三人の友人のように、応報理論によって、ヨブに罪があるから災禍が及ぶのだという考えに立ち、しかも目的論、意味論に基づいてヨブを教育し説得しようとする。しかし、三人の友人と違っているところは、神とヨブとの間に調停者が必要であると主張している点にある。この点はヨブの主張と一致する。エリフは、ただヨブの罪を糾弾するだけではなく、神とヨブとの間に執り成し役が必要であるということに気づいていた。この点において、エリフは、他の三人の友人とは一線を画している。

彼は次のように言う。「千人に一人でもこの人〔ヨブ〕のために執り成し、その正しさを示すために遣わされる御使いがあり、彼を憐れんで『この人を免除し、滅亡に落とさないでください。代償を見つけてきました』と言ってくれるなら、彼の肉は新しくされて、若者よりも健やかになり、再び若いときのようになるであろう」(三三・二三―二五、傍点筆者)。

この箇所のキーワードは、「代償」と「正しさ」と「憐れみ」であり、この三つを一括して引き受ける者が「執り成し役」つまり、調停者である。正しさとは、正義であり、真実である。憐れみとは、報酬や利害打算に伴う取り引きを求めず、相手に施し支え寄り添う真心のこもった愛である。この愛は、共感性や配慮、世話などの意味に近い。執り成す者や調停者は、「正しさ」と「憐れみ」の間に生じた齟齬を解決するのに必要な検事、証人、弁護士、保証人、裁判官などの役割を持つ。つまり、調停者は、この「法廷論争」の中で、上に記した人々の主張を統合する力を有していなければならない。

また、調停者は代償的役割を有する。代償という言葉は、贖いや身代金、あるいは身代わりといった意味を含んでいる。それでは、執り成す者、つまり調停者はどのようにして苦しむ者を贖うのか。ここで再び浮かび上がってくるのが、前述した宇宙における悪や罪の問題である。

まず、神からヨブに対する挑戦が始まる。「お前はわたしが定めたことを否定し、自分を無罪とするために、わたしを有罪とさえするのか」（四〇・八）と。ここで神は、自然界、とくに動物界の現実をパノラマのようにヨブに見せる。「見よ、べヘモットを。お前を造ったわたしはこの獣をも造った」（四〇・一五）。「これこそ神の傑作」（四〇・一九）。「まともに捕えたり、罠にかけてその鼻を貫きうるものがあろうか」（四〇・二四）と神は言う。

神は自然の一部である動物が、人間のコンロトールを超えたところで生きていることを示そうとする。宇宙における人間の限界がここに示される。不完全で限界がある人間と、このように偉大な計画をもって宇宙を支配し、生物を統括する神との間に生じた溝を埋めるために執り成す人、調停者が必要なのである。

神が神と争う

ヨブ記の中に神の執り成しに関して、不思議な記事（一六・二一）が出てくる。

「人とその友の間を裁くように、神が御自分とこの男の間を裁いてくださるように」（新共同訳）。

「その方が、人のために神にとりなしをしてくださいますように」（新改訳）。

「どうか彼〔神〕が人〔ヨブ〕のために神と弁論し、人とその友との間をさばいてくれるように」（日本聖書教会訳、傍点筆者）。

「彼〔神〕が神に対し、ますらおのために抗弁してほしい。人とその友の間に立って」（旧約聖書翻訳委員会・並木浩一訳、傍点筆者）。

新改訳の注解者は、次のように解釈している。つまり「とりなす」には、「判決を下す」「証明する」「責める」などの意味があるが、基本的には「裁く」の意味であるとし、「神にとりなしをする」とは「神と争って裁く」という意味であると記している（鷹取裕成「ヨブ記」『実用聖書注解』、五五四頁）。ちなみに、日本聖書協会訳の中に出てくる「弁論」という言葉は、「訴訟の原告、被告、弁護人が意見を述べること」（『三省堂国語辞典』）である。また旧約聖書翻訳委員会による「ますらお」とは、ヨブの戯画的な自画像であるとの注解がなされている（旧約聖書翻訳委員会訳「旧約聖書Ⅳ」『ヨブ記』）。

関連箇所として次の聖句がある。

「彼ら自らが突き刺した者である。私に目を向け、ひとり子のために嘆くように、彼のために嘆き、初子のために泣くように、彼のために激しく泣く」（ゼカリア一二・一〇、フランシスコ会聖書研究所訳注、傍点筆者）。

「突き刺した者」の解釈には次のようなものがある（フランシスコ会聖書研究所訳注）。

① ゼカリヤ一一章に登場する良き牧者
② 苦しみの僕であるイスラエル（イザヤ五二・一五、五三・一二）
③ 紀元前六〇九年にエジプトの王ネコによって殺害されたユダの王ヨシア

以上の四種の日本語訳および関連箇所としてのフランシスコ会聖書研究所訳注を踏まえつつ、「神が神と争う」ということと、「神が執り成すということ」との関係について学んでみたいと思う。

上に挙げた聖書の言葉の中で、「裁き」「弁論」などは法廷用語である。裁判を構成するのは、被告、原告、裁判官、証人、検事、弁護士などである。原告は、ヨブに罪ありとする四人の友、被告は自分の上に降りかかってきた災禍に相当する罪は犯していないとするヨブ、そして、被告であるヨブは証人と弁護士の登場を願い、公正な裁きを神に願っている。

神は、まず「検事」の顔をして登場する。「神がわたしを餌食として、怒りを表されたので、敵はわたしを憎んで牙をむき、鋭い目を向ける」（一六・九）。ここで、神はヨブにとって敵となり、ヨブを傷つけている。なぜ神はヨブに対して怒るのか。それは、自らを義とし正しいとするヨブの傲慢な態度（一六・一七）を神は快く思わないからであろう。ヨブは、彼自身の内に隠された罪を内包するがゆえに不完全な存在である。そして、ヨブは、自らの限界性と霊的視野狭窄のゆえに、この宇宙において、正義と秩序を樹立しようとする神の意図を理解できない。

次に、神は「弁護士」の顔をして現れる。「天にはわたしのために証人があり、高い天にはわたしを弁護してくださる方がある」（一六・一九―二〇）。ここで、ヨブは、神を自分のために証人となり、弁護してくれる憐れみ深い存在として受けとめている。主はエリファズにこう述べる。「わたしは、お前とお前の二人の友人に対して怒っている。お前たちは、わたしについてわたしの僕ヨブのように正しく語らなかったからだ」（四二・七）、「わたしの僕ヨブはお前たちのために祈ってくれるであろう。わたしはそれを受け入れる」（四二・八）と。

また、神は「裁判官」の顔をして登場する（一六・二一）。これが「裁く神」の顔であり、神本来の執り成し人の姿である。

このように、神は検事であり、弁護士であり、裁判官でもあるという三つの顔をもって、ヨブの前に姿を現す。その理由は、正義と憐れみを全世界に成就するためである。神が同時に三つの顔を持って法廷闘争に挑むということは、神の中で内部分裂が生じることである。なぜなら、検事と弁護士は、常に対極的位置にあり、裁判官は、弁護士と検事との間で争うからである。つまり、神が神と争って裁くと同時に、神が神を弁護することである。この分裂を、神は統合しなければならない。

しかし、元来、愛と正義とは、対極的構造の中にある。両者は、分割、分裂、分離する。神の中で、正義を主張する神と憐れみを主張する神とが戦わなければならない。そして、この戦いに終止符を打つためには、神は裁くだけではなく、執り成さなければならない〔文献1、2、5、6、9を参照〕。

裁きは分離であり、執り成しは統合である。これらの相矛盾する葛藤や混沌を通して、新しいものが創造されるためには、贖いが必要である。贖いとは身代わりであり、身代金という意味を持つ。そして、身代わりは犠牲を伴う。また犠牲や贖いは、苦しみ、痛み、病、死などと深いかかわりがある。神がいったん公表した正義と愛を統合するために、神が神を攻撃するということは、神が病や死という苦難を通して、正義と愛との統合、つまり両者を執り成すことを意味する。

塵の上に立つ神

「わたしは知っている、わたしを贖う方は生きておられ、ついには塵の上に立たれるであろう。この皮膚が損なわれようとも、この身をもって、わたしは神を仰ぎ見る」（一九・二五―二六、傍点筆者）。

ここでは、贖うものが病と死（塵とは死を象徴する、三四・一五参照）を超越し、生きると記されている。病や死を通して、贖いという行為は完成する。

奉仕や看病、治療、癒しを意味するギリシャ語に「セラペイア」があり、セラピストなどの語源であるが、この言葉の同義語として「ディアコニア」という言葉がある。この語も、奉仕、仕えること、世話、援助などを意味している。また、この語そのものを分解すると、興味深いことに、ディア＝through、コニア＝dustとなり「塵の中を通っていく」という意味になる。

主題が変わるが、現代医学の「自己免疫反応」の説明によれば、人間の生体において、老化やウイルス感染や遺伝的原因によって、体内の臓器や組織が自己抗原となることがある。するとTリンパ球や自己抗体が反応し、自分の細胞を攻撃、破壊するといった現象が生じる。つまり、自分の生体の一部が自分を破壊するという悲劇的な状況が体内で起こる。これが自己免疫疾患のメカニズムについての説明である。

他方で、免疫には、自己を守るために、細胞のアポトーシス（自死）という現象が見られる。これは、「より上位の創造的自己」を作るために、細胞が死ぬ現象である。遺伝子操作によって、そうした自死反応をとめることは簡単にできるが、そうすると、自己を損傷する自己免疫反応が起こることがある（平山正実『はじまりの死生学』、二三三頁）。

このように、生体では、自己が自己と戦って病んだり、細胞の自死という現象を通して個体を超越すること、つまり、自己を殺すことによって他を生かすといった生の創造を促す作用がある。このことは、「神が神と争う」ことによって、神が病むと同時に新しい生を創造するというメカニズムとの類比（アナロジー）として理解できるのではないか。

神が神を攻撃するということは、神が自らのうちに病を担うことである。死や病を通って再生することである。その構図は、これまで述べてきたように、自己免疫疾患の発症メカニズムと細胞のアポトーシスのそれに似ている。自己が自己を攻撃、破壊することは、自ら病と死を覚悟しなければならない。まさに塵の中を通らなければならないのである。塵の中を通って、初めて塵の上に立てる。その病や死という犠牲ないし身代わりとしての代償を支払って初めて、贖いは達成される。そして、そこにおいて、神の自由に基づく創造愛が成就する。

正義と憐れみとの分裂を統合するために、贖い主である神が、自らこの世の混沌（chaos）の中にあるいは闇の中に飛び込み、その中で苦闘する。その混沌や闇は、病であり死であり、さまざまな災禍である。そのような苦悩を、神が身代わりになって体験することにより、分断した正義と憐れみは統合され、神と神、人と神との関係は修復される。そして、そのような営みは、神の自由と責任において達成されるのである。

このような事情をヨブが悟ったとき、ヨブは「わたしには理解できず、わたしの知識を超えた驚くべき御業をあげつらっておりました」（四二・三）と反省する。ここでヨブは初めて神の人類および宇宙に対する計画、意図をおぼろげながら理解しはじめたのである。そしてついには、「それゆえ、わたしは塵と灰の上に伏し、自分を退け、悔い改めます」（四二・六）と告白するに至る。

ヨブは、苦難の構造を完全に理解しえたわけではない。彼の喪失体験に伴う悲しみは、すべて消失せたわけではない。しかし、神が苦しみの中にある人間に、自らも苦しみつつ、かかわり、仕え、配慮されているということを彼が悟ったとき、彼の思考は前向きに変わったのである。

ヨブ記の最後の部分で、ヨブは「塵と灰の上に伏し……悔い改め」（四二・六）たのである。この姿勢は、彼が神に対して謙虚な気持ちで礼拝する気持ちになったことを示している。ヨブは神に降伏した。ちなみにヨブ記のはじめにおいて、彼は、「天に向かって塵を振りまき、頭にかぶった」（二・一二）とある。そうした行為は、自暴自棄になり、子どものような自己中心的な態度をとったことを示している。また、彼が死を願ったことを表している。しかし、終わりの部分においてヨブは、神が「塵の上に立つ」ことを悟ったとき、「塵を天に振りまく」傲慢な態度から「塵の上に伏し拝む」謙虚で敬虔な態度へと百八十度転換した。

塵は死を象徴している。神が病や死、あるいはこの世のさまざまな災禍の中で人と共に苦しまれ、究極的には「塵の上に立たれた」とあるように、世の苦しみを担い、死を乗り越えられたことを知ったとき、ヨブは変わったのである。

まとめの章に入る前に、筆者がヨブ記の学びを続ける中で出会ったあるケース（プライバシーを守るため、家族構成、病名等について変更をした）を記しておきたいと思う。

ここで紹介するのは、父親と母親、それに一人息子の三人家族である。息子は小学校二年生で、まだ親の世話が必要な年齢である。しかも、登校拒否を繰り返し、家庭内暴力もある。父親は職場の人間関係や過重労働が重なりうつ病に罹患、精神科を受診し、一カ月間休職した。やっと症状が安定し、回復に向かったため職場に復帰しはじめたころ、今度は母親が子宮がんであることがわかり入院せざるをえなくなった。その後も彼女は入退院を繰り返している。

この両親は、二人ともクリスチャンで、とくに母親は熱心に教会に通っていた。彼女は、手術後、身体的に弱り、子どもの世話も十分できず、心細いので、夫に家庭にいてもらい支えになってほしいと願っている。ところが、父親は、妻ががんになり、自分の面倒をみてもらえなくなった寂しさや、死の危険もあるという妻の病状を知らされた上に、自分が家族の中心となって妻と子どもの世話をしなければならないのかと考えたとき、再び、抑うつ症状が強くなり、職場に行けなくなった。「なぜ自分の家庭はこんな不幸が続くのか」「神などいらない」「神を信じるのはやめた」と言い、さらに、「自分も入院したい」「この苦しみから逃げたい」と訴えた。妻は、「あなたはすぐ逃げる。私や子どもをどうするの」と夫を追及する。

この二人は、クリスチャンとして教会生活を送ってきた。しかし、この家族は、今、崩壊の危機に直面している。神は、「熱心に信仰しているこの家族を、なんとか支え、救ってあげたい」という憐れみの気持ちを持っておられるに違いない。他方で「神などいらない」「神などあるものか」という父親のグチとも怒りともいえる発言を、神は「正しい」と思われるだろうか。神の、ヨブに対する対応を見ると必ずしもそうとはいえない。神は、この家族を助けたいと思う一方で、この父親の態度をどう見られるだろうか。

このとき、「神と神とが争う」事態が、神の「中」で、また神と人との「間」で、また、このクリスチャンの家庭の中で起こるのではないか。この家族を救うためには、神が、そして神の委託を受けた「執り成し人」あるいは「贖い人となった支援者」が、あえて「火中の栗」を拾うことによってのみ、つまりその重荷を担うことによってのみ、彼らが癒されるのではないだろうか。

まとめ

筆者が長年精神科臨床に携わり、多くの患者や家族と接して感じることは、どうしてこんなに善良で優しく素直な人が病に苦しみ、絶望の淵をさまよわなければならないのかという疑問であった。彼らの中には、必死に生きてきたにもかかわらず、病にかかり、希望を失い、自殺してしまう人もいる。彼らが病や死に値する大罪を犯してもいないのに、なぜ恐ろしい災禍に出会わなければならないのか。ヨブ記は筆者のこの疑問に納得できるような回答を与えているとは思えない。しかし、この書を通して、災禍は、因果応報論的、功利主義的思考によってすべてを説明できないことを知った。そして、神とヨブ、ヨブと友人たちとの対話を通して、筆者は次のように考えさせられた。

神は決して、人間が勝手に操作できる操り人形のような存在ではなく、自由な存在である。また、神は、人間を強制的、支配的にコントロールするような方ではなく、人間に自由を与えられる方である。そして、人間が神に応答し、共に歩む関係を拒まなければ、神は、最終的には責任をもって苦しみから解放してくださると約束しておられる。神は宇宙における正義と愛の統合を希求しておられる。その正義と愛の統合を実現するためには、神ご自身が創造された人間の罪の問題を解決しなければならない。それゆえに神は苦しんでおられる。その正義と愛の統合には贖いの行為、すなわち、神自らが病や罪や死の犠牲となることが必要であり、それは神が、この世の病や罪や死などの災禍の中に自ら飛び込み、悲しまれ、死ぬという不条理がなければならない。さらに、再生することによって完成する。そして、そのような愛の行為が、神の自由に基づく創造的愛の発露である。その神の姿に、苦しみ、病んでいる人、その家族、彼らを援助する人々が自らの姿を重ね合わせることができたとき、彼らの心に、初めて、悲嘆から創造的再生への道と希望が生まれるのである。

ヨブ記は現代に生きる私たちにもそのことを伝えようとしているのである。

文献

(1) 鷹取裕成「ヨブ記」、宇田進、富井悠夫、宮村武夫編『実用聖書注解』、いのちのことば社、一九九五年、五五四頁。
(2) G・グティエレス『ヨブ記――神をめぐる論議と無垢の民の苦難』山田経三訳、教文館、一九九〇年。
(3) 小畑進『ヨブ記語録』いのちのことば社、二〇〇四年。
(4) 並木浩一『「ヨブ記」論集成』教文館、二〇〇三年。
(5) 北森嘉蔵『自乗された神』日本之薔薇出版社、一九八一年、四九―五二頁。
(6) 松田明三郎『ヨブ記注解』日本基督教団出版部、一九五七年、二七三頁。
(7) 浅野順一「ヨブ記」の項、『新聖書大辞典』教文館、一九七一年、一四六八―一四七三頁。
(8) 旧約聖書翻訳委員会訳「旧約聖書Ⅳ」『ヨブ記』岩波書店、二〇〇五年。

（9）フランシスコ会聖書研究所訳注『ゼカリア書』中央出版社（サンパウロ社）、一九八七年。
（10）平山正実『はじまりの死生学――「ある」ことと「気づく」こと』春秋社、二〇〇五年。

コヘレト

知恵の探求とその挫折

金子　晴勇

はじめに

中世の末期には「現世の蔑視」についていくつかの著作が現れているが、その時、コヘレトの言葉「空の空」が繰り返し引用された。しかし、近代に入ると現世を蔑視して修道院に入るという思想は退けられ、現世のただ中に職業を通して隣人愛を実践していくことが力説されるようになり、近代化の進展に応じてコヘレトの思想は影をひそめてしまった。こうして職業の合理化によって生産は向上し、文明は開化したとはいえ、人は自己の業績をもってその内心の渇きが満たされるものではないということは変わらない真理である。むしろ、仕事へのファナティックな自己投入には虚無観が露呈されている。私たちはこの自己に襲いかかってくる虚無を問題にし、コヘレトの言葉を通して自己反省すべきであるように思われる。

コヘレトはその文体から見てヘレニズム時代の紀元前二五〇年ごろの作と推定されている。それゆえ、当然のことではあるが、ヘレニズム文化の影響がこの作品には明瞭に示されている。とはいえ、この作に展開する知恵に対する絶望はギリシャ人の知性にはなく、彼らはその本質において楽天的であった。それゆえ、同じ知恵文学に属する『箴言』にあるような知恵に対する信頼は薄らいでゆき、人間の理解の限界が強く自覚され、有限な人間には人生の意味をとらえる力が否定されるようになっている。

この点はこの作の冒頭にある諸節に示されるキーワードを拾い上げてみるとすぐにも明らかとなる。「何という空しさ」（コヘレト一・二、以下「コヘレト」を略す）とあるような「空しさ」は三十数回も繰り返されているし、「すべての労苦も何になろう」（一・三）という「労苦」も三十回にわたって頻出する。「空しさ」（ヘブライ語 hebhel）は泡・泡沫・湯気を意味するが、旧約聖書の冒頭にある「霊」（rûaḥ ルーアッハ＝風・息）とは正反対を意味している。このことは鴨長明が「よどみに浮かぶ泡沫はかつ消えかつ結びて」と『方丈記』の巻頭に述べて仏教的な無常観を記していることから私たちには理解しやすい。そこには人生の偽らない現実が感じられており、虚無的なムードが漂っている。しかし、こうした虚無的な発言も聖書の人間観では単なる自然主義とはかなりの相違が認められるのではなかろうか。こういう点を考慮してコヘレトが語る人間観を探求してみよう。

コヘレトの自己紹介と作品の見取り図

コヘレトは冒頭において自分のことを「エルサレムの王、ダビデの子」と紹介する。また「イスラエルの王」とも呼ぶ（一・一二）。これらはすべて知の王者としてのソロモンに自己を擬する語り口である。ヘブライ語でコヘレトとは「説教者・伝道者」の意味で、ギリシャ語訳聖書では「エクレシアステース（集会の書）」と訳された。彼は「天の下に起こることをすべて知ろうと熱心に探求し、知恵を尽くして調べた」（一・一三）と言う。彼は知恵の探求者であるという。ギリシャ世界では知恵が高く評価されており、「ギリシャの七賢人」と称された人たちが尊敬されていた。これらの人たちは知者であって、知恵をその身に体得した人たちであった。知者と似ていて非なる者たちはソフィストと呼ばれた。この部類の者らは知恵の教師を自認しており、時に間違った行動に走る者らも現れ、物議を醸したりした。それに対して自分が知恵を持っていないことを自覚して知恵を探求する者が「哲学者」と呼ばれ、ソクラテスがその代表となった。コヘレトも同じ精神であると自己紹介をここでしている。コヘレトは作品の終わりのところで知恵の教師であるのみならず、格言の収集家であるとも告白している（一二・九―一〇）。

さて、コヘレトは第一章から第六章にかけて人生におけるすべての努力、たとえば知恵・快楽・金銭の追求などの空しさを語る。しかし、彼は私たちの空しい欲望の追求にも神によって定められた、それぞれにふさわしい定められた時があることを説き、それに応じて実行するように教える。ここにギリシャ人とは異なった時間意識の重要性が強調される。

だが、後半の第七章からは名声と香油、生と死、そして知恵と愚かさとを比較して考察するという仕方で、真に充足を与える価値や真理を人知を尽くしてとらえ直そうと試みる。まず、第七章一節から一二節にかけては「あるものは他にものにまさる」という仕方でさまざまな「箴言」を当時に流布していた民間伝承から集め、それに自作の格言をも加えて編集する。とはいえ第七章一三節から第八章八節にかけては、人間の知恵、つまり人知の価値はそれにもかかわらず、「風」をとらえるような空しい試みにすぎない、との結論に到達する。

コヘレトは自己紹介した後に自分の生涯を顧みながら内面的な本質を吐露している。まず彼は「見よ、かつてエルサレムに君臨した者のだれにもまさって、わたしは知恵を深め、大いなるものとなった」(一・一六)と言う。そしてこの知恵と知識を深く究めてみたが、それは狂気であり、愚かであって、風を追うように空しいことであると悟ったと語っている。こうして彼は次のように結論を下す。

「知恵が深まれば悩みも深まり、知識が増せば痛みも増す」(一・一八)。

ここに「悩み」と訳された言葉は他の聖書では「憂い」と、「痛み」は「苦しみ」とも訳されていた。悩みも痛みも身体的な表現で現代人にはわかりやすいが、知恵や知識という精神的な営みには

「憂い」「苦しみ」のほうがふさわしいように思われる。「憂い」といえば「憂愁」の感情であって、青春時代にはこの感情に襲われることがしばしば起こる。たとえばルターやドストエフスキーの経験に頻出しているが、ここではルターと同時代人であった画家デューラーの銅版画『メランコリア』を参照してみよう。

この絵の中央には暗い憂愁の気分と絶望的な懐疑のうちに沈んだ一人の女性が座っている。この女性の周りにはさまざまな機械や道具が置かれており、天に向かって超越することの象徴として塔が背景に立っている。それらを一つ一つ調べてみると、ルネサンスのあの高揚した精神、その典型である万能人が、自己の知力と技術をことごとく発揮して製作に従事して行った終わりの極限において、厳しい限界状況に突き当たり、人間としての無力を根底的に味わい尽くして絶望の淵にたたずんでいる姿がいともあざやかに描かれている。とりわけ天使の姿をした女性に目を向けると、周囲に散在する球体と多面体の中にあって無頓着にも動物が眠り込んでいるのと対照的に、その目はかっと見開かれている。彼女の目は自己の無力感に沈みながらも、なお探求衝動が対象世界から転じて自己の内面に向かい、心の深みへと沈み込んでいるようである。当時高揚していたルネサンスの精神は無限を求めて発展してきたが、人間は成人するに及んで自己の知識と能力の限界を自覚し、挫折していることがここに描かれているのではないだろうか。

この構図の中でははるかかなたの上の方に海と下町が眺望され、その上に虹がかかっており、ノアに与えた神の約束を象徴するかのようであり、それよりもさらにずっと遠い天空に彗星がきらめき、天

MELENCOLIA§I

における異変を知らせている。コウモリの姿をしたメランコリアはこの光の火矢によって射られて追放されるかのように退散していく。最後に示された天空の出来事がもっとも重要である。人間の限界と行動の無意味さが極みに達したとき、憂愁のうちに人は沈むが、この憂愁から人間はどのようにもがいても自力で脱出できない。ただ天からの関与によってのみ人は憂愁から脱することができる。このようにこの絵は告げている。

デューラーはルターの教え、人間が信仰によって救われるということを聞いたとき、ルターに会って「私を大いなる不安から救い出したキリスト者の永遠の記念碑」としてルターの肖像を刻みたいと願ったようである。実際、デューラーの作品『メランコリア』がルターの心中を察知して、それを描いたかのような多くの類似性を示していることは驚くべきことといえよう。

快楽を追求することの空しさ

ギリシャの哲学者アリストテレスは快楽を最高の価値と見なす愚かさを『ニコマコス倫理学』で詳しく論じた。快楽を追求してやまなかったペルシャの王サルダナパルスを実例として、彼はその考えの誤りを説いている。

『ニコマコス倫理学』の冒頭で彼は言う。「いかなる技術、いかなる研究も、同じくまた、いかなる実践や選択も、ことごとく何らかの善（アガトン）を希求していると考えられる。「善」をもって

「万物の希求するところ」となした解明の見事だといえる所以である」（アリストテレス『ニコマコス倫理学』上、一五頁）と。善は私たちの追求すべき目的である。この善の最高のものは私たちに幸福を与える。この幸福の中でも低俗の人たちが考えるような快楽、富、名誉といったものは、他者に依存的であり、人間の固有の善ではない。知者は自足的で、外的な状況に依存しない、人間の固有なもの、しかも行為によって実現可能なものである善を求めなければならない。それは人間の機能の中でももっとも卓越した働きである知性に即した魂の活動であると説かれた。

コヘレトも「快楽を追ってみよう、愉悦に浸ってみよう」（二・一）といっても、すべては空しかったと述べ、酒と笑い、さらに愚考と大規模な事業、金銭と宝を例としてその空しさを説き明かす（二・三―一〇）。同様の試みを私たちは近代の名作ゲーテの『ファウスト』に見いだすことができる。学問に疲れたファウストは魔法に染まり、酒に溺れ、恋愛にうつつを抜かし、殺人を犯したあげくに、大事業に手を伸ばす。悪魔と結託した場面で彼は言う、「俺は陶酔に身を委ねたいのだ」と。この陶酔感こそ近代的快楽主義の極地である。だが、快楽は満たそうとしても決して満足が得られない「悪無限」にほかならない。それはちょうど喉が渇いた人が海水を飲むようなものであって、激しい渇きのゆえに悶死する。

コヘレトは快楽の追求は絶望に至らせると言う。しかも「知恵と知識と才能を尽くして労苦した結果を、まったく労苦しなかった者に遺産として与えなければならないのか」（二・二一）と嘆く。ここで注目したいのは知恵と知識というギリシャ人には快楽と対立するものまで絶望のうちに数えられている点である。もちろん神は善人に知恵と知識を楽しみとして与えられる、ということを彼は忘れていない（二・二五）。したがって空しい人生にあっても神が授ける知恵を楽しむという態度は、神がすべてを究極的には支配していることを承認し、神が授けたものを感謝して受け入れようとする。

カイロスとしての時と永遠を思う心

かつて旧約聖書学者ルードウィヒ・ケーラーは、「「神は如何にして世界を維持されるか」という問いに対して近代人は自然法則によってと答え、ギリシャ人は秩序《コスモス》によってと答えるであろうが、旧約聖書は時によりてと答える」と言った（関根正雄『イスラエル宗教文化史』、一一頁）。このことを初めて明瞭に説いたのはほかならぬコヘレトであった。彼は言う「何事にも時があり、天の下の出来事にはすべて定められた時がある。生まれる時、死ぬ時、植える時、植えたものを抜く時……」（三・一―八）と。その中でも「定められた時」というのは予定された時のことであり、「ふさわしい時」（八・六）とも言われる。それは四季の循環のような自然の時間ではなく、人生にとって意味ある適切な正しい時であって、イエス・キリストの到来に使われたような「時の充実」（plenitudo temporis）である「満ちた時」（カイロス）を指している。

このカイロスの時には永遠者の意志が示されることが起こる。それが神の啓示にほかならない。しかし、こういう啓示が起こりうるためにはあらかじめそれを受容する側で備えがなければならない。

それはちょうど遠くからきた電波をとらえるアンテナのついた受信機のようなものである。それゆえコヘレトは「神はすべてを時宜にかなうように造り、また、永遠を思う心を人に与えられる」(三・一一)と言う。それは私たちが時宜にかなうように行動しながら、そのように創造された永遠者を考えるためなのである。もしも時の経過の中にも配慮したもう神が永遠者として存在しないとしたら、私たちは時の流れに巻き込まれ、押し流されてしまうであろう。反対にそのような時宜にかなう仕方で導く永遠者へといつも視線を向けているならば、私たちはこの空しい人生のさなかに生きる意味を見いだすことができよう。時を支配する神に導かれるなら、私たちは空しさが満ちた現世においても、時とともに移ろわない何かを幸福として感じ取るに違いない。そこには知恵が必要であって、それによって生きるとき幸福が感得されると、コヘレトは続けて次のように言う。

「わたしは知った、人間にとって最も幸福なのは、喜び楽しんで一生を送ることだ、と」(三・一二)。

そうはいっても人間は動物と同じく死に至る存在にすぎないと彼は反省する。「すべては塵から成った。すべては塵に返る」(三・二〇)。とはいえ、動物にはないが、人間にあるのは永遠者の意識である。それゆえ永遠者に従う生活は幸福といえないであろうか。この時代のユダヤ人には永遠の意識は弱く、永遠といっても時の継続、つまりいつまでも続く時としてしか考えられなかった。そこにはユダヤ的現実主義、もしくは現世主義が支配していた。それゆえ彼は結論として次のように言う。「人間にとって最も幸福なのは、自分の業によって楽しみを得ることだとわたしは悟った。それが人間にふさわしい分である」（三・二二）と。

死を通して生を把握する知恵

この作品の後半部のはじめにはコヘレトが集収した格言集が掲載されている。この部分で展開する中心思想は「事の終りは始めにまさる」（七・八）という基本命題にすべて関連している。すなわち、人はその終わりを見るまでは何事も完全に評価できないが、人生の価値と評価とは死を考慮に入れて測らねばならない。したがって終わりと死を考慮に入れてこそ真の知恵が体得される。それゆえ知恵は、まず「名声は香油にまさる」（七・一）とあるように「……は……にまさる」という形式による格言でもって語られ、経験に富んだ忠告となり、一切のものの空しさと否定にもかかわらず、「まさる」という相対的な価値を持っていると説かれる。この格言は「名声（shem）は香油（shemen）にまさる」とあるように、語呂合わせによってできているのが知られる。

コヘレトは人間の努力の空しさという人生の否定的な側面をこれまで説いてきた。それゆえ、死というもっとも否定性の高い観点から人生を見ていく。つまり「死ぬ日は生まれる日にまさる」（七・一）と説き、この対比は、弔いの家と酒宴の家（もしくは快楽の家）、悩みと笑いと続き、やがて賢者と愚者との対比に導かれていく。この世の賢者は権力と金力に屈している（七・七）とはいえ、真の知者なら「事の終わり」を見極めることができるはずである。そうすれは、終わりのほうが「始めにまさる」ことを洞察できるはずである（七・八）。たとえば「我慢強い」慎重さのほうが「怒りやすい」短慮よりすぐれている。共同訳の「気が長い」は「気が短い」と対比して訳したほうがよい。それゆえ、知恵は財産に劣らず価値がありはしないか（七・一一）、知恵は金と同じように人を保護してくれるものではないか（七・一二）と問い、知恵と金とを並列し、等価と見なすことによって、知恵の大切さを説き、さらに知恵こそ命を与えるがゆえに財産や金にまさっていることを教えている。このような仕方で教えなければならなかったところに、金への執着が昔も今日に劣らずはなはだしかったことが知られる。だから「昔のほうがよかった」（七・一〇）と言えないのは当然かもしれない。

人間の努力の空しさについては、神が創造し支配している世界と人生についても宿命論的な見方をとっている。「神が曲げたもの」や「逆境」はどうしようもなく、未来のことは人間には知ることが許されていない。とくにコヘレトが問題にするのは理性的な道徳の破綻であった。そこに人生の不可解さと空しさが端的に示されている。それは応報説の否定である。すなわち「善人がその善のゆえに滅びることもあり、悪人がその悪のゆえに長らえることもある」（七・一五）という観察は、理性的な知恵を説く『箴言』に見られる応報説を批判しており、ヨブ記や詩編第七三編と同じ問題に直面している。ここに道徳的善悪の彼岸に立つ宗教の本来の意味が問われ、旧約宗教の最高峰にコヘレトも肉迫している。

だが、彼はこの事態を人間的な知恵（人知）によって克服しようと試みている。彼によると善も悪も、賢さも愚かさも、度が過ぎてはならない。孔子の言う「過ぎたるは、なお及ばざる如し」という実践的な中庸道徳が出てくる。また中庸は中道でもあって、一方にのみ偏ることを警戒し、一つのことにこだわって他方をおろそかにしてはいけない、とも説く。これを可能にするのは、「神を恐れ敬う」態度であって、そこから生まれる知恵は十人の権力者にまさっている。実際、この世には善人も義人もいないし、互いに悪口を言い合い、呪い合っている。だから人の言うことなど気にする必要はないと言われているが、こうした悪の現実を前にして彼の絶望が暗示されている（七・一六―二二）。

このようにコヘレトは人間的な知恵を傾けて知者・賢人になろうと努めてみたのであるが、世界にはびこっている悪の現実にぶつかり、自己の限界の自覚に到達する。いわゆる限界状況、挫折点に行き当たってしまう。彼はそれを人知の限界としてとらえ、人間の知恵の及ばない自己の無力を自覚し、「存在したことは、はるかに遠く、その深い深いところを誰が見いだせようか」（七・二四）と語っている。ここで語られている「存在したこと」というのは、過去においても現在においても常に在るもの、時空を超えて現に存在している真理、つまり真なる存在である。このような真理は私たちの認識に対し「はるかに遠く」かつ「深く」隠されている。ギリシャ語で「真理」（アレテイア）とは「覆いを取り除く」を意味している。差し当たり大抵、真理は覆われ隠されており、「真なる存在」は表面には現れず、人々の目には隠されている。つまり隠蔽されている。ここに示されているようにヘブライ人もギリシャ人と同様に真理の隠蔽性を認めている。この隠蔽性は人知によって、理性や知性、また直観力によって取り除くことができるであろうか。コヘレトはそれは人間にはできないという。彼のわかったことは「悪の愚行」と「愚行の狂気」であり（七・二五）、「女の恐ろしい罠」（七・二六）だけであった。このような経験から彼は「神は人間を真っすぐに造られたが、人間は複雑な考え方をしたがる」（七・二九）という認識に到達している。そこには神の創造の意図が人間の邪まな意図によって破壊されているという厳しい現実認識がうかがえる。神の意図に一致して生きるところに被造物としての人間の知恵（人知）があるのに、彼が見いだしたのは愚行の狂気に転落している病める人間の姿であった。

「事の終りは始めにまさる」の意味

終わりに私たちは、この箇所の基本命題「事の終りは始めにまさる」とはどのような意味で語られているのであろうか、と問うてみたい。それは「終わり良ければすべて良い」（シェイクスピア）という意味であろうか。結果オーライということであろうか。あるいは単純に始めから終わりである目標に向けての進歩の思想を意味しているのであろうか。空しい人生にそのような期待を寄せることは幻想にすぎない。

第七章の格言集にある基調を挙げてみると、「死・弔い・悩み・叱責・終り」という限界状況である。このような限界状況の意味は「死ぬ日は生まれる日にまさる」（七・一）ということである。そうするとコヘレトはソフォクレスの『オイディプス』という作品の最後の言葉に近づいていく。「されば死すべき人の身は　はるかにかの最期の日の見きわめを待て。何らの苦しみにもあわずした　この世のきわに至るまでは、何びとをも幸福とは呼ぶなかれ」（藤沢令夫訳、岩波文庫、一九九一年、一一二頁）。ここにある「最期の日」とは死を指している。このコヘレトとソフォクレスの死生観はよく似ている。第四章二節と「この世に生を享けないのが、すべてにまさって、いちばんよいこと。生まれたからには、来たところ、そこへ速やかに赴くのが、次にいちばんよいことだ」と酷似している。悲劇作家にとって長命を望むことは愚かである。それゆえに、死こそ希望の対象となっている。彼は『コロノスのオイディプス』で言う。「救い主はすべての者に最後には等しく現われる、ハデスの運命が、結婚のことほぎの歌もなく、竪琴の楽も、踊りも伴わずに、現われる時、そうだ、最後には死だ」（高津春繁訳、岩波文庫、一九八七年、七二頁）と。

人間にとっての共通の救いが死に求められている。知力においても武力においても、人がうらやむほど恵まれた王者オイディプスといえども、幸福にとどまることができない。その存在はあまりに脆い。だから自己が人間にすぎないことを知り、驕者の愚行は退けられなければならない。コヘレトも悲劇作家と同様に人生を見て、「死ぬ日は生まれる日にまさる」と語る。しかし、彼は同時に神への畏怖によって与えられる「神の目」をもって人生をとらえ直している。現実をありのままに見て、隠された真理を見極める。この真理に逆らっては生きられない。悲劇作家は「わが内に宿る真理（まこと）こそ、この身を守る力なのだから」と予言者テイレシアスは断言している。コヘレトも悲劇作家と同様に人生の真相をとらえている。しかし同時に神の目をもって「死のさなかに生を」とらえている。だから「事の終り」は生の終わりである死をも突き抜けて、神から新たに生をとらえようとする。「神への畏怖」こそこの見方を開く。こうして彼は生のさなかに死をとらえたように、十字架の死のさなかに復活の生を、キリストにある新生をとらえる道を私たちに指し示している。それをとらえるのは信仰である。

むすび

私の生涯はある意味でコヘレトの言葉に導かれて営まれてきたといえよう。青年時代を導いた言葉は「汝の若き日に、汝の造り主を覚えよ」（一二・一、文語訳）であり、快楽を追求しやすい時に、神を探求するようにとの戒めを常に心にとめて歩むことがゆるされた。働き盛りの壮年時代には「あなたのパンを水の上に投げよ。多くに日の後にあなたはそれを得るからである」（一一・一、口語訳）が私のモットーであった。私にとり「水」は「砂」のようであった。それは「砂を嚙む」ような日々であったからである。実際、世界には無意味さが満ちているよう思われた。それでも私は命の糧となるものを蒔き続けようと試みてきた。そして老年を迎えた現在は「事の終りは始めにまさる」という言葉を深く味わっている。コヘレトが語るすべての言葉はその前後を「空の空、空の空、いっさいは空である」（一・二、一二・八、口語訳）との絶対否定によって裏打ちされており、その上で創造主なる神に対する信仰から発せられたのある。この神への信仰によって私たちは人生に絶望することを禁じられているのである。なぜなら、絶望は本質的に事物や所有や対象に関係しているのではなく、自己自身の存在にかかわっているからである。

参考文献

アリストテレス『ニコマコス倫理学』上、高田三郎訳、岩波書店、岩波文庫、一九七一年。

関根正雄『イスラエル宗教文化史』、岩波書店、二〇〇五年。

中沢洽樹『「空の空」――知の敗北』、山本書店、一九八五年。

雅歌

花嫁の愛

金子　晴勇

雅歌とは何か

「雅歌」はラテン語で Canticum Canticorum「諸々の歌の中の歌」といわれる祝婚歌であって、旧約聖書では神とイスラエルとの親しい関係を歌ったものであった。このことは伝統としてキリスト教会に伝わっており、中世では雅歌を御言と魂の間に交わされる愛の賛歌として解釈した。たとえば雅歌の冒頭の言葉が「どうかあの方が、その口のくちづけをもって、わたしにくちづけしてくださるように」（一・二）という乙女の情熱的な愛の言葉で始まっていることは、大変特徴的なことである。これは恋する男女の最初の口づけであって、それが結婚式における心の歓喜を表し、花婿と花嫁とがこれを歌いかつ聞くがゆえに、「たしかにそれは、魂と魂との貞潔で喜ばしい抱擁、彼らの意志の一致、相互に一致した心同志の愛を表現している結婚式の歌である」と説かれた。これはベルナールの解釈である（Bernardus, Sancti Bernardi Semones super Cantica Canticorum, 1, 6, 11）。この花婿キリストと花嫁である魂との「結合」（coniunctio）によって成立する神秘的な生は彼の『雅歌の説教』の全体にわたって展開する。ここからキリスト教的な神秘主義の一つの大きな流れが形成された。

ところが『雅歌』を読んでみるとすぐに気づくことがある。それは神とその信仰について何事も述べられていないことであって、世俗的な恋愛の歌が集められているという印象を抱かざるをえない。しかも対話的に歌っている男女の愛は決して「純粋な」愛、つまり性的欲求の混じっていない愛ではない。それどころか、その愛は性的欲求に満ちており、一緒にベッドに入ることだけにあこがれている。彼らは、「わたしは恋に病んでいます」（二・五、五・八）と互いに告白する。彼は、夜になると恋人の寝室の窓際へ忍んで行き（五・二―六）、彼女に熱を上げて、「秘められたところは丸い杯、かぐわしい酒に満ちている」（七・三）と歌う。彼女は大理石の柱のような彼の脚にうっとりとして（五・一五）、彼に向かって二度もこう呼びかけている。「夕べの風が騒ぎ、影が闇にまぎれる前に、恋しい人よ、どうか、かもしかのように、若い雄鹿のように、深い山へ帰って来てください」（二・一七、八・一四）。こともあろうにこれが雅歌の結びの言葉でもある。

日本人の恋愛観

私たち日本人は男女間の性と恋愛を性欲の観点から考える抜きがたい思考習慣を持っている。恋愛を欲望と同一視する傾向は日本人の中にも古くから根づいている。伊藤整の「近代日本における『愛』の虚偽」という論文は、このことを説いている。彼によると明治以来西洋文化の影響によって男女や夫婦の恋愛が「愛」というキリスト教的な意味を持った言葉で表現された。ここに虚偽がある。確かに日本にはキリスト教的な愛の観念はなかったし、愛という言葉で男女の恋愛関係を主として表現してきたのも事実である。しかし、この恋愛としての愛を仏教の慈悲からも、儒教の仁愛からも切り離して、「肉体の強力な結び付き」や「相互利用の関係」、さらに「主我的人間の攻守同盟的結び付き」と見なすことは、日本人の心を表現しているよりも、D・H・ロレンスの翻訳者伊藤整の人生観の表明ではなかろうか。愛を身体的欲望や衝動に還元する自然主義的愛の理論は愛の現象の一面のみを強調しているにすぎない〔この類型についての詳しい説明に関しては、金子晴勇『愛の思想史』参照〕。

ではキリスト教の信者がこれを読んでみて共感を得ることができるであろうか。すぐには実感できないことであろう。そこで青年時代に私が読んだキルケゴールの言葉をここで想起したい。それは「恋愛の最初のころほど素晴らしいものはない」という言葉である。その素晴らしさはおそらく罪を犯す以前に楽園にいたアダムとエバのようなものである。そこでは堕罪後には喪失した「男女の本来的な姿」が見られよう。エレミヤ書には主なる神がこう言われるとある。

「わたしは、あなたの若いときの真心
花嫁のときの愛

種蒔かれぬ地、荒れ野での従順を思い起こす」（二・二）。

ここには神と人との真実な関係の理想が告げられている。しかし、こういう関係は神への背きと不従順のゆえに破壊される運命にあった。それでも多くの試練を経て正しい関係に到達した人について、エラスムスは「性生活が終わった夫婦ほど美しいものはない」と述べている。これらの発言に性愛の本来の姿が暗示されている。

実際、「性愛」は本来美しいものであるが、そこには同時に「性欲」が結び付いており、これが情念の力によって性愛の美を破壊するのではなかろうか。それゆえ性愛が性欲を正しく秩序付けているならば、性愛の美しさが輝くであろう。『雅歌』はこのような美しい人間関係を教えているように思われる。

雅歌に登場する二人の恋人の関係

この関係を見ると、二人の熱望は決して強制になっていない。彼らは互いに相手を圧迫していない。相手は恋こがれる人であって、性的満足のための手段ではない。人形のような応答できない存在でもない。また相手を性的欲望の対象として美男子や美女となす物象化はまったく起こっていない。生物学的な皮膚の色も問題ではない。愛の呼びかけはすべて、恋人の自由な感情に対する訴えかけであり、相手も同じ愛をもって応答することを望んでいる。だから、誘惑も強制も感じられない。そこには相手の自由と対等性に立脚するがゆえに、相手の自由な愛の応答に基づく「相互受容」が実現している。

相互承認と相互受容

人間関係の中でももっとも高貴な性質を持っている友情にも「必要の友情」「趣味の友情」「心情の友情」の三種があって、最後のものだけが人間の交わりを完全なものとする。友情は二人の意志が一致するところに成立し、この一致は「愛と尊敬」からなり、あたかも「引力と反発」のような力学的関係に立っている。愛により二人は接近しあい、尊敬によって相互の間に距離が保たれる。友情はこの距離の上に立つ接近である。たとえば「友あり遠方より来たる。また楽しからずや」とあるように、遠方という距離感は空間的隔たりのみならず、尊敬の念を引き起こす離隔をも含んでいる。さて、友情による人格と人格との結合は、相手との趣味、思想、才能、利益などによって多様な契機から成り立っているにしても、その基本的前提は「相互承認」であって、「相互受容」を必ずしも前提していない。これに対し恋愛の場合は「相互受容」をはじめから前提しないと成立しない。なぜなら、承認は相手の所有している意見や思想また提案を認めることであるが、受容は相手の人格と存在の全体を受け入れることを意味しているからである。

この受容は身体の次元、趣味や性格の次元、精神の次元、人格の次元で生じるに応じて、愛の持続性が次第に高まっていく。かつ、そこに相互性が充実してくるので、恋愛の終極目標は相互受容の完成であって、長い道のりを通じて実現する。このことは恋愛が結婚という相互受容の社会的とりきめに服することへと移行していくことにも示されている。

こうした相互受容の関係を『雅歌』は次のように歌っている。

「恋しいあの人はわたしのもの、わたしはあの人のもの」（二・一六、六・三）。

「一体感」や「交換」

このような相互関係は昔から「一体感」や「交換」として説かれ、そこには神秘的な「合一」や「交流」が求められてきた。さきに触れたベルナールはここから「花嫁‐神秘主義」(Braut-mystik)を説くようになった（このベルナールの花嫁神秘主義とその影響に関しては金子晴勇『ルターとドイツ神秘主義』第八章「キリスト神秘主義」、二八三―三〇三頁参照）。彼は『雅歌』に見られる男女の関係から独特な思想を展開させており、キリストと教会との関係を「花婿と花嫁」という親密な間柄として理解した。しかし、このような親密な間柄関係は総じて古代社会では隠されていた。この関係の素晴らしさはわずかにレンブラントの名作「ユダヤの花嫁（イサクとリベカ）」（本書のカバー絵参照）に表現され、今日に伝えられている。なぜこの関係が当時の社会に隠れていたのであろうか。それは古代においては部族や民族さらに国家が強大な権力をもって個人を支配しており、圧倒的な「主人と奴隷」の関係によって国や社会は維持されていたからである。これに対しパウロはガラテヤの信徒への手紙で、「アバ・父」といって神に呼びかける新しい関係が神と人の間に生じたことを福音として説いた（ガラテヤ四・一—七参照）。そこから「父と子」の関係こそ人間の間のもっとも親しい関係であって、それがキリストによって実現されたことが福音の内実として力説された。ところがローマ社会における父権の絶対性を考慮すると、親密な父子関係など一般には考えられなかった。そこでベルナールは人間関係の最深の親密さを「花婿—花嫁」の関係で説くようになった。

神秘的高揚

その第一段階は日常経験から離れることで、「離脱」（excessus）と呼ばれる。これは外界に向かっていた意識を内面に転向させる運動である。それに続く第二段階は自己をも超越する運動で、「脱自」（exstasis）と呼ばれる。さらに第三段階は自己が上からの力によって引き上げられる運動で、通常「拉致」（raptus）と呼ばれる状態である。これはパウロが第三の天へ引き上げられた経験に等しいといえよう。そのとき、日常と平均的自己の状態をはるかに超えた状態に引き上げられて、人は聖なる存在に触れる。これが神秘的経験のクライマックスである。この神秘的経験の項点である「拉致」について『雅歌の説教』の八五では次のように語られている。「ときおり花嫁は自己の外にかつ自己から離脱し、その身体的感覚から脱出し、御言葉のみを感得しており、もはや自己自身を感知しなくなる。そのことは霊が御言葉の表現しようもない甘美さに心を奪われて、御言葉を享受するために、いわば自己が運び去られ、拉致され（rapitur）、滑り落ちる（elabitur）ときに生じる」（Sancti Bernardi

Opera. 2, 315-6)。

ところがルターは『キリスト者の自由』の中で花婿キリストと花嫁の魂との関係を信仰に帰し、キリストと魂はすべてを共有することを信仰義認論に立って説いた。

「キリストは恩恵・生命・救いに満ちていたもう。魂は罪・死・劫罰に満ちている。今や信仰が介入して、罪・死・地獄がキリストのものであり、反対に恩恵・生命・救いが魂のものであることが生じる。……この富める、敬虔な花婿キリストが、この貧しい不敬虔な娼婦をそのいっさいの悪から贖いかえし、ご自分の善をもってこれを飾り、妻として引き受けるとき、もう彼女の罪も彼女を滅ぼしえない」(Luther, Weimarer Ausgabe 7, 54,39ff. ; 55,25ff.)。

ルターは、花嫁神秘主義の伝統に立ってキリストと魂との合一を説く点で中世との連続性をここに示しているが、浄罪の道による教会改革によっては人間の危機は解消しえないことを「貧しい不敬虔な娼婦」の姿により提示した。また彼は、キリストの義と魂の罪との「歓ばしい交換」という主体的人格による信仰関係の中に救いをとらえた。ここで注目すべきことは、ルターの霊性の特質として、神と人との関係が「逆対応」となっている点である。この関係が「対応」している場合には「清いキリスト」と「清い魂」という清い者同士の類似した者の結合関係が成立している。「逆対応」というのは一般的で合理的な「対応」関係に対して転倒した逆説的な関係をいう。したがって、「清い花嫁」

と「義なる花婿」の関係が合理的な「対応」であるのに、ルターが説いている「不敬虔花嫁」と「敬虔花婿」との関係はその「逆」となっている。

「山鳩の声」

次に「山鳩の声」について学んでみたい。こう歌われている。

「この里にも山鳩の声が聞こえる」(二・一二b)。

この聖句は真に平凡で何か意味があるように見えないが、私に強い印象を与えた。それは私がここ数年夏をハンガリーの農村で過ごした経験に由来する。この農村は大平原の北部に位置しており、近くには丘もある。農業国の人たちにとって農村は里であり、日本のように山国だと山が近い里は「山里」と呼ばれる。そこでは鳩といっても「山鳩」や「雉鳩」が住んでいる。山鳩はハンガリーの住まいにも一つがい住んでいた。大きなクルミの木の間を絶えず行き来して「ホー、ホー」と低音で呼び合っていた。そのような時、ベルナールの思想に触れて、そこに隠された意味があることを知った。

山鳩の意味

ところで山鳩は普通の鳩とは違って滅多に地上には降りない。地の餌をあさるという習性がないから。だから聖書では旧約の創世記とレビ記以来、山鳩が家鳩や土鳩から区別されている。ルカによる福音書第二章二四節では幼子イエスの聖別式に清めの定めに従って「山鳩一つがいか、家鳩の雛二羽」がいけにえにささげられたと記されている。つまり神と人との関係が山鳩の犠牲によって良好に保たれている。それゆえ「この里にも山鳩の声が聞こえる」という言葉は神の人への語りかけとして理解できる。ベルナールがこの点を強調しているので、彼の意見に耳を傾けてみたい。

「神の尊厳も愛に譲歩するのがあなたに分かるか。……愛は誰をも仰ぎ見ず、誰をも蔑視しない。愛は、完全に相互に愛し合い、自己自身において高低の差別を解消する。すべての人を、同等なものとして直視する。愛は彼らを同等にするばかりか、一つにする。恐らくあなたはこの愛の法則から神が除外されていると考えるであろう。しかし、神に付く人は一つの霊となる（Ⅰコリ六・一七）。どうしてあなたはそれに驚くのか。彼自身がわたしたちの一人のようになられた。……神が人に等しいというのでは充分ではない、神は人なのである。それゆえ神は自分のためにわたしたちの地を要求する。しかも所有としてではなく、祖国として要求する。どうして彼がそれを要求しないことがあろうか。その地から彼の花嫁が生じ、その地から身体の実質が与えられ、その地から花婿ご自身が生まれ、その地から二人は一つの肉となった（エフェ五・三二）。……彼は人の子として地を嗣業として受け、主人としてそれを支配し、創造者としてそれを管理し、花婿としてそれと交わりをもちたもう」（ベルナール『雅歌の説教』五九・一・二、『ベルナール』金子晴勇訳、二六五頁）。

それゆえ里に聞こえる山鳩の声はキリストの来臨であるとベルナールは解釈した。そのわけはキリストが神の言葉の受肉であるから。雅歌の詩人は冬が去り春が到来したことを告げ、葡萄の花が咲いている里に山鳩の声を聞きつけて、そこに神の現臨を感得した。葡萄の花も山鳩の声も人目を引くようなものではない。それにもかかわらず、詩人はそこに神の現臨を感じたのである。それはキリストを通して実現したのだから、ベルナールのようにキリストの来臨が示されていると理解できる。

「一つがいの山鳩」と人間関係

次にこの聖句にある山鳩が聖書では犠牲に供されていた点に注目してみたい。清めの犠牲として神にささげられたのは「一つがいの山鳩」であるから。家鳩のほうは「雛二羽」とあって、それが清めの犠牲に指定されている。詩人はこの山鳩にキリストの来臨を感じ取ったがゆえに、山鳩の犠牲は新しい神関係を創造するための犠牲であった。ではどんな神との新しい関係が創られたのだろうか。

それは「一つがい」としての花婿と花嫁の間柄関係ではないだろうか。このように人間関係の最深の親密さが「一つがいの山鳩」の内に「花婿―花嫁」として説かれた。

信仰の聞く働き

このように山鳩の声を聞くには「自己を空しくして聞く」ことが求められる。これが信仰であって、パウロは「実に、信仰は聞くことにより、しかも、キリストの言葉を聞くことによって始まるのです」（ローマ一〇・一七）と語っている。聞くためには心を空しくし、自己主張を抑えて発動させないようにすべきである。空になった心にはキリストの声が澄んでさやかに聞こえる。法然上人は次のように歌っている。

「あみた仏と心はにしにうつせみの　もぬけはてたるこゑそすすしき」

「にしに」とは西方浄土を指す。「うつせみ」とは「空蟬」（蟬の抜け殻）のことで、魂が抜けた虚脱状態をいう。そこには信心によって空蟬のように心身脱落した心の「涼しさ」がある。「涼しさ」とは音声がさえて聞こえる「さやけさ」だ。確かに「空蟬」の声が「涼しい」とは字義的にはおかしな表現だが、これを理解するためにはルターの信仰義認論か親鸞の「悪人正機説」を参照する必要がある。ルターは、既述のように、ベルナールが花嫁を清く美しい姿においてとらえたのに反して、花嫁を貧しく、みすぼらしい、見る影もない賤婦に求めた。自分の空しさを知った者にして初めてキリストを求めて信じるからである。日本の里にも至るところ山鳩の声が聞かれる。その涼しい声に耳を傾けるように心がけたい。

参考文献

H・ゴルヴィツァー『愛の讃歌――雅歌の世界』佐々木勝彦訳、日本基督教団出版局、一九九四年。

金子晴勇『愛の思想史』知泉書館、二〇〇三年。

金子晴勇『ルターとドイツ神秘主義』創文社、二〇〇〇年。

『ベルナール』、金子晴勇訳、教文館、キリスト教神秘主義著作集2、二〇〇五年。

第Ⅱ部　新約聖書

イエス

罪ある女の物語

小河　陽

序

この物語は、ルカによる福音書にしか伝えられておらず、また非常にルカらしい特徴を示す物語である（ルカ七・三六―五〇）。イエスがファリサイ派と交際していたこと、まして、客として招かれて食卓を共にすることがあったことを伝えるのは、イエスとファリサイ派の間の論争や衝突の物語しか伝えていないマルコによる福音書とは大いに異なるイエス像を提供するもので、罪あるとされる女への暖かいまなざしも、婦人たちとの暖かいイエスの交流を語るルカにふさわしい特徴である。そこで、当然のことながら、この物語の成立について、またその史実性について、議論が沸騰し、さまざまな見解が提示されてきたことは容易に想像できる。(1)

そのような論争の歴史の中で、とりわけ四七節の解釈をめぐっての論争は、釈義上の一つの論争点にとどまらず、カトリックとプロテスタントの信仰理解の相違を如実に反映する教義上の問題として、目立つものであった。それは、ここで語られるイエスに示された女の愛が、神の赦しの結果であったのか、それとも原因であったのかという点をめぐっての対立であった。伝統的カトリック解釈では、この物語に、愛が先行し、赦しへと導くことの証拠を見、プロテスタントは、譬えの意味を物語全体に適用して解釈してきた。それら二者の立場を調停するかたちで、愛と赦しは不分離に結合しているのだから、重要であるのは原因・結果の関係ではない、とする見解も見いだされる。カトリックにおいても、現在はこの調停的見解が優勢である。

この教義上の論争は、テクストの文法的また文学的解釈というレベルでの解決では決着がつかない複雑さを持っているが、とはいえ、元来のテクストの確定はどのような解釈にとっても基本となる出発点である。しかも、この箇所に関しては、その基本となるテクストの資料について、尽きない論争が続けられてきた。①まず、私たちの物語と非常に似通るといってよいマルコによる福音書一四章三―九節の並行記事との関係がある。相似点を軽視して、あるいは日常生活において類似の出来事が起こることは自然であるとして、これら二つの記事をイエスの生涯における二つの異なった出来事であることを、すでに二世紀のオリゲネスが精力的に論証しようとした。二つの記事の文脈も、イエスに塗油した女の正体も、塗油がなされたイエスの体の部分（足あるいは頭）も、宴の招待主がイエスへの礼儀を欠いたかどうかの点も、その突発事に対する周囲のリアクションも、この女の行為とのかかわりで語られる神の赦しの意義（つまり、そもそも物語の観点）も、それゆえに結びの違いも、二つの記事の間では異なっており、同一事件が語られているにしては相違が大きすぎるという印象を拭いがたかったからだろう。そう理解するのがもっとも単純素朴な解決案であるし、この見解は古くから繰り返し主張されてきたのだが、しかし、賛同者はむしろ例外的であった。そもそもルカ自身は、同一事件と理解していたからこそ、マルコの受難物語からマルコによる福音書一四章三―九節を省いたかたちで彼の受難物語を語ったのだろう。実際、別事件というには、両並行記事の間に用語上の一致さえも見られる。

近代になって聖書学が歴史的な研究を飛躍的に進展させたせいで、現代では、現存テクスト間の優劣の決定にとどまらず、現在の形態の物語が成立するに至るまでの伝承史上の展開を仮説的に想定せざるをえなくなり、この論争はいっそう複雑になっている。現代的な論争の中で、たとえルカ版物語を取り扱う際にも、私たちの主題とかかわってくる問いをさらに取り上げてみると、そもそも、②譬えが元来の要素であるのかどうか、それとも編集的付加なのか、という問題は避けることができない。他にも、③ペリコペー（単位伝承）はなぜ四七節で終わらず、重複的な冗長さをもって五〇節まで続くのか〔四八節および五〇節は剰余的な印象を与えるから、これはマルコからの付加とすべきだろうか〕、④中心テーマは女なのか、ファリサイ派なのか、それともイエスなのか、そういうさまざまな問題がある。

以上の問題を念頭に置きながら、私たちに与えられたテーマに沿ってこの箇所を解釈するために、ここではひとまず文脈は無視して〔文脈を正確にとらえることは、著者であるルカの物語理解の手がかりを得ることに通じるのであって、イエスの振る舞いという歴史的理解には役立たないからである〕、まず（一）物語の詳細を注意深く観察することを通して、物語構成とその内部的な統一を把握することに心がけることにしたい。（二）そして、その読解から、この物語の伝承史的な考察へと進んで、（三）その成果に基づいて、私たちの主題に沿っての瞑想を試みることにする。

テクスト分析――ルカによる物語叙述

まず、物語構成に注目してみたい。導入部（七・三六）で、イエスがファリサイ人の招待に応じる。そして饗宴が始まり、その席で懇談がなされる、そういう情況が描かれる。J・エレミアス（『譬え』善野碩之助訳、新教出版社、一九六九年、一三九頁）が、これは巡回説教者としてのイエスに対する安息日説教後の招待であったと推測したの(2)を受けて、L・ボック・ダレル(3)は、パレスティナの慣例として、そういう特別の宴の場合、招待客は壁際に座り、また入り口の戸は開かれていた、とまで具体的に推測している。その正否はともかくとして、三七―三八節の宴席での出来事は、少なくともそのような情況を想定して、女がいつのまにやら入り込むことを許している。その席で起こった異常な出来事（女の行動）が、招待主シモンと招待客イエスとの間に会話を誘発させる。物語はこの会話による中断の後に、四八―五〇節でこの出来事への言及へと舞い戻ってくる。それは、この出来事が持っている重要性を示唆するものである。

ところで、パレスティナにおける家庭の食事は座って取るのが普通であったが、横たわった姿勢で食事することも、特別の食事の折には通常見られた〔九・一四―一五、一四・八、二四・三〇を参照〕。この場合、彼らは食卓に向かって、足と体は食卓から離す方向に横になる。するとここでは、女が入り口からこっそりと入り込み、イエスの足もとに近づいていた、そういう情況が描かれている。

この第三の登場人物は、「町における罪人であった女」と注記される。町の女＝売春婦という観念連想が容易に湧いてくるが、罪を特定するのは無理である。古くから、時にこの女がマグダラのマリアと同定されてきたが、後者は次節で完全な紹介がなされている事実に照らして、初出であるこの箇所でそうされなかったこと、ましてや遡及的な言及がないことは不自然であるから。[4] 三八節で、この女の振る舞いが詳述される。女は自分の涙でイエスの足を洗い、自分の髪の毛でぬぐった後に、香油を塗った〔ナルドの香油なら、半キロ弱で三〇〇デナリ（三〇〇日分の日当賃銀に相当）。石膏の壺と訳されるアラバストロスも香水の保管に最適な容器である（プリニウス『博物誌』一三・三・一九）〕。常識的には、これは謙遜と献身の二つを表現する行為である。

物語のこの情況が推測させうる出来事は、（過去ないし現在の）イエスの教えが彼女に感動を与え、自分の生活を反省する機会となった、ということである。女が登場前に、すでに生活を改めていた〔W・ヘンドリクセンの解釈[5]〕かどうか、私たちにはわからない。すでに以前にイエスの教えを聞いて、決定的な影響を受けていたのでなかったとしたら、この席でのイエスの話が、神は彼女にとっても恵み深いことを確証させたことになる。彼女の涙がそれを示している。涙はイエスへの感謝の念で流された喜びの涙であったのか、それとも赦しを悟っての喜びの涙であったのか。註解書を比較してみればわかるように、どちらにも解釈できるから、これもはっきりしない。いずれにせよ、イエスは神が彼女にとってさえも恵み深い神であることを彼女に確信させた。そしてその確信が女に、ファリサイ人にとっては非常識に思える振る舞いへと駆り立てた。

そこで、三九—四〇節で、ファリサイ人である招待主シモンの反応と、それに対するイエスの応答が記される。出来事からイエスの教えへと転換するのである。女の振る舞いがシモンのイエス批判を引き起こす。それは彼の内心でのつぶやきであって、彼はイエスとの会話を予期してはいなかった。私たちはここで、シモンの内心の批判は、不自然な、偽善者ゆえに起こった反応ではなく、世間的常識を逸脱する行為に対する自然な反応であったことに注意しておきたいと思う。イエスにとっては、それが教えの機会となる。イエスは即興で短い、しかし意味深長な物語を語る（七・四一—四二前半）。

そうして、登場人物三人の行動原理が、それぞれに行為と言葉で表現されて、衝突する。それは、一見、女の振る舞いという情況とは無関係で、ファリサイ人・シモンにとって、罪人（女に対して）と非預言者（イエスに対して）と同席した腹立たしい、後悔すべき出来事であり、イエスにとっては、神の赦しの宣言と神の愛についての威厳ある教えの機会、そして、女にとっては、罪人としての自覚からの振る舞い（罪人が悔い改めと謙遜でもって〔おそらくだが〕神に反応している）、またそれから解放される出来事、であった。

そしてシモンは、不本意ながら、話に耳を傾けよというイエスの提案に同意を促される（三九節に記されるファリサイ人の内面のつぶやきは、軽蔑的である。それに対して、イエスは予言者的な心眼を発揮する（七・四〇前半）。語り手は、ファリサイ人の憶測が的外れであることを読者に印象付けるのである。あるいは、ルカは皮肉的に、ファリサイ人の間違った判断とイエスの予言者的透視能力を対比させているのかもしれない）。イエスは彼に語りかける。「私はあなたに言いたいことがある」（七・四〇）。それは教師が弟子に注目を促す権威の言葉に他ならない。実際、イエスの語りかけに対して、シモンは「先生」と応答する。つまり、これは師弟間の教育場面を例示する会話であって、イエスは弟子の間違った知識を真の知識へと訂正する教師なのである。そこには、弟子たるシモンを非難する意図は読み取れず、むしろ逆に、厳しくはあるが、シモンを説得し同意を得ようとする、慈しみをもった望みに満たされている。

こうして、四一—四二節、四三節で、イエスによる譬えの提示と、それにかかわる問いと答えが記される。大きな負債を帳消しにされた者と、小さな負債を帳消しにされた者とがいたとすれば、どちらがその貸し手をより多く愛するだろうか？　負債と貸手の物語は、例話や諺や譬えで、ユダヤ人教師によってよく用いられる題材であった[6]。とはいえ、「負債の全額を許す」ということは異常事態といわざるをえない。それは、神の終末論的赦しの行為が視野に収められているゆえの異常な寛大さなのだろうか（H・シュールマンの解釈[7]）。しかし、一般に、イエスの譬えは具体的な詳細を描き出さず、聞き手個々人の情況に引きつけて聞かれる語りである。それゆえ、それが打ち明ける意味（＝解釈）

は必ずしも一様ではない。そこで、四三節は譬えの適用への伏線となる予備的答えを記している。シモンは、「それは、帳消しにされた額の多かった方だと思います」と正しく答える。その答えに、女とシモンの振る舞い方の比較、そしてそこから引き出されるイエスの重い評決が続く（七・四四―四六、四七後半）。その進展の中で、サムエル記下一二章一―一五節のナタンとダビデの会話に似た展開が起こる。「それはあなた自身のことなのだ！」と。譬え話は、シモンにとって理解不能な、イエスと女の関係において示されている新しい現実を直接に指摘することはしない。ただ、彼がすでに知っており、十分に理解していながら、自分とは無関係だと思っているゆえに、実際には適切な判断が下せないその現実に、彼の目を開かせようとするものなのである。

ここで、シモンによるイエスの持て成し方にも注意しておきたいと思う。彼の持て成し方に欠陥や不足はなかった（O・ホフィウスはこの点をとくに強調して、シモンに欠けていたのは、一般的な持て成しの礼儀でも、特別な客に示すべき礼儀でもなく、愛の証しとしての振る舞いだ、と主張する[8]）。物語は、提示部でそのことにはまったく触れていない。イエスが彼と女とを比較するのは、①シモンの振る舞いを非難する意図を持ってはいない。むしろその比較は、彼がイエスに対して女ほどに大きな愛を持っていないことを示威するのであり、それによって、②その理由を考えさせる。そして、その答えが物語を四七節へと進める。

シモンと女のイエスの持て成し方を比較した後に、続けて四七節で、イエスは女が多くの罪を赦されたこと、そして彼女がイエスに大きな愛を示したことを指摘する。すでに触れたように、この四七節の解釈は尽きない論争を呼び起こしてきた。まず、先行部とのつながりを言い表す「それゆえに」については、理由を表して、「彼女の罪は赦された」につながるのではなくて、結果を表して、「私はあなたに言う」につながると解釈すべきだろう。つまり、イエスは、「この女は誠心誠意私のために尽くしてくれた。それだから、私はあなたに言う」、と語っている。この「それだから、私はあなたに言う」は挿入的で、イエスは女の罪の赦しが起こったと宣言するのだが、それ続く「なぜなら」の理由の接続詞については、二つの読み方が可能である。①それは、「なぜなら、彼女は多く愛したからだ」と、罪の赦しの理由（＝事実根拠）を説明していると読むことも、②それは、むしろイエスの宣言を裏付ける（＝認識根拠）接続詞として、「～の事実から明らかなように」の意味に解釈することもできる。後者の場合、女の振る舞いは罪の赦しの結果と見なすことができる。

さて、四七節前半は理由の接続詞でつながれた文と解釈すべきだから、文法的には①の解釈がより自然な読み方であり、内容的にもペトロの手紙一の四章八節ほか〔さらに、ヤコブ五・二〇、マタイ六・一五―一五、一クレメンス四九・五、箴言一〇・一二、シラ一七・二二、ダニエル四・二七［LXX］〕に支持を見いだすことができる。ただし、それらのテクストに表現される「愛の行為は罪を覆う」という考えは、この箇所と関連性は薄いといわざるをえない。しかし、①の解釈は、さらに動詞の時制にも支持を見いだすことができる。「彼女は多く愛した」と、動詞がアオリスト時称で記されていることは、通常、女の愛の行為が、「彼女の多くの罪は赦された」という発言に先行していることを意味するからである〔アオリストが状態的完了形であり、それゆえ現在に翻訳される、というJ・エレミアスの主張（『イエスの譬え』学術版当該箇所）は、イエスが女の振る舞いを回顧的に取り上げていることを無視している」。そして、それは、四八節以下と合致する解釈でもある。「あなたの罪は赦された」は、赦しの宣言が今この時に、イエスによってなされることを記す。なるほど、この場合の受動態現在完了形は、罪がすでに神によって赦されていることを指摘するものと読むこともできそうだが、四九節に照らして、このような読み方は退けられねばならない。その節は、現在形で、明らかにイエスが今この時に罪を赦すと考えているからである。つまり、四八節の宣言も、婉曲にではあるが、赦しには人間の側の行為が先行していることを確定している。すると、ここでは愛の行為が赦しの根拠と考えられているわけである。その場合には、女の振る舞いは「感謝」の表現ではなく、「後悔」と「赦しの懇願」の表現ということになる。

しかし、この解釈の難点は、物語の筋を推し進める論理と矛盾することである。四一―四三節の譬えから引き出される正しい教訓が「借金を多く帳消しにしてもらった者の方が多く愛する」（七・四三）ということであるなら、イエスを多く愛する女（七・四四―四六）は、多くの罪を赦されたことを前提としていることになる。四七節後半はそれを、「わずかだけ赦された者はわずかだけ愛するのだ」と、赦しと倫理についてのカテキズム（信仰問答）に表現し直している。すると、四八節の現在完了形は、それを受けて、女の罪の赦しが神によってすでに与えられていることを想起させているものと読み解くことになる。

この矛盾の解決策として、普通、後者②の解釈が提案される。ここで問題になっているのは、神が罪を赦した理由ではなく、赦したと認知する理由である、と考える。つまり、ギリシャ語接続詞「ホティ」は「なぜなら」でなく、「〜を認めて」＝「〜の事実により」と翻訳すべきであって、「私はあなたに言う」にかかっていると解釈すべきだ、というのである〔この用例は、一・二二、六・二一、一三・二、それにガラテア四・六に見いだせる〕。

しかしながら、現在のテクストにおいては、四七節前半部と後半部の間に、一つの緊張が残されているといわざるをえない。四七節後半は現在形で、「他方、わずかだけ赦される者は、わずかだけ愛するのだ」と一般的教理を述べている。すると、ルカは、神と人間とが、和解において「協同的に」能動的だと考えている、とする解釈が提案される余地が生じることになる。神の愛を中心に置きながら、物語は人間の責任を前面に出しているというのである〔これが、現代のカトリック的解釈の一般的傾向である〕。それゆえ、女とシモンのうち、どちらがイエスと神に対して相互的な愛の関係を持っているのか、この問いを譬えが提起しているのだと前提して、ファリサイ人は「小負債者」であり、それゆえ、わずかしか許してもらう必要がない、それに応じて、ファリサイ人の抱く感謝の念は小さい、という解釈が提唱されることになる。通常、テクストはこのように読み解かれる。ただし、このような論旨の展開には緊張が生じる。なぜなら、ファリサイ人は、福音書の他の箇所では、イエスによって「義人」と自認する者と見なされていて、「小負債者」ではないからである。彼らに、神に対する負い目はない。これは、単なる譬えとその適用の間に生じたずれにすぎないのだろうか〔ただし、I・H・マーシャルは、イエスは、彼を愛することの少ないファリサイ人たちに、彼らは自分たちの罪の大きさを、赦しの必要性を、悟っているのか、そう問うているのだ、と解釈する」(9)。

さて、四八―四九節で、イエスによる罪の赦しの宣言と目撃者の反応が記される。四八節は女に向かって発せられるイエスによる罪の赦しの言葉である。この言葉が、洗礼者についての記事の後にこのペリコペーが置かれた理由となったかもしれない〔ルカは、イエスと罪人との共食のみならず(七・三四)、イスラエルにおける分裂の例示を記す(七・二九―三〇)。洗礼者の場合もイエスの場合も、予期しなかったことに、罪人が解放の使信を受託し(七・二九)、義人が拒否した(七・三〇)〕。それはともかく、イエスは神がすでに罪を赦していることを宣言するのではない。それでは、祭司にも可能な、神による罪の赦しを告げる言葉にすぎなくなる。それでは、「予期せぬ」同席の客たちが「罪さえも赦すこの人は誰だろう」と反応する理由がわからなくなってしまう。そうではなくて、イエスが今、彼の権威に基づいて、罪の赦しを確言するのである。これは、四七節後半とも、五〇節とも、対応している。ルカの物語レベルでは、それは四七―四八節の控え目なイエスについてのキリスト論的記述を強調し、イエスよって与えられた約束(二三節)との関係付けを明確化させるものであると評価できる。

結びの五〇節は、続くエピソード(八・四三―四八)からの借用句である。イエスは、これまで言及されることのなかった信仰と救いを告げ、平安のうちに女を退去させる。そうして、彼女が赦された理由が、明言されることになる。実際には、ルカが「イエスへの愛と彼による赦し」を、「彼への信仰と彼による救い」で表現し直すのである。ルカは両者を相互交代可能と考えている。したがって、「信仰と救い」をパウロ的意味で解釈すべきではない。ルカにおいては、救いには段階を踏んだ進展が見られるのであって、ここでは、「罪から救いへ」（信仰があなたを救った）という段階と、「救いからキリスト教的生活へ」（平安のうちに行きなさい）という段階の二つが見られると考えるべきであろう。愛が「自ずから」罪の赦しを獲得するのではなくて、「イエスへの信仰」が、つまり赦しを期待してイエスへと向かい、イエスに示される振る舞いが、「赦し」をもたらすのである〔イエスとの出会いによって、女は悔い改め、神から赦しを獲得したのみならず、静かに慈しみ受け入れるイエスによってその赦しの確約を与えられる。このように解釈することによって、本文に緊張を認める必要がなくなる〕。そうして、罪の赦しの宣言と共に女を去らせることで、この物語は終わる。

このように読み解いてくると、この物語は、ある罪ある女がシモンの代わりに適切にイエスを持て成したということだけでは終わらない物語である。彼女はイエスから離れようとせず、イエスのもとにやって来る。その熱情は彼女の行為において示される。つまり、具体的な振る舞いや行いが、愛の表現として（四七節前半）のみならず、信仰（七・五〇）の表現手段と理解される。それがルカ物語の主旨ということになる。ルカにとって、「救い」は神の自由な決断から起こることだが、人間はそれに応答しなければならない。換言すれば、神の恵み（七・四二）と、自己利益ではなくて、それへの応答としての動機付けを持つ、人間の動き（七・三七―三八）が描かれる物語である。それゆえ、ルカによれば、救いは単に受動的で、信者と神との安心感を与える結び付きという結果をもたらすものではない。それは、日常の具体的な生活への帰還を意味している。それゆえ、「平安のうちに行きなさい」とは、イエスの言葉が日常生活における具体的な従い（倫理）へと招いており、イエスが決して彼に属する者を見捨てないことを確信しているということであろう。

物語の批判的考察

考察の出発点

さて、ルカ物語はそうであったとして、元来の物語はどうだったのだろうか。その考察の出発点は現代的研究における一般的な見解である。それによると、ルカとマルコが記す並行記事は、元来は同じ一つの「福音」的出来事の記憶であった。[10] 埋葬準備というキリスト論解釈〔マルコ一四・八によって、メシアへの塗油は彼の死を予期する儀式となる〕はマルコの編集である。もしそうであるなら、私たちが元来の物語にたどり着くと、それによって初期キリスト教信仰は何を「福音」と理解していたかの問いに対する答えが示唆されるはずだ、ということになる。

ルカにおける物語の伝承史的分析

最終編集によって、現在の語彙はルカの手が加わっていることが想定されるが、ルカ的な語彙が付加だという単純な結論にはならないから、語彙分析は物語成立の解明には大して役立たない。

（1） 出発点

むしろ、私たちが考慮すべき点は以下の四点である。

① 文法上、四七節の「だから」がかかるのは「赦された」ではなくて、「私は言う」であること、そして、「なぜなら」の接続詞も、赦しの宣言の根拠を指示するのではなく（つまり、「彼女がたくさん愛したことに鑑みて」と翻訳）、赦しの理由を述べているとするのがもっとも自然な読み方である。そして、（イ）物語は「した」か「しない」か、つまり「すべてと何一つ」であるのに反して、譬えは「多くと少なく」の対置であること。（ロ）G・ブラウマン[11]の考えるように、譬えの「借金帳消し」と物語の「罪の赦し」が食い違いを見せるとすれば、譬えの二次的性格を示すことが指摘できる。ただし、I・H・マーシャール[12]の指摘するように、ユダヤ思想で二つの概念は近く、「借りる行為」に意味関連を見るのではなく、借金行為で生じる「負い目」に見るべきであろうが。つまり、物語は譬えなしに理解可能であり、譬えがあっては理解がむしろ不自然となる。この点は、譬えと適用との間に完全な一致を求めるべきではないという留保にもかかわらず、大多数の学者の賛同があるといえる。

② 四七節と四八節は、どちらにも「罪の赦し」を語る言葉が現れ、重複の印象を与える。そして、四七節は物語を前提して三九節の「罪深い女」と「罪の赦し」を対応させるのみならず、「多く」と「少なく」を対置させることで譬えをも前提している。四七節が譬えの結合後に加えられた句であったとすれば、それは納得がいく。他方で、「罪の赦し」だけを語る四八節は物語自体に基づいていて、譬えなしでも理解可能である。

③　四七節前半は、物語の中で、女の振る舞いに二重の意味、すなわち、示された愛の大きさ＝罪の赦し、をより明確化させる機能を持って結び付いているが、他方で、四七節後半は譬えを解釈して、一つの教理を打ち出している。その説明は否定的な表現形で、なるほど神の赦しを最初に置くのだが、意図は救済行為を道徳化することにある。この背景には、ユダヤ教との論争が考えられるだろう〔シモンはファリサイ人であり、女は異邦人の招きとの関連が暗示される。二九―三五節の伝承の環境は原始教会の宣教におけるユダヤ教指導者たちとの対立であった〕。四二節の「二人」で、キリスト教に新しく改宗した者たちは、ユダヤ人と異邦人との対置を読み取ったはずである。

④　すると、四八節は四七節後半の付加挿入によって必要とされた、いわば四七節前半の反復であり、四九―五〇節は四八節に連係する物語の展開である、ということになる。

（2）基礎の物語

以上の観察から、元来、私たちの物語は四一―四三節を欠き、四七節前半で終わっていたイエス伝承として、受難物語とは独立した、人間論的伝説であったという仮説が成立する。そう考えることが、元来一つの同じ物語が、伝承過程でマルコ、ヨハネ、そしてルカ版に展開していった歴史をもっとも容易に推測させてくれる。基礎にある物語は埋葬準備としての塗油物語ではなくて、イエスが食事しているファリサイ人の家に、イエスの話を通して自分の生活態度を悔いた女が入り込み〔ファリサイ人の家で催された宴席に、いかがわしいと見なされた女が同席していたとは想定しにくい〕、悲嘆の涙でイエスの足をぬらし、髪の毛でぬぐい、その足にキスして止まなかった、というものであった。彼女は罪ある女として町中に知られていたものだから、その行為は主人であるファリサイ人を怒らせた。非難は彼の独り言であったのだが〔ルカ一二・一七、一五・一七、一六・三、一八・四、一一でも、内面的対話が現れる〕、彼のうろたえぶりは読者に容易に推測できる。しかし、イエスは女を弁護した。つまり、イエスを愛する女の異常な所作と、それを弁護したイエス（その逆ではない！）を物語る伝承であった、と考えられる〔伝承史的な再構成の試みは多様で、譬えこそを元来の伝承の中核とするもののほか、四四―四六節を二次的な挿入とする仮説もしばしば主張されるけれども、ここで採用した仮説は、おおよそのところF・ボヴォンがまとめている[13]〕。

(3) 補足的議論

① ここで、解釈のための予備知識として、以下のような歴史的知識を持っていることが有益である。次のことが挙げられる。

（イ）パレスティナにおける当時の女の位置付け。古代社会一般についてもいえることだが、女性は社会的に「二級市民」として位置付けられていた。この物語では、その女の中でも「特に軽蔑に値する階級」に属する女の話である。

（ロ）持て成しの基準。イエスは賓客として特別待遇を受けはしなかったが、ここに見られるのは、決して礼儀を欠いた持て成し方ではない。

（ハ）塗油の慣習。塗油は祭儀的行為でもあったが、ここでは、習俗的に、持て成しとしての、かつ日常的な体のケアが問題になっている。ただし、足の塗油はやはり例外的で、古代にあまり聞かれない行為なのだが、それは人の肌にも触れる行為だから、家庭内で妻ないし娘が夫ないし父親にするような、親密な者の間でなされた行為である。断定はできないのだが、フォン・ベンデマンは当時の資料を踏まえて、彼女の涙も含んで、この女の仕草はヘレニズム世界のルカの読者に「エロティックな感情に覆われた仕草」と見なされたはずだ、と考えている。[14] それに、自分の髪の毛でぬぐうという異常さが加わった行為であったからこそ、初期キリスト者の間で記憶にとまりやすかったといえる。

逆の変化を想定するのは、より不自然である。

② そして、物語の中で注目してよい、以下の観点がある。

（イ）女は、エロティックといえる愛の所作以外に、よりよい愛の表現方法を知らなかった、と考えてよいかもしれない。「泣いている」はエロティックな場面とはいえないかもしれないが、少なくとも、当時の基準に照らして、このような場所に似合わないぶしつけな所作であったことは間違いない。それは、基礎の物語の文脈では、感謝と尊敬の表現ではなくて、悔悟と悲嘆の表現であったと解釈すべきである。すると、彼女は人目もはばからずに、取り乱し、大粒の涙をこぼした様子が想像できる。また、キスは未完了過去形で記されており、長い時間の、あるいは何度も繰り返されたキスであることがうかがわれる。また、髪をほどいてぬぐうことも慎みのない、みだらとさえいえるかもしれない振る舞いであり〔Iコリント一一・五―六が参照になる〕、タルムードによれば、そんな行為は離婚の原因になりえたほどである（ソタ五・九、エルサレム・ギッチン九・五〇d）。

（ロ）すると、帰結として、こう読み解くことができる。男に留保された食事の席に、いかがわしい女が、高価な香油の壷を担いで来て、イエスに近づいた。しかし、彼女は悔悟の涙を押しとどめていることができなかったから、それがこぼれ落ちてイエスの足をぬらしてしまった。それで、彼女は慌ててそれを自分の髪を振り解いてぬぐい、妻か娘でもあるかのように、その足に繰り返しキスした上、香油を塗った。それらの立ち居振る舞いはいずれも、それまでのアオリストと違って、未完了過去形で記されているから、何度も繰り返されたことが印象付けられるし、しかもユダヤの認識では、エロティックとしか考えられない異常な所作であった。

（ハ）推測の域を出ないが、以前に、女とイエスの間に接触があったと想定するのがもっとも自然だと思われる。そのような接触なしには、女の現在の行為は説明しにくいからである〔I・H・マーシャール、前掲書、三〇頁〕。

（4）伝記的逸話から神学的教説へ

推測できる伝承の展開として、主人を煩わせる女の異常な振る舞いをイエスが弁護する理由についての熟慮が、尊敬に値する主人と罪ある女との間の「愛の比較」という考察に導き、それに基づいて、「人間の悔悟と神の赦し」という神学的解釈を可能とさせたのだろう。最近の譬えの研究書を著したハルトグレンは、譬えがはじめからルカによる福音書七章三六―四〇節の基礎にある物語の一部として伝えられていたと想定しているが、[15] 莫大な借金を全額免除する王についての譬え〔マタイ一八・二三―三五〕は文脈を欠くかたちで伝承されており〔この譬えは、「赦しの限度」はまったく問題になっておらず、現在のマタイ文脈は明らかに二次的である〕、私たちの譬えも、元来独立したイエスの言葉伝承として伝えられていた可能性が大いにある。その譬えが、ここでのイエスの振る舞いを的確に説明する言葉として、二次的に融合されたと考えるべきだろう。私たちの物語と並行するマルコによる福音書一四章三―九節においては、香油の売却益を貧者への施しに用いえた可能性が女に対する非難として語られているから〔マルコ一四・四―五、ヨハネ一二・四―五でも〕、この金銭の話題が、借金帳消しを題材とする四一節後半―四二節の譬えをこの物語に適用させる着想を容易にさせたかもしれない〔イエス・セミナーは、ルカが七・四一―四二、四八―五〇を編集創作したと考えるが、彼らは十分な根拠を示さないまま、そもそもこの物語の史実性を否定している〕[16]。この、基礎にあると考えられる物語で語られるイエスの振る舞いは、他の伝承でのイエスの振る舞いと合致する〔マルコ一〇・四五、マタイ九・一〇―一三、ルカ一五章その他を参照〕。伝記的逸話から神学的教説へというこの変化は、ルカ以前に、口伝の伝承段階で起こったと考えられる〔その根拠はとくに、罪人の悔い改めを神の赦しの結果とする解釈は、ルカ的関心を反映するとはいえないことである〕。

(5) ルカの編集

この文学様式が著者ルカに資料として採用されたと考えられる。ルカは読者を罪の赦しのキリスト論的根拠に注目させる〔先行ペリコペー、とくに五・二〇―二四との調和に注目のこと〕。そして、敬虔の定式で物語を終わらせる〔結びの五〇節は八・四八を予期しており、反復的表現は編集を示唆する。G・ブラウマンは、ルカ八・一（癒された女たち）、八・三（仕える女たち）に注目し、そこから、信従の問いのテーマを想定し、「罪人の友」（七・三四）の記事から、拒否に会うという文脈を読み出す[17]。そこには、退けられた者たちの側に立つイエスという使信が込められており、教会にとっての慰めを作り出している〕。このような伝承史の再構成が正しいとすれば、①神の率先的赦しと愛の大きさについて、②罪の大きさと愛の大きさの関係について、これら二つの教えは、元来の物語にはなかったことになる。

瞑想

以上のような伝承史を仮定して、ここから私たちはこの物語が伝えようとする福音的使信について瞑想してみたいと思う。

イエスをめぐる「出来事」についての瞑想

（1）ファリサイ人シモンの弱点

イエスが矯正しようとした、ファリサイ人シモンの弱点はどこにあったのだろうか。それを正しくとらえるために、次のことを考えてみよう。

① 彼はなぜ女を受け入れることができなかったか

現象としては、彼が女についての世間的評価から自由でありえなかったという事態がある。彼の人間関係には、社会的通念による制約が最初からはめられていた。いや、そこからさらに進んで、彼が社会的通念を打破できなかった理由を考えてみよう。それは、ファリサイ人シモンが持っていたファリサイ派的準拠枠〔概念、価値、習慣、物の見方などの構造、それによって物事を理解したり、評価したり、行動を規制したりする〕がなせる業であった、といえるだろう〔するとここで、私たち解釈者自身が無意識のうちに持っている自分の準拠枠を批判的に自省する必要が示唆される〕。罪人の存在は、ファリサイ派の敬虔にとって神経を苛立たせるものであったが、イエスにとっては、女の罪人たる状態は、女が神との正しい関係に入るべき必要があることを語るものであり、神は自分に頼ろうとする女の求めを拒否し給わないとの確信に動かされていた。シモンとイエスの相違する態度、その相違には、社会通念だけではなく、シモンとイエスの神観念の相違があったのである。つまり、イエスにとって、神とは「義なる神」であっただけでなく、愛の神でもあった。ただし、それはユダヤ教の大前提であったから、もちろんシモンもそれを知っていたはずである。それにもかかわらず、私たちの物語は、二人の間に具体的な状況において相違が現れたことを語っている。その理由はどこに見いだされるのだろうか。それは、シモンにとって、神の愛とは、人間によって神の前に挙示される義の行為に対して、神が応答する愛であったからであろう。人は、自分にも他者にも、義と認識されうる行為をもって初めて、神の愛を期待することができる、彼はそう考えていたに違いない。そうすると、シモンとイエスの神観念の相違の根底には、「愛の理解」をめぐっての相違があった、というべきだろう。ここから、私たちには愛についての考察を始める必要が生じてくる。

まず、私たちが経験する愛の関係には「相互性」が認められることを指摘できる。具体的に表現すれば、拒否され続ける愛がはたして可能かと私たちが問われたとき、一体どれだけの人が自信を持って「可能だ」と答えることができるか、ということである。これは私自身の体験を踏まえて話すことであるが、私たちの体験する自然的愛の関係というものは、相手が愛するに値する対象であるゆえに相手を愛するという関係ではないだろうか。血縁・地縁、有徳性といったものさえ、愛されるに値する価値の中に含まれる。私の愛に対する相手の応答的態度さえもそうである。自分の愛が拒絶される、それでも自分の愛は変わらないというのは、否定はしないが、少なくともまれなことではないだろうか。もちろん、誰しもしばらくの間は拒絶された愛に悶々と苦しむが、いずれ時がたつと、すっかり忘れてしまうのが落ちである。そう考えると、愛する価値とは、詰まるところ、自分にとっての価値であるということに気づく。それは、自然的愛が自己にとって値する価値によって閉ざされていることを意味するのであり、いかなる徳をもってしても、自然的愛は自己への配慮とこだわりという閉塞性から自由になれない。

そのことをはっきりと意識したのがＳ・キルケゴールであった。彼は本来的な愛は自己へのこだわりから自由である、と考えた。彼は愛の特性についてこう述べている。

「愛とは愛を前提することであり、愛を持つとは、愛を他人に前提することであり、愛情深いとは、他人が愛情深いということを他人に前提することである。……愛の性質というものを、君は自らに対して持つことができない。なぜなら君は愛によって、あるいは愛の中にあって、ただ他人のためにのみ存在するからである」（武藤一雄・芦津丈夫訳『愛のわざ』、キルケゴール著作集第一六巻、白水社、一九六四年、三一―三二頁）。

本来的な愛は、愛することによって、愛する者を他者のためにあろうとする存在にするのであって、そのような愛は対象によって制限されず、変化することもない、というのである。それは、他者の価値、性質、あるいは応答いかんに左右されず、愛それ自体で独立的に、また無制限に働くものであるはずだ、と。愛の対象たる他者の価値や性質に左右されることがないとすれば、それらの優劣や大小を比較する理由が成り立たない。それゆえ、彼はこうも語っている。

「比較することによってすべてが失われ、愛は有限化され、返済できる負債となる。愛が比較の上で、すなわち他人や自分自身の行為と比較した上でどのような場所を（たとえその場所で最上のものであっても）占めるかということは、この場合問題にならない。……比較の上で他の誰よりもより多く愛するということは、たとえそのこと自体が正当性を持っていようとも、愛することではない」（同書、著作集第一五巻、二九五頁）。

キルケゴールは、選択的好みを含む人間関係は、詰まるところ自己愛である、とまで考えている。キルケゴールは、この自己へのこだわりからの自由を自己否定と考えた。それゆえ、「キリスト教的なものの存在するところでは、どこでも、また自己否定ということが存在している。それはキリスト教の本質的な形態なのである」とまでいう（同、九七頁）。しかし、私は愛の本質を一方的な自己放棄に見る場合にも、問題点が存在すると思う。次にその点について考えてみよう。

②イエスのシモン評価

イエスのシモン評価について、正しい理解を持っていることが重要である。イエスは彼を叱責しているのではなくて、同意を求めて諭そうとしている。そのことは、イエスが、シモンにとっても了解可能な愛の理解を想定していることを意味する。イエスの説く「愛の神」は義の要求なき「愛するだけの神」でなかった、ということである。この点は、キリスト教が「愛の宗教」と語られる場合にしばしば見落とされてしまう事柄だと私は思う。例として、遠藤周作の描くイエス像を取り上げてみよう。遠藤氏は彼の著作『私のイエス』（祥伝社、一九七六年、七八―八三頁）の中で、私たちの物語の女とマグダラのマリアを区別すべきだと主張しながら（同、八一頁）、「多く愛するものは、多く赦される」という言葉は後者にも妥当する真実であったと理解する。そして、普通の人間から見れば、非常に破廉恥で淫乱な生活を送っていたマグダラのマリア、肉欲から肉欲への生活を送っていた彼女が、イエスと出会って、弟子たちすらわからなかったイエスの真意が、彼女にはすぐにわかった、という。その上で、私たちの物語が私たちに訴えているのは、

「マグダラのマリアの愛欲とイエスの説く愛とは、決して無縁ではないことを語りかけているのだ、と私は思います。誰かを本当に愛したなら、その人のために死ぬほど尽くすという愛欲の世界は、イエスの説く愛と相似形をなしているのです」

と解釈する（同、八三頁）。しかし、遠藤氏の知名度も相まって、最近は日本人キリスト教徒の間で常識化しつつあるこのような解釈は、実際には、聖書の一面しか読んでおらず、激しい対ユダヤ教批判者・抗争者としてのイエスを看過していると私には思える。イエスはマグダラのマリア風の淫乱奔放に振る舞う女をそのあるがままに受け入れたのではなくて、遠藤氏自身がこの場面について、女は「何も言わないで、……その目から泪《なみだ》があふれ出ました。その泪だけで今日までの自分の哀しみを訴えたわけです」と観察しているように、愛欲のただ中で、愛欲に満足し楽しんでいる最中の女に対してではなく、同じ女が涙を流しているその瞬間をとらえて、「あなたの罪は赦された」と語りかけているのである。私には、彼女自身もイエスも、愛欲を無邪気にまた無条件に肯定しているとはどうしても読めない。この女が遠藤氏の解釈するように肉欲から肉欲へと奔放な生活を送っていた女であったとしても、それに開き直って薄笑いを浮かべて世間に唾するのではなくて、自分で自身の惨めさをかみしめ涙することも知っている、その女をこそ受け入れているのである。ルカは彼女の態度をそのように理解して、それを信仰と呼んだのだと思う。H・ドレクスラーは、彼女の信仰とはどんなものか、という問いを提起し、彼女は自分のどうしようもなさを知っていた。だからこそ、救いの何たるかをファリサイ人よりもよく知っており、心の奥底からそれを恋い焦がれ、それはイエスによって彼女に与えられねばならないと信じたのだ、と説明している。[18] 私も、物語をこのように理解するのが正しいと思う。

赦しをこのように理解すると、イエスが一方で敵を愛せよと教えながら、他方で非難・罵倒の言辞をもって敵と対立する、そうした二つの矛盾する態度の併存を可能とさせているものについての考察を必要とさせるのではないだろうか。つまり、愛と裁きは相互排他的な関係にあるのではなくて、イエスにおいて調和している、と考えねばならない。だとしたら、それについて、どのような解決が可能なのだろうか。

これまでにも、愛と裁きの二者を調停させる試みがやはり見られる。キルケゴールは彼の愛の考察を「永遠にして厳格なる報復的な義《ただ》しさというものを忘れてはならない」という警告で終えている。彼は実存的に、キリスト教は自己の注意を内面性へと向け、他者とのいかなる関係も神関係に転じたことによって、厳しさを保持するのだ、と主張する。

「今日の時代において私たちがキリスト教のことを語るのは、比較的に稀である。しかし、私たちの耳にする談話においては、キリスト教的なものが稀ならずある種の感傷的な愛のいわば柔弱な代表者として登場する。そこではすべての物が愛、ひたすら愛である。神はまさに愛であり、もっぱら愛であるとされる。厳しさなどということは絶対に口外されるべきではない。すべてが愛の純粋にして、自由な表現であり、純粋な愛の生命であらねばならぬ。……問題点は極めて簡単である。キリスト教はユダヤ的な意味での報復的な義しさ、つまり『目には目を、歯には歯を』ということを廃棄したが、その代わりに、永遠性による報復的な義しさを与えるキリスト教的な義しさを持っている。キリスト教は注意を外的なものから全く逸らして、内面へと向け、君の他の人たちへのいかなる関係をも神関係に転じてしまう。したがって、君はきっと、この両方の意味ですべての物を厳格に正しく報復することができるであろう」(『愛のわざ』、著作集第一六巻、二六五—二六六頁)。

私は、この言葉を十九世紀末の人々だけでなく、まさに今現在の多くのキリスト者にも聞いてほしいと思っている。

組織神学者ティリッヒも愛と裁きが双方に愛の神の振る舞いとして可能であることを説明して、「神の審判と断罪は、神の怒りまたは復讐という特定の行為によるのではなく、それらは愛を破壊するものに対する神の愛の威力の反発による。断罪は愛の否定ではなく、愛の否定の否定である。断罪は愛の行為であり、これがなければ、非存在が存在に打ち勝つであろう。断罪は愛、すなわち、分離されたものの神の生命における再統一に抵抗するものが分離されたままにされ、その結果暗にまた不可避的に自滅となるまで、放棄されておかれる方法である。……審判は、愛に抵抗するものを自滅にまで導く愛の行為である」

という（鈴木光武訳『組織神学』新教出版社、一九六九年、第一巻、三八九頁）。愛と裁きが矛盾するものではないということを説明しようとしているのだということはわかるのだが、正直なところ、私には難しくて、具体的に何をいおうとしているのか、よくわからない。私たちは、むしろ次のように考えたいと思う。

（2） 婦人の涙が意味するもの

婦人の涙が意味するもの、それは罪の自覚が促した涙であった、ということである。つまり、義の何たるかを知るからこそ、自らの罪の自覚がある、と私は思う。イエスの指摘は、罪を自覚するところに、罪の赦しがすでにある、という事実を私たちに気づかせようとしているのではないだろうか。神は、自らの罪を悲しむ者になおも裁きをもって臨まれることはないのだ、と。私たちは、どうしようもないほどの自分の罪の大きさを知って途方に暮れる。罪といってわかりにくければ、自分の弱さ、無力さ、価値のなさ、ちっぽけさに自己嫌悪を抱くほど悲しむ。しかし、どうあがいても、それはどうしようもなく、ただ惨めさに涙するほかない。私たちは、一度ならずそういう体験をしたことがあるのではないだろうか。しかし、自分の惨めさに涙することしかできない自分を覚えたその瞬間に、そのような私たちを、そのままに受け入れて下さっている神の愛の力をもまた感じることができる。

そういうことではないのだろうか。それは、「罪に対する悲しみの真の意味を知っているのは、赦された罪人である」（カルヴァン『キリスト教綱領』Ⅲ３）という言葉が表現している事態であろうと思う。それゆえ、私たちは赦された罪人としてしか自分たちの義を訴えることができない。他者の罪に対して、私たちは神に代わって断罪することのできる裁判官として臨むことはなく、同じ罪人として、罪が決して放置されてはならず、罪の赦される必要があることを説く仕方で罪を指摘することしかないのではないか。

（3）　婦人の振る舞いが示唆する「愛」

そこから、私たちは婦人の振る舞いが示唆する「愛」について理解することができる。シモンにとって、イエスに対する女の行為は、ふしだらな女にふさわしい振る舞いであった。しかし、婦人にとって、それは罪の自覚が促した振る舞いだった。そしてイエスにとって、それは赦しゆえに可能とされた振る舞いであった。女のイエスへの愛は、自己侮蔑と自己憎悪を克服してはいない。その克服を神に祈願している。女の涙は、自分の卑しさや低さを嫌悪し、それから逃れて神のもとへと上昇することを願うものではなかったか。それは、（たとえそれ自体否定されるべきではない性質のものであれ）自己の欲求を満たすことにのみこだわった「利己愛」の性質を持っていることを否定できない。しかし他方で、女はイエスの言葉によって自分の愚かさ（罪深さ）を自覚させられ、ただ神に頼ることしかできない自分の惨めさを卒直に認めることができ、ひたすら神を仰ぎ見た、またそのことに気づかせてくれたイエスをひたすら慕い、彼女にできる精一杯の感謝を示そうとした、といえるのではないだろうか。それは女が、キルケゴールの表現を借りれば（『愛のわざ』、著作集第一五巻、二九六頁）、神に対して「無限の借りを負い続けること」に同意している態度であった。女のそのような態度、そのような想いから出てくる振る舞いを見て、イエスは女が神の断罪のもとにあり、それゆえ振る舞いを改めて神の赦しを請わねばならないと要求する代わりに、今すでに与えられた神の赦しを語ったのである。すると、私たちはここで、欠乏から充足、低いものからより高いものを希求するこの人間的愛が、イエスの宣言によって、すでに神によって受け入れられていること、つまり、欠乏がすでに充足されていること、低みからすでに高みへと移されていることに気づかされる。それは、自己嫌悪と自己憎悪に陥った利己的愛が、神によって肯定されたとおりの自己を愛すること、欠乏や低さや弱さを含んだ、神の前にあるがままの自己を受け入れることのできる本来的な「自己愛」へと変えられた出来事であるといえよう。この本来的な自己愛は、「隣人愛」の命令において記されているような、他者を「自己と同じように」愛することを可能にする「同等の配慮」へと開かれた「自己尊重」を意味する。自らを他者と比較することにおいて陥っていた自己嫌悪や自己憎悪が、イエスによって克服されたのである。それによって、彼女は隣人を愛することも知ったであろうと思う。なぜなら、「自己と同じように」が前提しているように、真に自己を愛することを知る者が初めて、隣人を愛することができるからである。ファリサイ派シモンが比較によって自らの優位性を自負していたとすれば、女は逆に、比較によって自らの劣等性を悔やんで自己嫌悪していた。両者は共に、イエスによって、他者が真に他者として存在しているような隣人関係を打ち立てる可能性へと招かれているのである。

(4) 赦しと愛の優先順位

そのことはまた、赦しと愛の優先順位という解釈史の問題について、私たちに一つの示唆を与えてくれるのではないだろうか。つまり、愛(信仰的実践)と赦しの優先順位は、客観的なテーゼとして提示できない、ないしは論じることのできない、性質の問題と考えるべきだ、ということである。「あなたの罪は赦された」との罪の赦しの宣言と確約は、常に神の側から人間に与えられる宣言であり、人間は愛の神の寛容と慈しみを信頼する信仰においてのみ、それを受け取ることができる。信仰において、人間は罪から解放された自由を得、愛の実践を可能とされ、それへと促される。その信仰を欠いたところでは、愛の実践は赦しを要求することのできる必要条件となるか、あるいは十分条件となってしまう。愛と赦しの関係は、それが信仰においてのみ受け取ることのできる赦しである限り、客観的に挙示することのできるような、一般原理として命題化あるいは教説化することはできず、それはただ、人間が信仰において、赦しの確実さを謙虚に受けとめるべきことを勧める助言や励ましとしてしか語りえない、そういってよいのではないだろうか。

このような仕方でのみ、人はH・リチャード・ニーバーが語るところの、他者へと向けられた、他者の応答や態度と無関係になされる、他者への配慮としての愛を実践できるのではないだろうか。

「愛はその人を思うことに喜びをもつ幸いである。愛はその人を大いなるもの、栄光に満ちるものとする一切の事柄に対する深い満足感である。愛は感謝の念《おも》いである。すなわち、愛は愛する者が存在していることに対する感謝の念いである。それは、自分も同じことをすることができるというような嫉妬の感情なしに、その人の与えてくれる一切を受け入れる幸せな受容である。愛は同等性を求めない感謝の念である。……愛は尊敬である。愛は近くに引き寄せるが、その時でも愛は距離を保つ。それは他者を自己自身の中に吸収することを求めず、他者によって吸収されることを欲しない。愛は他者が他者であることを望み、他者を自己の複製品として改造することを求めない。他者を自分の発展の手段とすることを求めない。……こうした愛の中にこそ、軽い形態ではなく、むしろ愛する者が他者としてある他者性に対する深い尊敬としての『聖なる畏敬』の本質、また他者の完成を妨害することを喜ばない『聖なる畏敬』の本質がある(19)」。

物語が示唆する福音についての瞑想

私たちは、物語が示唆する福音についても瞑想することができる。

① イエスの語りかけ（ないし要求）は、シモンと婦人とで異なっている。それは言い換えれば、救いの使信は、関係性の中において語られるものであり、具体的状況において異なったかたちを取りうる、ということである。そうすると、福音とは何か、それを普遍妥当的に定式化して表現することが

はたして可能なのか、という問いが出てくる。それは結局のところ、実存的にのみとらえまた理解することのできる事柄なのではないだろうか。そう考えると、福音理解をめぐる神学論争の意味付けに、それは一つの示唆を与えてくれるように思う。つまり、その是非を測る普遍的・客観的な基準はなくて、それにはただ、個々実存的にのみ応答することができる、ということである。

② 最後に、罪意識と義意識の併存関係についての瞑想をもって終わりたいと思う。この物語は、義の意識は罪の意識の中に現れる、また罪の意識は義の意識の中に現れる、ということ、そして、その全体を包み込む神の包容性を私たちに教えてくれる。神による罪人の受け入れは、人間の側の条件充足を必要としない神の自由な行為である、ということである。人間の応答は、神の自由を謙虚に肯定する受動的な行為でしかない。それは、人間にとって、神との関係は相互的ではなく、神への絶対依存の関係であることを意味している〔宗教における人間の「絶対依存の感情」を指摘したシュライエルマッハーを想起したい。聖書解釈において、このモメントが「心理学的」として単純に退けられてきたことは残念である〕。そのもたらす結果は、自分の強さも弱さも含めて、あるがままの自分が全的に肯定され、受け入れられているという信頼がもたらす安らぎ、またその安らぎが可能とさせる大胆な行動にほかならない。

参考文献

(1) この物語の成立・史実性について、研究情況については、Joël Delobel, "L'onction par la pécheresse: La composition littéraire de Lc 7, 36-50," *EThL* 42 (1966) 415-75′ 最新の註解書としてはH. Klein, *Das Lukasevangelium,* KEK Bd. I/3, Vandenhoeck & Ruprecht, 2006, SS. 292-299を参照のこと。

(2) これは「幻想」にすぎないという批判についてはHans Drexler, "Die große Sünderin Lucas 7, 36-50," *ZNW* 59 (1968) 159-173, bes. S. 161を参照。

(3) L. Bock Darrell, *Luke,* Baker Exegetical Commentary on the N. T., 3A, vol. 1, Baker Book House, 1994, p. 694.

(4) ただし、R. von Bendemann, "Liebe und Sündenvergebung: Eine narrativ-traditionsgeschichtliche Analyse von Lk 7, 36-50," *BZ* 44 (2000) 167-171はルカの読者が遊女と理解したことは明らかであると主張している。

(5) W. Hendriksen, *Exposition of the Gospel according to Luke,* Baker, 1978, p. 408.

(6) H. Strack - P. Billerbeck, *Kommentar zum Neuen Testament,* Bd. 2, Beck'sche, 1924, S. 163 ; W. Grundmann, *Das Evangelium nach Lukas,* Berlin, ^{4}1966, S. 171を参照。

(7) H. Schürmann, *Das Lukasevangelium,* Herder, 1969, Bd. I, S. 434.

(8) O. Hofius, "Fußwaschung als Erweis der Liebe. Sprachliche und sachliche Anmerkungen zu Lk 7, 44b," *ZNW* 81 (1990) 171-177.

(9) I. H. Marshall, *Commentary on Luke,* Eerdmans Publishing Company, 1978, p. 312.

(10) J. K. Elliott, "The Anointing of Jesus," *ExpTim* 85 (1973-74) 105-107.

(11) G. Braumann, "Die Schuldner und die Sünderin Lk VII, 36-50," *NTS* 10 (1963/64) 487-93, S. 488.

(12) I. H. Marshall, op. cit., p. 310.

(13) F. Bovon, *Luke 1. A Commentary on the Gospel of Luke 1:1-9:50* (Hermeneia Commentary), trans. by Ch. M. Thomas, Fortress Press, 2002, pp. 291f.

(14) Bendemann, op. cit., SS. 167-171.

(15) A. J. Hultgren, *The Parables of Jesus,* Eerdmans, 2000, pp. 212-218. 最新の譬え研究であるK. R. Snodgras, *Stories with Intent,* Eerdmans Publishing Co., 2008, pp. 77-91の解釈も同じ。

(16) R. W. Funk & R. W. Hoover, *Five Gospels: The Search for the Authentic Words of Jesus,* Macmillan, 1993, pp. 303-304.

(17) Braumann, op. cit., SS. 487-493. bes. S. 493.

(18) Drexler, op. cit., S. 172.

(19) H. Richard Niebuhr, *The Purpose of the Church and Its Ministry,* Harper, 1956, p. 35.

ペトロ

イエスを愛した男

吉岡　光人

はじめに

十二弟子の中で頻繁に名前が出てくるペトロは、もっとも人間くさい面を持った弟子だったといえる。福音書はそのようなペトロの人間性を隠すことなく描いているといえよう。そして同じペトロが使徒言行録ではまるで別人のような姿で描かれている。この違いはどこからくるのか、福音書と使徒言行録とを読むことを通してペトロのこの変化を見ることにする。そしてそこに私たちの姿を投影してみることは、私たちの自己の理解と私たちの身近な人々を理解する上で多くの示唆を与えられることであろう。

共観福音書に描かれたペトロの人物像

弟子として招かれる

ここでは、共観福音書の記述から、とりわけルカによる福音書を中心にペトロの人物像を描き出してみる。それは、ルカ文書である使徒言行録に描かれているペトロの働きと比較することで、彼の人物像がより鮮明に描き出せると思われるからである。ペトロが最初に選び出された弟子たちと共に福音書に登場するのは、イエスがガリラヤで宣教を始めた初期のころである。ルカによる福音書五章一―一一節（マタイ四・一八―二二、マルコ一・一六―二〇に並行記事）にイエスが最初の弟子を選ぶ記事があるが、いずれもペトロの名前が最初に挙がっている。ヨハネによる福音書だけは共観福音書と違っており、ペトロの兄弟アンデレが先に弟子になっているが、ペトロはアンデレによってイエスのもとに連れて来られて弟子になったと書かれているので、ペトロはもっとも早くイエスの弟子になったことは確かである。ペトロが最初に出てくるのは、時間的に彼が最初に選ばれたというよりも、福音書記者の編集の意図があるのだろう。しかしその編集の意図は、ペトロが弟子の中でとりわけ重い使命を託されたという事実が背景にあると思われる。しかしながら、ペトロが弟子として選ばれたその時点では、彼がいかなるパーソナリティーを持つ人間なのかを感じさせる記事はほとんどない。ルカによる福音書五章だけが、他の福音書と違って、弟子として選ばれたときのペトロの言葉を記している。イエスがシモンの持ち舟に乗り、群衆に話し終わった後で漁をするように命じたとき、「先生、わたしたちは、夜通し苦労しましたが、何もとれませんでした。しかし、お言葉ですから、網を降ろしてみましょう」と答えている（五・五）。このペトロの言葉は福音書の中ではもっとも早くに語られたことになっている。彼のこの時の思いは、漁師としてのプライドとイエスに対する信頼とが相半ばしているように思われる。イエスの言うとおりに網を降ろしたペトロは、予想に反して大漁だったことに驚き、イエスの言葉の力に屈服した。

「主よ、わたしから離れてください。わたしは罪深い者なのです」（五・八）。イエスへの畏敬の念を強く持った彼は、イエスを半ば疑っていた自分を恥じてこう言った。しかしイエスは彼にこう告げる。「恐れることはない。今から後、あなたは人間をとる漁師になる」（五・一〇）。

このエピソードはヨハネによる福音書二一章の話に非常に似ており、他の共観福音書に出てこないことから、復活顕現の伝承がこの背景にあるとも考えられるが、ここで注目すべき点は、ペトロが素直に、イエスの言葉に半信半疑だったことを告白し、イエスがそれに対して赦しの言葉を与え、新しく生きるように召している点である。漁師としてのペトロの挫折は、彼を新しい生へと呼び出すきっかけになっている。ルカによる福音書だけは、ペトロが弟子として招かれたその時点で、彼がこのような体験をしたことを伝えている。そしてこのテキストに現れているペトロのパーソナリティーと、それを知っているイエスの彼に対する問いかけの様式は、福音書においてこの後も現れることになる。

信仰を告白する

ガリラヤ地方においては、言葉と癒しの業とを通して示されたイエスの「神の国の宣教」は群衆たちを大いに驚かせた。ガリラヤ地方における活動の時点では、イエスと癒された者たちとのやり取り、および「平地の説教」（マタイ福音書の「山上の説教」に対応）が中心であり、弟子たちの言葉はほとんど出てこない。出てきても間接話法によるものか、補助的な役割が中心である。もちろんこの間にも弟子たちの心の中には「イエスは誰なのか」という問いが形成されており、それはルカによる福音書八章二二節以下のテキストで「いったい、この方はどなたなのだろう。命じれば風も波も従うではないか」という言葉となって表明されていることからもわかる〔F・B・クラドック、宮本あかり訳『現代聖書注解　ルカによる福音書』、日本基督教団出版局、一九九七、一九三頁〕。しかしながら、「イエスは誰なのか」という問いは「弟子たち」が発言したと記されているが、ペトロの名前はここでは直接は出てこない。

ペトロの発言として、その名前が明記されて確認できるのは九章一八―二〇節の「信仰告白」の箇所である。マタイによる福音書（一六・一三―二〇）とマルコによる福音書（八・二七―三〇）はここをフィリポ・カイサリア地方での出来事として地理的関心を示しているが、ルカによる福音書では場所が特定されていない。ルカは場所よりも「イエスが祈っておられたとき」というように時間により強い関心を持っている。

イエスは祈りに導かれて弟子たちにこう質問した。「群衆は、わたしのことを何者だと言っているか」。この問いには「弟子たち」が答えた。「『洗礼者ヨハネだ』と言っています。ほかに、『エリヤだ』と言う人も、『だれか昔の預言者が生き返ったのだ』と言う人もいます」。この弟子たちの答えに対してイエスは再度質問した。「それでは、あなたがたはわたしを何者だと言うのか」。イエスの質問は「あなたがた」とあるが、答えは「弟子たち」ではなく、ペトロ一人が答えている。「神からのメシアです」。

これはペトロだけでなく弟子たち全員の共通の認識であったと考えられるが、共観福音書すべてが、その言葉に多少の違いはあるにせよ、ペトロ一人に答えさせていることは興味深い。ペトロが弟子の中で特別な位置にあったことを暗示しているのかもしれない。マタイがこの後に、ペトロを教会の指導者として任命したイエスの言葉を記しているのは、その現れであるといってよいだろう。

「シモン・バルヨナ、あなたは幸いだ。あなたにこのことを現したのは、人間ではなく、わたしの天の父なのだ。わたしも言っておく。あなたはペトロ。わたしはこの岩の上にわたしの教会を建てる。陰府の力もこれに対抗できない。わたしはあなたに天の国の鍵を授ける。あなたが地上でつなぐことは、天上でもつながれる。あなたが地上で解くことは、天上でも解かれる」(マタイ一六・一七—一九)。

ここからわかることは、ペトロがとくにイエスから信頼されていた弟子であるということであり、また同時に、弟子たちの間においてももっとも信頼されている人物だったということである。そして、ペトロもまたその期待に応えようとしているように見える。ここに、ペトロの「人となり」が垣間見られる。彼は決して無責任な青年ではない。むしろ周囲から期待されていることを感じ取り、純粋にその期待に応えようとする人間なのだ。しかしながらその純粋さと裏腹に、自己洞察という点においては、はなはだ不十分なのである。そのことは、これに続く、イエスから受ける叱責によって明らかとなる。

ペトロを代表として、「イエスはメシアである」と弟子たちが告白した直後、イエスは死と復活、すなわち「十字架」の予告をしている。マタイとマルコは、この時ペトロがイエスをいさめたこと、そしてそれに対するイエスの態度が大変厳しいものであったことを伝えている。ルカはこの部分を描いていない。それは多くのルカによる福音書の研究者たちの間では、弟子たち、とりわけペトロに対して高い評価をしているルカの編集の意図がそこにあったのだと考えられている〔前掲書、二一四頁〕。しかしながら、ルカによる福音書も、後に続く文章において、ペトロのパーソナリティーの特徴を伝えるエピソードを語っているのである。

マタイとマルコはそれぞれこう書いている。

「サタン、引き下がれ。あなたはわたしの邪魔をする者。神のことを思わず、人間のことを思っている」(マタイ一六・二二、二三)。

「サタン、引き下がれ。あなたは神のことを思わず、人間のことを思っている」（マルコ八・三三、三三）。

ほぼ同じこの二つのペトロに対するイエスの激しい叱責の言葉は、その後に続く他の弟子たちおよび群衆に対する「十字架の道への招き」を導く効果を与えている。そういう意味においては、ペトロが他の者たちを代表して叱責を受けているのであるという解釈も成り立つであろう。しかしながらこの部分にも、ペトロのパーソナリティーをうかがうことができる。

この時彼は心の中で、「メシアであるイエスに従うという光栄」をきわめて自分勝手に描いている。ペトロのメシア告白は、ペトロ自身が理想化して描いていたメシアのイメージに沿ったものでしかなかった。となると、それは本当の「メシア告白」ではなく、自分の理想のメシア像に対する告白であったということになり、言葉を変えれば、「メシアの偶像化」が起きたことになる。イエスはその偶像化されたメシア像を打ち砕くために、ペトロを「サタン」と呼ぶほどに厳しく叱責したのだということができよう。ペトロがこの叱責の言葉にどう反応したかは書かれていない。しかしながらペトロのこの後の言動から考えると、彼はこの時、イエスの叱責の意味を理解できなかったといえる。この後に続く「山上の変容」（マタイ一七・一―八、マルコ九・二―八、ルカ九・二八―三六）においても、ペトロはイエスに山の上に留まるように進言している。このことからも、苦難のメシアの姿を受け入れていないことがうかがわれるのである。

ペトロの純粋さと責任感の強さ。それ自身は評価できるものであるが、ペトロは自分が何者であるかがわかっていない。また本当の自分を知ることの大切さにも気づいていない。それゆえに彼のイエスに対する情熱は、イエスの求めているものとは違った方向性に働いてしまっている。イエスは彼に対してまさにその部分を指摘しているが、彼自身に自分を振り返る意識がないから、両者に意識のずれは広がりつつあるのだ。それはつまり、聖書が求めている人間像と人間が自分勝手に描いている自己像とのギャップの問題を提示している。

イエスに従う決意表明

イエスと「金持ちの青年（男、議員）との対話」（マタイ一九・一六―三〇、マルコ一〇・一七―三一、ルカ一八・一八―三〇）で、青年が去っていった後のイエスの言葉「金持ちが神の国に入るよりも、らくだが針の穴を通る方がまだ易しい」と言ったとき、ペトロは「このとおり、わたしたちは自分の物を捨ててあなたに従って参りました」と言っている。マタイにおいては、これに付け加えて「では、わたしたちは何をいただけるのでしょうか」（マタイ一九・二七）と言っている。「すべてを捨ててイエスに従ってきた」という自負心があることがわかる。それは自らの行為の承認を求める願望の投影であると解釈できる。マタイは「では、わたしたちは何をいただけるのでしょうか」という具体的な言葉を付け加えることにより、ペトロおよび他の弟子たちの願望をより鮮明に描いている。

イエスはこの応答として、福音のためにすべてを捨てた者には「この世における報い」と「永遠の命」とを約束する。しかし、「先にいる者が後になり、後にいる者が先になる」という条件がつけられている。ペトロがこのイエスの言葉にこの時点では心から納得していないということは、やはりこの後で明らかになる。

離反の予告に反論する

ペトロの離反を予告するイエスの言葉は、共観福音書だけでなくヨハネによる福音書も記している。ペトロはこの予告にこう反論している。

「たとえ、みんながあなたにつまずいても、わたしは決してつまずきません」、「たとえ御一緒に死なねばならなくなっても、あなたのことを知らないなどとは決して申しません」(マタイ二六・三三、三五)。

「たとえ、みんながつまずいても、わたしはつまずきません」(マルコ一四・二九)。

「主よ、御一緒になら、牢に入っても死んでもよいと覚悟しております」(ルカ二二・三三)。

「主よ、なぜ今ついて行けないのですか。あなたのためなら命を捨てます」(ヨハネ一三・七)。

「決してつまずかない」、「知らないなどとは決して言わない」、「死んでもよいと覚悟している」、「命を捨てます」と、それぞれの福音書がペトロの心境を独自の言葉で伝えているが、いずれも断固たる決意の表明である。このペトロの言葉は、ペトロの離反を予告するイエスの言葉とのコントラストを描いているが、同時に実際にイエスを否認するペトロ自身の行動とのコントラストをも描き出している。

この言葉は「ペトロが単に強がりを言っている」と見なされやすい。しかしもう少し彼の内面の複雑さを考えてみると、ペトロはただ自分の不安を打ち消そうとして、自分にそう言い聞かせているだけではないようにも思われる。これまで現れてきたペトロのパーソナリティーから考えると、むしろ彼は純粋な思いと責任感からこのように断言したと考えることもできる。彼の問題点は、相変わらず自己洞察ができていない点である。彼は自分の本当の姿が見えていない。それを見ようともしない。ただ自分の気持ちに正直なだけなのである。それは客観的な言い方をすれば、彼自身の大きな問題点、つまりパーソナリティーが未熟であるということなのである。

イエスを否認する

イエスを否認するペトロの姿は、四つの福音書がそれぞれの独自性を出しながら克明に描き出している〔J・S・バッハの『マタイ受難曲』はこの部分に「エルバルメ　ディッヒ　マイン　ゴット」という歌詞の美しいアリアをつけている。悲しいメロディーラインがペトロの切ない心境や孤独感を描き出していて、聴くものの涙を誘う〕。

マタイによる福音書からペトロの否認の箇所を見ると、①それを打ち消して「何のことを言っているのか、わたしにはわからない」と言った。②再び「そんな人は知らない」と誓って打ち消した。③呪いの言葉さえ口にしながら「そんな人は知らない」と誓い始めた。と、彼がイエスとのかかわりを否定することに必死になっている様子がわかる。彼はユダとは違った方法でイエスを裏切ってしまったということができるだろうが、しかし他の弟子たちとの違いは、大祭司の中庭にいたということである。弟子たち全員がイエスを見捨てて逃げたのだが、ペトロだけは大祭司の庭まで戻ってきていたのである。ペトロはイエスに断言した自分の言葉を思い出したのかもしれない。そしてその言葉に責任を持とうとしたのかもしれない。ここにもペトロの純粋さが見受けられる。

ところが、彼のその純粋な思いは、現実の厳しさの前に吹き飛ばされてしまった。何が彼をそこまで変えてしまったのだろうか。そこに彼の罪の現実があるのであるが、その際の罪とは何であるかを少し考えてみたい。ペトロはイエスに向かって断言したとおり、イエスに従おうとしてきた。その気持ちに偽りなどなかった。イエスは彼が自分を否認することを予告していたが、そのような認識はペトロ本人には毛頭なかった。ところが、大祭司の庭で彼が突きつけられたのは「現実の自分」の姿であった。どうしてもイエスの仲間だと言えない、恐れ、不安、葛藤、今まで心の奥底にあった感情が一気に表面に出てきたのである。彼はその噴出した感情を御することができなくなっていた。そして、自分の本当の思いはどれなのかさえもわからなくなってしまっていたのである。

その混乱した感情に終了のホイッスルが吹かれた。鶏が鳴いたのである。鶏の鳴き声はペトロにイエスの予告の言葉を思い出させた。そして彼はいたたまれなくなり、外に出て激しく泣いた。彼は自分が情けなくなったのは間違いないだろう。しかしそこで気づいたものがある。「実は自分はとても恐れていたのだ」ということである。「死ぬまでイエスに従う」と断言した勇気は決して偽りではなかった。しかし、彼の恐れの感情によってその勇気も完全に吹き飛んでしまったのである。つまり、これまで彼は自分を偽り続けてきたのではなく、深いところにある自分の気持ちに気づかなかっただけなのである。それが今はっきりと知らされたのである。彼は自分で自己洞察することはなかなかできなかった人間であるが、イエスの言葉によって自分自身を知ったのである。

このように、外からの働きかけによって自己洞察することができ、自分自身の真実の姿を見ることができた。懸命になって自分を守ろうとする必要はなくなり、「激しく泣く」ことができるようになった、つまり、弱さを表現することができるようになったのである。彼はこれから先、弱さを隠すことなく生きていけるようになった。

復活したイエスに派遣される

イエスの復活の最初の証人は女性たちであったことは四つの福音書すべてが記しているが、ルカによる福音書とヨハネによる福音書はペトロが女性たちの証言を聞いて、墓に急行したことが書かれている。またマルコによる福音書では天の使いが「さあ、行って、弟子たちとペトロに告げなさい」と言っている（一六・七）。十一人の弟子の中で一番早くに復活の証人となったのがペトロだったということを強調する編集者の意図が感じられるが、それはつまり弟子の間でペトロが特別な位置にあり続けたことを暗示している。

そして四福音書は弟子たちを復活の証人として派遣する記事を書いているが、そこでは十二弟子全員に対する派遣の言葉が使われている。ただヨハネによる福音書だけは、ルカによる福音書でペトロが弟子として招かれる物語と類似した話を二一章前半に置き、後半には「私を愛するか」という問いを伴ったペトロの派遣物語を置いている。二一章は本来のヨハネによる福音書の著者ではない別の著者による付加であると考えられているが、この二一章を考えると、ペトロの三度の否認に対する赦しの宣言と読むことができ、彼を新しい生へと送り出すというメッセージがあるように読める。隠された弱さをイエスの言葉によって知らされたように、挫折からの回復もまた、イエスの言葉によって現実となるのである。

まとめ――共観福音書に見られるペトロ像から人間を見る

共観福音書に出てくるペトロは、他の弟子たちに比べてその人間くささが詳しく描かれている。彼は決して優れた人間として描かれているのではないが、かといって、感情的、お調子者というわけでもない。むしろ、真面目で、純粋で、責任感の強い、好感度の高い青年であるといってよいだろう。その彼が抱えていたパーソナリティーの問題というのは、すでに述べたように、自分自身に対する洞察が十分でなかったという点である。そのために彼は「そうである自分」ではなく「そうありたい自分」だけを見ていた。イエスの言葉はペトロのその未熟さを表面化させ、彼がそれを認知することを助けたのである。

何かに対する情熱は人間を成長させる原動力といってよいだろうが、そのエネルギーは、本当の自分の姿を覆い隠してしまう危険もまた持ち合わせている。そのため、等身大の自分を認めることができずに、理想化された像を自分の姿と思い込んでしまう。こうした傾向は青年期においては顕著な現象であろうが、必ずしも青年期だけでなく、壮年期や老年期にも起こりえるものと思われる。

そしてこれは、宗教的熱心さを持っている人も例外ではない。神に対して忠実に生きようと一生懸命な人は、他人の目にも熱心な信仰生活を送っていると映る。真面目で、純粋な信仰生活を送っているわけである。しかしそこには、宗教的に理想化された自分の姿を追い求めてしまっていることに気づかなくなる危険がある。「神」「救い主」「聖書」というような、自分を超越している絶対的な対象に対する忠誠が、自分の内面にある恐れや不安や葛藤を封じ込めることになり、行動と内面との間に矛盾が生じるのである。そしてかえって自己洞察が妨げられてしまうのである。

ところがそうした矛盾は、外からの言葉、すなわち福音によって明らかにされ、打ち砕かれることによって自己洞察に至る可能性を持っている。ペトロの場合はイエスの離反の予告と大祭司の庭での三度の否認の出来事であった。ペトロが激しく泣いたという記事は、内面にため込んで封印していた不安が表出したからであった。そのように、理想化された自分が打ち砕かれた瞬間に、人間は自分の内面にある感情に気づき、それを隠すことなく表現するようになる。福音はそのように作用する力を持っている。したがって、宗教的に理想化された自分を追い求める方向ではなく、自己洞察に至る方向に福音が作用するようにかかわりを持ってあげること、それが他者への援助となる。それが人を解放し、福音による自由を得て生きられる方法であるということを、ペトロがイエスの言葉によって変えられたという福音書の記事から知らされる。

使徒言行録におけるペトロの人間像

ルカによる福音書と同一の記者が書いたといわれる使徒言行録には、ペトロが福音によって変えられて新しい生き方をしていく姿が描かれている。人格的に成長したペトロの姿を使徒言行録に見ることができるのである。使徒言行録を手がかりとして、成長したペトロのパーソナリティーを見ることにする。

説教するペトロ

イエスが昇天した後十一人の弟子のほかに百二十人ほどが集まっていたが、ペトロは、ユダが脱落したので十二弟子の補充として一人を選ぶことを提案している（使徒一・一五―二二）。イエスが昇天した後、ペトロがリーダー的役割をとっていたことがわかる。

そして、聖霊降臨によって一同が聖霊に満たされたとき、他の十一人と共に立って最初の説教を始めたのはペトロであった。二章から四章にかけて説教するペトロの姿が描かれている。

最初は彼らが集まっていた家の外での説教（二・一四以下）であったが、そこに集まって来ていたユダヤ人たちを恐れることなくペトロは語り続けた。「だから、イスラエルの全家は、はっきり知らなくてはなりません。あなたがたが十字架につけて殺したイエスを、神は主とし、またメシアとなさったのです」（二・三六）。

ペトロのこの説教を聞き、その日のうちに三千人が仲間に加わったとも書かれている。ここからもペトロが初代教会のリーダーであったことが十分に読み取れる。恐れと不安でイエスを否認してしまったあの時とはまったく違うペトロの姿がここにある。

次は、神殿の境内で足の不自由な男を「ナザレの人イエス・キリストの名によって」立ち上がらせた奇跡の後の説教（三・一一以下）である。癒しの奇跡を実現させたのは自分ではなく「ナザレの人イエス」であることを説明し、イエスの復活の証人であることを宣言した。「あなたがたは、命への導き手である方を殺してしまいましたが、神はこの方を死者の中から復活させてくださいました。わたしたちは、このことの証人です」（三・一五）。

それに続く説教は、議会での取り調べのとき（四・一以下）である。イエスの名による癒しを行っていること、イエスの復活を宣べ伝えていることが問題となり、神殿関係者に捕らえられ、翌日大祭司や最高法院の議員たちの前で尋問を受けることになった。しかしペトロはその機会を捕らえてイエスの復活を宣べ伝えた。

「あなたがたもイスラエルの民全体も知っていただきたい。この人が良くなって、皆さんの前に立っているのは、あなたがたが十字架につけて殺し、神が死者の中から復活させられたあのナザレの人、イエス・キリストの名によるものです」(四・一〇)。

その後、イエスの名によって話したり教えたりしてはならないと命令された彼はヨハネと共にこう言っている。

「神に従わないであなたがたに従うことが、神の前に正しいかどうか、考えてください。わたしたちは、見たことや聞いたことを話さないではいられないのです」(四・一九、二〇)。

人の権威に従うか神の権威の従うかという問いに対しては、この後最高法院で尋問された際にも繰り返し同じ内容の答えをしている。

「人間に従うよりも、神に従わなくてはなりません」(五・二九)。

ペトロの説教はいずれも、イエスの復活の宣言であり、癒しの力もまた復活のイエスの名によるものであるというテーマで語られている。それは何者をも恐れることのない大胆な行為であった。

大祭司の庭ではすべての人を恐れていたペトロは三度も「知らない！」と言っていた。しかし今、彼は何度も「わたしはイエスの十字架と復活の証人である」と断言している。イエスとのかかわりに「否」と言い続けてきたペトロが、今は「然り」と言い続けている。彼のイエスに対する「然り」は、同時に自分自身に対する「然り」を言えるようになったということも意味している。イエスへの否定は自己否定であり、イエスへの肯定は自己肯定でもあるということである。自己肯定できるようになったペトロは、自分自身の内面に隠してあった不安や恐れもまた解決したのである。

このようにして不安と恐れを克服できたペトロは、以前、イエスと共にいたときに彼が「ご一緒になら、牢に入っても死んでもよいと覚悟しております」と願っていたそのとおりに生きられるように変わったのである。

「使徒たちは、イエスの名のために辱めを受けるほどの者にされたことを喜び……」（五・四一）。

ここには、ペトロや他の弟子たちの生き方に大きな変化が起きたことが証しされている。そしてこの大きな変化は、ペトロがずっと心の中で「そのようになりたい」と願っていたことでもあったのである。

癒すペトロ

三章一―一〇節には、ペトロが神殿の境内で「ナザレの人イエスの名」によって足の不自由な男を癒す話が記されている。

「わたしには金や銀はないが、持っているものをあげよう。ナザレの人イエス・キリストの名によって立ち上がり、歩きなさい」（三・六）。

ペトロのこの癒しの宣言には、迷いや疑いが感じられない。確信に満ちた宣言である。こう断言できる背景には、彼の中にかつて存在していた不安や恐れがなくなっていることが見て取れる。

この後も「アイネアをいやす」（九・三二―三五）、「タビタを生き返らせる」（九・三六―四三）などの奇跡を行う記事が続いているが、

「アイネア、イエス・キリストがいやしてくださる。起きなさい。自分で床を整えなさい」（九・三四）

「タビタ、起きなさい」（九・四〇）

などのペトロの癒しの宣言の言葉は、イエスの言葉のエコーとして響いてくる。

福音の宣教の課題と癒しの賜物の付与は使徒全体に与えられたものであるが、使徒言行録前半はやはりペトロに焦点を当てている。ペトロが癒しを行った際に、その力を「イエスの名」によるものであると言ったことの意味は大きい。今の彼は、自分の使命と役割を心得ており、ただそれを遂行しているだけであることを強調している。それは、彼の成長の証しであるといってよいだろう。言葉と業の力は、自分の中にある力ではなくて聖霊を通して与えられているものであるという宣言、それは彼が周囲の期待に応えようとして無理をする生き方から、自然体に生きようとしている証しである。

ペトロの説教の中にも繁栄されていることであるが、癒しの記事にも明らかなことはペトロの生き方が逆説的に示されているということである。周囲の期待に応えようとして生きているときの彼は自分の内面にある弱さを知らなかったために、言葉では強がりを言えたものの、結局そのような生き方が破綻するという経験をした。しかし、復活のイエスに派遣されてからの彼は、自分の力に頼る生き方ではなくて、神という大きな存在に委ねることによって、以前よりずっと強く生きられるようになったのである。それが彼の行動を大胆にさせたのであるし、そしてそれは人々に強く訴える力も持ちえたのである。

ペトロのパーソナリティーの変化

福音書に出てくるペトロ像と使徒言行録のペトロ像の違いをここでもう一度まとめてみる。

福音書時代の彼は、イエスに従いたいという純粋な気持ちから行動しており、イエスのためならどんなこともしたいと願っており、またイエスのためなら何でもできると思い込んでいた。しかし彼の内面に存在している不安・恐れに気づかなかったため、結局それらを克服することができなかった。そのため彼は、大祭司の庭においてはきわめて自己保身的な言動を繰り返すしかなかったのである。しかし使徒言行録においては、彼は周囲の目を一切気にしていない。権力者の前に出ても彼は言葉を翻すことはなかった。そこまで強くなったのは、使徒言行録では「聖霊の力」という根拠を見ることができるのだが、それを具体的に説明すれば、復活したイエス・キリストの命にあずかること、言い換えると自分の命を超越した大きなものに委ねることができたことによって、不安や恐れを克服できるようになったということである。

次に彼の指導力という側面から考えると、福音書時代の彼は弟子の代表格的な存在であった。少なくとも四福音書はそのようにペトロを見ている。しかしそれは、弟子たちの中の一人としての行動にすぎず、指導力はどこにも見られない。しかし使徒言行録におけるペトロの言動は教会の指導者としてのそれであり、外に対しては大胆に、内に対しては細やかな配慮がなされている。彼の個人的な欲求は完全に後退しており、自己抑制の利いた行動となっている。ペトロが一人の人間として人格的に成長し、成熟した人間となっていった姿が描かれているといってよいだろう。そして彼のこの変化は、イエスの十字架と復活という出来事を境に起きたということはいうまでもない。

福音書および使徒言行録から、十字架の出来事の前と後とでペトロのパーソナリティーが大きく変化したということを見てきたが、それをかなり具体的に示している箇所がルカによる福音書と使徒言行録にあるので、そこから引用して考えてみる。

前述したように、使徒言行録にペトロが癒しをする記事が何箇所か出てくるが、最初の癒しは神殿での足の不自由な男の癒しであった（三・一―一〇）。使徒言行録はその箇所で両者の「目の動き」を印象的に描いている。（以下、括弧内はギリシャ語動詞不定形）

ペトロとヨハネが、午後三時の祈りの時に神殿に上って行った。すると、生まれながら足の不自由な男が運ばれて来た。神殿の境内に入る人に施しを乞うため、毎日「美しい門」という神殿の門のそばに置いてもらっていたのである。彼はペトロとヨハネが境内に入ろうとするのを見て（エイドー）、施しを乞うた。ペトロはヨハネと一緒に彼をじっと見て（アテニゾー）、「わたしたちを見なさい（ブレポー）」と言った。その男が、何かもらえると思って二人を見つめて（エペコー）いると、ペトロは言った。「わたしには金や銀はないが、持っているものをあげよう。ナザレの人イエス・キリストの名によって立ち上がり、歩きなさい。」そして、右手を取って彼を立ち上がらせた。すると、たちまち、その男は足やくるぶしがしっかりして、躍り上がって立ち、歩きだした。そして、歩き回ったり躍ったりして神を賛美し、二人と一緒に境内に入って行った。民衆は皆、彼が歩き回り、神を賛美しているのを見た。彼らは、それが神殿の「美しい門」のそばに座って施しを乞うていた者だと気づき、その身に起こったことに我を忘れるほど驚

いた。

エイドー　：気づく、認める、発見する。

アテニゾー：じっと見つめる。凝視する。目と共に心を注ぐ。

ブレポー　：凝視する。心の目で見る。理解する。

エペコー　：心を向ける。

ペトロは「ナザレの人イエスの名によって立ち上がり、歩きなさい」と言葉で癒しを宣言したのであるが、その言葉はペトロの視線の先に座っていた男に対して宣言されたものである。つまり、ペトロは足の不自由な男をしっかりと見つめ、そこで本当に必要なものを与えようとしたわけである。それが「立ち上がりなさい」という言葉となったのである。かつてのペトロには、物や人をしっかりと見つめ、その内側に秘められた本質をとらえるような見方はできなかった。それは自分の思いで心が支配されていたからである。純粋で熱心ではあったが、理想化された自分の姿ばかり追いかける生き方であったので、ものごとの外面ばかりを追いかけ、隠されている本質に目を向けることができなかったのである。だからこそ彼はイエスの言葉の本質をとらえることもできなかったのである。

ところがその彼が、「美しい門」の前に座らされていた足の不自由な男に気づいたとき、彼の悲しみを感じ取ることができた。それはペトロがこの男のことをしっかりと見つめることができたからである。ギリシャ語原典は、最初はエイドーを用い、その次にはアテニゾーを用いることによって、男を見るペトロが、より深く彼の心の中を見ようとしていたことを効果的に伝えている。そしてこの男が「施しを乞う」こと以上に求めているもの、孤独感や自立への願いというような心の奥に秘められていた叫びを感じ取ることができたのである。

なぜペトロはそのように、人の内面に隠された痛みや叫びを聞き取ることができるようになったのだろうか。その変化の根拠を、使徒言行録と同じ記者が書いたとされるルカによる福音書に出てくる以下の箇所に見ることができる。それは二二章五四―六二節の感動的なあの場面である。

人々はイエスを捕らえ、引いて行き、大祭司の家に連れて入った。ペトロは遠く離れて従った。人々が屋敷の中庭の中央に火をたいて、一緒に座っていたので、ペトロも中に混じって腰を下ろした。するとある女中が、ペトロがたき火に照らされて座っているのを目にして（エイドー）、じっと見つめ（アテニゾー）、「この人も一緒にいました」と言った。しかし、ペトロはそれを打ち消して、「わたしはあの人を知らない」と言った。少したってから、ほかの人がペトロを見て（エイドー）、「お前もあの連中の仲間だ」と言うと、ペトロは、「いや、そうではない」と言った。一時間ほどたつと、また別の人が、「確かにこの人も一緒だった。ガリラヤの者だから」と言い張った。だが、ペトロは、「あなたの言うことは分からない」と言った。まだこう言い終わらないうちに、突然鶏が鳴いた。主は振り向いてペトロを見つめられた（ブレポー）。ペトロは、「今日、鶏が鳴く前に、あなたは三度わたしを知らないと言うだろう」と言われた主の言葉を思い出した。そして外に出て、激しく泣いた。

大祭司の庭で、彼は人々から発見され窮地に追い込まれた。誰が見ても明らかにペトロなのに彼はそれを否定する。自分が自分でいられなかったのである。それほどに人々の視線が彼に鋭く突き刺さった。ところが、その窮地を救ったのは、イエスのまなざしであった。「主は振り向いてペトロを見つめられた」という句は、ルカによる福音書特有のものである。鶏の鳴き声はペトロの弱さを明らかにするものであったが、イエスのまなざしはペトロの弱さを担うものであった。ペトロはこのイエスのまなざしによって慰めを受けたのである。二五二頁「イエスを否認する」で、イエスの予告が実現した瞬間、ペトロは本当の自分を知った、弱い自分を知ったのだということを述べたが、イエスのまなざしはペトロの弱さを包み込むような慰めを与えたのである。

ペトロはこのイエスのまなざしによって立ち直れた。そして彼は、それ以前にはできなかったこと、他人の心の中にある不安や孤独や痛みや葛藤といったものを感じ取る感性を身につけることができるようになったのである。表面的な行為や言葉だけでは理解できない内側からの叫びを聞くこと、それは彼がイエスのまなざしから学び取ったものであり、彼もイエスにそうしてもらったように、人を見つめることができるようになったのである。

ペトロのパーソナリティーから人間を理解する

理想化された自己像ではなく、等身大の自己像を受け入れる

福音書と使徒言行録からペトロの人物像を描き出そうと試みてきたが、私たちは彼のパーソナリティーが「十字架」を境に変化したことを認めることができるだろう。そしてそれは、彼の生き方が理想化されたもの、独り善がりのものであったのが完全に挫折したところから始まった。彼は人々からの期待や励ましによってではなく、徹底して弱さを受けとめられたという体験によって成長できたのである。このペトロの人間的成長のプロセスは一人の人間の姿として一般化できる部分を持っていると思われる。

聖書の指針を表面的に受け取り、それに自分を合わせようとする生き方は、やがて理想化された自己像を生み出し、それによって自分の内面にある弱さを包み込んでしまったり、葛藤を封印してしま

ったりすることになる。それは、表向きは真面目であり、熱心であり、純粋であり、責任感があるように見えるために人々からは信頼され好感を持たれる。そのために周囲の期待は高まり、本人もその期待に応えねばならないと自分に言い聞かせようとする。ところがそのような生き方は、そもそも矛盾を内面に抱え込んでいるのであるから、いつか破綻してしまう。そしてそれが破綻したとき、周囲は振り回され、本人も自分を持て余し、なかなか立ち直れないのである。自分自身を受容することができなければ、自己否定的になったままの状態が続くことになる。

聖書の福音は、そのような理想化された自己像を打ち砕くのである。そして現実の自分を認め、その自分の弱さも矛盾も含めて「受容されている」＝「赦されている」ことを発見することを求めているのである。ペトロはイエスの叱責を受け、厳しいことを予告されたが、そのイエスの赦しを受け、イエスに受容されたことによって、以前の彼とはまるで別人のような、人を恐れない大胆さと、細かい配慮に富む人間に変わったのである。そのように、福音によって打ち砕かれることは、実は自分自身を解放することなのであり、その自由さの中でこそ、生きる意味を見いだせるのである。

「超越者に委ねて生きる」の意味

V・フランクルは著書『夜と霧』の中でこう言っている。

「収容所に入れられ、なにかをして自己実現する道を断たれるという、思いつくかぎりでもっとも悲惨な状況、できるのはただこの耐えがたい苦痛に耐えることしかない状況にあっても、人は内に秘めた愛する人のまなざしや愛する人の面影を精神力で呼び出すことにより、満たされることができるのだ。わたしは生まれてはじめて、たちどころに理解した。天使は永久の栄光をかぎりない愛のまなざしにとらえているがゆえに至福である、という言葉の意味を……」（池田香代子訳、みすず書房、二〇〇二年、六一頁）。

彼は、自分以外の誰かとの愛、何かとのつながりがその人に生きる意味を与え、たとえ過酷な環境にあってもそのつながりを信じる人は自分を見失わず、人間らしく生きることができるという主旨のことを言っている。自分ではないものとのつながりが人に生きる意味を与えるのである。ペトロはイエス・キリストとの関係において、本当の自分の姿を知り、そして本当の自分で生きることができるようになったわけである。福音書におけるペトロは、イエスと共に行動し、イエスに服従すると宣言していたものの、本質的にはイエスとの関係は結んでいなかった。それは前述のとおりであるが、ペトロが自分自身の問題に気づいていなかったからである。しかし彼は、イエスとの関係によって、自分の本当の姿を見いだすことができたのである。そしてそこから、彼は不安を克服して生きることができるようになったのである。

超越者である神に委ねることができたとき、人は自分のありのままの姿を発見することができ、内面に厳然として存在している不安や恐れなどを封印することなく生きることができるようになる。委ねる対象を知らないとそれはできない。そういう人は内面の弱さを封印して何とか生きようとする。だから生きることが窮屈でしょうがない。聖書はその委ねる対象を示している。「神」であり「救い主イエス・キリスト」である。表面的熱心さや真面目さではなくて、心の内面にあるものすべてをその方に委ねることで、人は本当の意味で自由となり、生きる意味を見いだすのである。

しかし、せっかく委ねる対象を知っているのに、それでも内面を封印し続けてしまう人も少なくない。いや残念ながら、そういう人はとても多いと思われる。福音書のペトロのように、敬虔さと道徳的清潔さを持っているが、自分の内面に存在している憎悪の感情や生きることへの不安や、神に対する懐疑的な感情に気づかないか、気づいていてもそれを決して表に出さない。そのために何事もないかのように生き続けることはできるのである。ところがそういう生き方が何かのきっかけで行き詰まってしまうこともある。病気からくる不安、挫折の経験や裏切りの経験からくる自分と他者に対する不信感、死別による喪失など不条理を感じさせる出来事、罪責意識の深さなど。そのような出来事は心の内面まで鋭く迫ってくる出来事であり、表面的真面目さや敬虔さだけではとても太刀打ちできない。そしてこれまでの生き方がずたずたに引き裂かれてしまうのである。そういうことで苦しんでいる人の何と多いことかと思わずにはおられない。自分一人で生きていると思って生活している人はほとんどいないであろうが、いざ暗闇を経験すると「わたしは孤独だ」と気づくのである。超越者との関係の中を生きること、そこでこそ、人は自分が生きている意味を見いだすことができるわけであるし、ただ一つの慰めを受けて生き、また死ぬことができるのである（『ハイデルベルク信仰問答』、吉田隆訳、新教出版社、一九九七年、九頁）。

おわりに

ペトロは素朴で純情で情熱家である。そして責任感も強い人間である。その彼が挫折したのは十字架であった。しかしその挫折から立ち直ることができたのも十字架であった。連行されるイエスが振り返りつつペトロを見つめられたとき、ペトロは周りをはばからずおいおいと泣いてしまった。そこに多くの人が親近感を持つだろう。その後の使徒としての働きが目をみはるものであったので、教会は彼を偉大なリーダーと見なしてきた。実際彼はすぐれたリーダーだったといえる。彼がそこに至るまでの葛藤や挫折と、その彼を赦し、受容したイエス・キリストの愛こそが、彼のパーソナリティーをここまで変化させた要因である。

現代社会には、個人のレベルでは「自己実現」への必要以上の欲求があり、社会においては人と人とが切り離されていく現状がある。ペトロの人間像を見ると、私たちの中にあるそのようなさまざまな問題点が見えてくる。その問題点は、ペトロがそうであったように、イエス・キリストとの関係の中で明らかにされ、そして解決へと向かうのである。そうして立ち直ったペトロは、挫折以前の彼よりもはるかに成長し、成熟したパーソナリティーを備えた人物となっている。使徒ペトロの人物像はそうした私たち現代人の持っている問題点を提供していると同時に、その解決への道をも私たちに提供しているのである。そこに私たちは希望を見いだし、この空洞化しつつある社会の中で、しっかりと自分と他者とに対して責任を持ったかかわりを続けていきたい。

参考文献

The Greek New Testament, 4th rev. ed. /edited by Barbara Aland... [et al.]. Deutsche Bibelgesellschaft, United Bible Society, 1993.

『現代聖書注解　ルカによる福音書』、F・B・クラドック、宮本あかり訳、日本基督教団出版局、一九九七年。

『現代聖書注解　使徒言行録』、W・H・ウィリモン、中村博武訳、日本基督教団出版局、一九九〇年。

『現代聖書注解　ヨハネによる福音書』、G・S・スローヤン、鈴木脩平訳、日本基督教団出版局、一九九二年。

『NTD新約聖書註解3　ルカによる福音書』、K・H・レングストルフ、泉・渋谷訳、ATD・NTD聖書註解刊行会、一九七六年。

『NTD新約聖書註解5　使徒行伝』、G・シュテーリン、大友・秀村・渡辺訳、ATD・NTD聖書註解刊行会、一九七七年。

『新約聖書ギリシア語辞典』、玉川直重、キリスト新聞社、一九七八年。

『カウンセリング辞典』、國分康孝編、誠信書房、一九九〇年。

『誠信　心理学辞典』、外林・辻・島津・能見編、誠信書房、一九八九年。

『聖霊の降臨』（教会暦による説教集第3巻）、越川博秀編、キリスト新聞社、二〇〇六年。

『夜と霧』、ヴィクトール・E・フランクル、池田香代子訳、みすず書房、二〇〇二年。

『ハイデルベルク信仰問答』、吉田隆訳、新教出版社、一九九七年。

ユダ

イエスを裏切った男

佐竹十喜雄

はじめに

イエスは言われた。「確かに、人の子は、自分について書いてあるとおりに、去って行きます。しかし、人の子を裏切るような人間はわざわいです。そういう人は生まれなかったほうがよかったのです」（マルコ一四・二〇―二一、以下引用はとくに断りのないものは『新改訳』三版、日本聖書刊行会、二〇〇三年）。

はじめに、この人物を選んだ理由について説明しよう。

右記の聖句を読んで、「この世に生まれなかったほうがよかった、と言われる人っているのですか」と質問してきた人が何人かいた。そのような人々にどう答えたらよいかを考えているうちに、主イエスはどうしてこういう言葉を口にされたのか、ユダはどんな気持ちになったのだろうか、そもそもイスカリオテのユダとはどんな人物だったのだろうか、などと考えるようになり、この人物に関心を持つようになったのである。

ユダについての記載

イスカリオテのユダについて記載されている聖書箇所は以下のとおりだが、予備知識として拾い読みしておこう。六つの場面で言及されている。執筆年代は、マルコの福音書が紀元五〇―七〇年、マタイの福音書が六〇―八〇年、ルカの福音書が六〇―八〇年、ヨハネの福音書が九〇年ごろと推定されている。

十二弟子の任命

マルコ三・一三―一九「さて、イエスは山に登り、ご自身のお望みになる者たちを呼び寄せられたので、彼らはみもとに来た。そこでイエスは十二弟子を任命された。それは、彼らを身近に置き、また彼らを遣わして福音を宣べさせ、悪霊を追い出す権威を持たせるためであった。こうして、イエスは十二弟子を任命された。そして、シモンにはペテロという名をつけ、ゼベダイの子ヤコブとヤコブの兄弟ヨハネ、このふたりにはボアネルゲ、すなわち、雷の子という名をつけられた。次に、アンデレ、ピリポ、バルトロマイ、マタイ、トマス、アルパヨの子ヤコブ、タダイ、熱心党員シモン、イスカリオテ・ユダ。このユダが、イエスを裏切ったのである」（並行記事　マタイ一〇・一―四、ルカ六・一二―一六）。

ベタニヤでの香油注ぎの出来事の後にユダが引き渡しの約束

マルコ一四・一〇―一一「ところで、イスカリオテ・ユダは、十二弟子のひとりであるが、イエスを売ろうとして祭司長たちのところへ出向いて行った。彼らはこれを聞いて喜んで、金をやろうと約束した。そこでユダは、どうしたら、うまいぐあいにイエスを引き渡せるかと、ねらっていた」。

マタイ二六・一四―一六「そのとき、十二弟子のひとりで、イスカリオテ・ユダという者が、祭司長たちのところへ行って、こう言った。『彼をあなたがたに売るとしたら、いったいいくらくれますか。』すると、彼らは銀貨三十枚を彼に支払った。そのときから、彼はイエスを引き渡す機会をねらっていた」。

ルカの福音書は香油注ぎの記事を省いて、祭司長たちのイエス殺害計画の記事に続けてイスカリオテ・ユダの行動を記している。「さて、十二弟子のひとりで、イスカリオテと呼ばれるユダに、サタンが入った。ユダは出かけて行って、祭司長たちや宮の守衛長たちと、どのようにしてイエスを彼らに引き渡そうかと相談した。彼らは喜んで、ユダに金をやる約束をした。ユダは承知した。そして群衆のいないときにイエスを彼らに引き渡そうと機会をねらっていた」（二二・三―六）。

ヨハネの福音書では、香油注ぎの出来事の中にイスカリオテ・ユダが登場し、香油を注いだマリヤと対照的に「盗人」として描かれている。「イエスは過越の祭りの六日前にベタニヤに来られた。そこには、イエスが死人の中からよみがえらせたラザロがいた。人々はイエスのために、そこに晩餐を用意した。そしてマルタは給仕していた。ラザロは、イエスとともに食卓に着いている人々の中に混じっていた。マリヤは、非常に高価な、純粋なナルドの香油三百グラムを取って、イエスの足に塗り、彼女の髪の毛でイエスの足をぬぐった。家は香油のかおりでいっぱいになった。ところが、弟子のひとりで、イエスを裏切ろうとしているイスカリオテ・ユダが言った。『なぜ、この香油を三百デナリに売って、貧しい人々に施さなかったのか。』しかしこう言ったのは、彼が貧しい人々のことを心にかけていたからではなく、彼は盗人であって、金入れを預かっていたが、その中に収められたものを、いつも盗んでいたからである。イエスは言われた。『そのままにしておきなさい。マリヤはわたしの葬りの日のために、それを取っておこうとしていたのです。あなたがたは、貧しい人々とはいつもいっしょにいるが、わたしとはいつもいっしょにいるわけではないからです』」(一二・一―八)。

洗足の出来事

ヨハネ一三・一―一一「さて、過越の祭りの前に、この世を去って父のみもとに行くべき自分の時が来たことを知られたので、世にいる自分のものを愛されたイエスは、その愛を残るところなく示された。夕食の間のことであった。悪魔はすでにシモンの子イスカリオテ・ユダの心に、イエスを売ろうとする思いを入れていたが、イエスは、父が万物を自分の手に渡されたことと、ご自分が神から出て神に行くことを知られ、夕食の席から立ち上がって、上着を脱ぎ、手ぬぐいを取って腰にまとわれた。それから、たらいに水を入れ、弟子たちの足を洗って、腰にまとっておられた手ぬぐいで、ふき始められた。こうして、イエスはシモン・ペテロのところに来られた。ペテロはイエスに言った。『主よ。あなたが、私の足を洗ってくださるのですか。』イエスは答えて言われた。『わたしがしていることは、今はあなたにはわからないが、あとでわかるようになります。』ペテロはイエスに言った。『決して私の足をお洗いにならないでください。』イエスは答えられた。『もしわたしが洗わなければ、あなたはわたしと何の関係もありません。』シモン・ペテロは言った。『主よ。私の足だけでなく、手も頭も洗ってください。』イエスは彼に言われた。『水浴した者は、足以外は洗う必要がありません。全身きよいのです。あなたがたはきよいのですが、みながそうではありません。』イエスはご自分を裏切る者を知っておられた。それで、『みながきよいのではない』と言われたのである」。

過越の食事のときの出来事（問題発言の場面）

マルコ一四・一七―二一「夕方になって、イエスは十二弟子といっしょにそこに来られた。そして、みなが席に着いて、食事をしているとき、イエスは言われた。『まことに、あなたがたに告げます。あなたがたのうちのひとりで、わたしといっしょに食事をしている者が、わたしを裏切ります。』弟子たちは悲しくなって、『まさか私ではないでしょう』とかわるがわるイエスに言いだした。イエスは言われた。『この十二人の中のひとりで、わたしといっしょに鉢に浸している者です。確かに、人の子は、自分について書いてあるとおりに、去っていきます。しかし、人の子を裏切るような人間はわざわいです。そういう人は生まれなかったほうがよかったのです。』」。

マタイの福音書はほとんど同じ書き方をしているが、問題発言のあとユダとイエスとの間で問答があったと書いている。「すると、イエスを裏切ろうとしていたユダが答えて言った。『先生。まさか私のことではないでしょう。』イエスは彼に、『いや、そうだ』と言われた」(二六・二五)。

ヨハネの福音書はそのときの様子をより詳しく描写してはいるが問題発言を省いている。「イエスは、これらのことを話されたとき、霊の激動を感じ、あかしして言われた。『まことに、まことに、あなたがたに告げます。あなたがたのうちのひとりが、わたしを裏切ります。』弟子たちは、だれのことを言われたのか、わからずに当惑して、互いに顔を見合わせていた。弟子のひとりで、イエスが愛しておられた者が、イエスの右側で席に着いていた。そこで、シモン・ペテロが彼に合図をして言った。『だれのことを言っておられるのか、知らせなさい。』その弟子は、イエスの右側で席に着いたまま、イエスに言った。『主よ。それはだれですか。』イエスは答えられた。『それはわたしがパン切れを浸して与える者です。』それからイエスは、パン切れを浸し、取って、イスカリオテ・シモンの子ユダにお与えになった。彼がパン切れを受けると、そのとき、サタンが彼に入った。そこで、イエスは彼に言われた。『あなたがしようとしていることを、今すぐしなさい。』席に着いている者で、イエスが何のためにユダにそう言われたのか知っている者は、だれもなかった。ユダが金入れを持っていたので、イエスが彼に、『祭りのために入用の物を買え』と言われたのだとか、または、貧しい人々に何か施しをするように言われたのだとか思った者も中にはいた。ユダは、パン切れを受けるとすぐ、外に出て行った。すでに夜であった」（一三・二一—三〇）。

ルカの福音書は晩餐の食事のあとに問題発言があったと記している。「食事の後、杯も同じようにして言われた。『この杯は、あなたがたのために流されるわたしの血による新しい契約です。しかし、見なさい。わたしを裏切る者の手が、わたしとともに食卓にあります。人の子は、定められたとおりに去って行きます。しかし、人の子を裏切るような人間はわざわいです。』」（二二・二〇—二二）。

イエスの逮捕（ユダの接吻）

マルコ一四・四三—五〇「そしてすぐ、イエスがまだ話しておられるうちに、十二弟子のひとりのユダが現れた。剣や棒を手にした群衆もいっしょであった。群衆はみな、祭司長、律法学者、長老たちから差し向けられたものであった。イエスを裏切る者は、彼らと前もって次のような合図を決めておいた。『わたしが口づけをするのが、その人だ。その人をつかまえて、しっかりと引いて行くのだ。』それで、彼はやって来るとすぐに、イエスに近寄って、『先生』と言って、口づけした。すると人々は、イエスに手をかけて捕らえた。そのとき、イエスのそばに立っていたひとりが、剣を抜いて大祭司のしもべに撃ちかかり、その耳を切り落とした。イエスは彼らに向かって言われた。『まるで強盗にでも向かうように、剣や棒を持ってわたしを捕らえに来たのですか。わたしは毎日、宮であな

たがたといっしょにいて、教えていたのに、あなたがたは、わたしを捕らえなかったのです。しかし、こうなったのは聖書のことばが実現するためです。』すると、みながイエスを見捨てて、逃げてしまった」。

マタイの福音書は、ユダが「先生。お元気で」と言って、口づけした。するとイエスは「友よ。何のために来たのですか」と言われた、と書いている（二六・四七―五六）。

ルカの福音書は、ユダはイエスに口づけしようとして、みもとに近づいたが、イエスは彼に、「ユダ。口づけで、人の子を裏切ろうとするのか」と言われた、と書いているが、弟子たちが逃げたことについては書いていない（二二・四七―五三）。

ヨハネの福音書は、ユダが呼びかけたことも、口づけしたことも書いていない。イエスご自身が「だれを捜すのか」と尋ねたと書いている。弟子たちが逃げたことも書いていない（一八・一―一一）。

ユダの自殺

マタイ二七・三―五「そのとき、イエスを売ったユダは、イエスが罪に定められたのを知って後悔し、銀貨三十枚を、祭司長、長老たちに返して、『私は罪を犯した。罪のない人の血を売ったりして』と言った。しかし、彼らは、『私たちの知ったことか。自分で始末することだ』と言った。それで、彼は銀貨を神殿に投げ込んで立ち去った。そして、外に出て行って、首をつった」。

使徒の働きは、ユダの死についての記事を括弧の中に入れて書いている。「ユダは私たちの仲間として数えられており、この務めを受けていました。（ところがこの男は、不正なことをして得た報酬で地所を手に入れたが、まっさかさまに落ち、からだは真っ二つに裂け、はらわたが全部飛び出してしまった。このことが、エルサレムの住民全部に知れて、その地所は彼らの国語でアケルダマ、すなわち『血の地所』と呼ばれるようになった。）」（一・一七―一九）。使徒の働きの執筆年代はルカの福音書の一、二年後と推定されている。

問題発言は「ユダを悔い改めに導くためのもの」なのか

ユダに対するイエスの言葉（問題発言）は「ユダを悔い改めに導くためのもの」と解釈する人々がいる。ある人は、「人の子を裏切ること」と「生まれないほうが」が対比されている表現構造に注目する。これと似たような表現構造を持つマタイの福音書一八章八節には「もし、あなたの手か足の一つがあなたをつまずかせるなら、それを切って捨てなさい。片手片足でいのちに入るほうが、両手両足そろっていて永遠の火に投げ入れられるよりは、あなたにとってよいことです。」と書いてあって、「両手両足」がそろっていたとしても「永遠の火に投げ入れられる」ということはきわめて悲惨な出来事であることを気づかせるために、「片手片足で入るほうがましである」という強烈な言葉でいさめていると考え、ユダに対しても、同じように強烈な言葉で悔い改めを迫ったのだという。

この解説の問題点は、ユダだけに求められた「悔い改めるべき罪」は何であるかがはっきりしないことである。

① 「裏切り」の気持ちは、ほかの弟子たちにもあったし（マルコ一四・一七以下）、イエス逮捕のとき、弟子たちはみなイエスを見捨てて逃げた。ペテロの場合はもっとはっきりした「裏切り行為」であると思う（マルコ一四・六六以下）。

② 香油注ぎの行為を非難した人について、マルコの福音書は「ある人々」、マタイの福音書は「弟子たち」であると書いているのに、ヨハネの福音書は「イスカリオテのユダ」であると特定した。それだけでなく、ユダは盗人だったのでそうした、と非難の動機までも記している。盗み心を悔い改めさせるために「生まれなかったほうがよかった」などという厳しい言葉をわざわざ用いる必要があったのだろうか。

③ ルカの福音書とヨハネの福音書は「サタンが入った」と記述している（ルカ二二・三、ヨハネ一三・二七）。サタンの誘惑を本人は自覚していないから、悔い改めなさいといわれても理解できなか

ったと思われる。

以上のことから、「そういう人は生まれなかったほうがよかったのです」というイエスの言葉は、ユダを悔い改めへ導くためのものであるとする説は成り立たないことがわかる。

ユダは選ばれた使徒

イエスの発言の根拠はユダの性格や行為をいくら探しても明らかにすることはできない。むしろ福音書の記述には主ご自身がイスカリオテのユダを選び、積極的にかかわられたことが強調されている。主は十二弟子の一人としてイスカリオテのユダを選んだ。しかもマルコもマタイもルカも「このユダが、イエスを裏切ったのである」とわざわざコメントしている。とはいえユダが差別的に扱われていたという記事はどこにもなく、過越の食事のときの記事などを見ると、ヨハネとユダがイエスの両隣りの席に座ったようで、むしろ主に信頼されていた人物であったと読み取れる。

しかし反面、主はユダが裏切ることを十分に知っておられたことは明らかだ。「あなたがたのうちのひとりが、わたしを裏切ります」と断言され、またユダに対して「あなたがしようとしていることを、今すぐしなさい」と積極的に促された。主がいわば裏切る弟子として選んでおられながら、ユダに悔い改めを求めるのは大きな矛盾であるが、それ以上の問題は、裏切る者を十二弟子の一人としてなぜ選ばれたのかということである。

この問題についてカール・バルトは大変興味深い視点から解説している（カール・バルト『イスカリオテのユダ』吉永正義訳、新教出版社、一九九七年。富岡幸一郎『使徒的人間――カール・バルト』講談社、一九九九年）。

バルトは、イスカリオテのユダは「使徒職の際立った担い手」であったと主張する（バルト　一〇三頁）。使徒職の重要なキーワードは「引き渡し」である。聖餐式のときに朗読されるコリント人への第一の手紙十一章二三節に「わたしがあなたがたに伝えたことは、わたし自身、主から受けたものです。すなわち、主イエスは、引き渡される夜、パンを取り」（新共同訳）の中の「伝えた」は「引き渡される」と同じことば（パラディドーミ）で、しかもこれは「裏切る」とも訳されている言葉である。バルトはこの言葉に注目した。

「引き渡し」（パラディドーミ）はマルコの福音書においては二〇回用いられているが、ほとんどが「イエスの引き渡し」「裏切られて」という意味である。ところが、ルカの福音書では「人々が私たちに伝えた」（一・二）とか、主のわざに従事することによる「引き渡し」「裏切られること」（二一・一二、一六）として用いられているし、使徒の働きにおいては、一四回のうちなんと九回は、主のわざに従事するために「引き渡され」るとか、福音を「伝える」という意味で用いられている。

これらの記述からもバルトの視点はみごとな達見であると思う。「ユダがイエスを、彼自身の自由と決断において引き渡したことは、あきらかに罪であった。しかしながら、バルトは、この『引き渡し』という言葉が、同時に、使徒的な奉仕の特徴を表示していることに注目する。この『引き渡し』（パラディドーミ）という概念は、それがユダにおいては完全に否定的な意味をもってはいるが、他方にあっては、全く積極的に使徒的な人間の活動の本質を物語るものだからである」（富岡　二一四頁）。「ユダはその最後の行動によって、使徒としての務めとは正反対のことをなし、神に敵対するサタンの行為に自ら身を投じたように見える。たしかに彼が敢行したのは、罪でありわざわいである。しかし同時にそれはイエスその人の『引き渡し』であり、その限りにおいて使徒の任務にほかならない。『ユダはわたしたちの仲間の一人であり、同じ任務を割り当てられていました』（使徒一・一七）という聖書の言葉は、形式的な事柄ではなく、ユダの行動の本質をさしている」（富岡　二一五頁）。「ユダとパウロ。捨てられた者と選ばれた者。しかし、この二人は使徒的人間として、イエス・キリストを真中にして相対峙している」（同二二〇頁）。「イエス・キリスト自身こそが、選ばれた捨てられた者である。この神の『棄却』の中で、ユダもまた生きる」（同二二一頁）。「そこでは捨てられた者であるユダこそ、主イエスの最も近くにいる者となり、彼のなした裏切りと呼ばれていた『引き渡し』の行為こそ、使徒職の本質であったことがあきらかにされる」（同二二二頁）。

　しかしながら、イスカリオテのユダは自分に課せられた使徒的務めについてまったく理解していなかった。「人の子を裏切るような人間はわざわいです。そういう人は生まれなかったほうがよかった

ないのです」と主が語られたとき、マタイの福音書によると、イエスを裏切ろうとしていたユダが「先生。まさか私のことではないでしょう」と答えている。これは自分に与えられている使徒職の責任を自覚していたからではなく、祭司長たちとの約束を見抜かれているのではと驚いて言った言葉と考えられる（二六・一四―一六）。しかしユダがこのような発言をしたことについて他の福音書は何も書いていない。

しかも祭司長たちとの取り引きのことで「銀貨三十枚」と書いているのはマタイの福音書だけで、マルコもルカも「金を与えることを約束した」としか書いていない。つまり大金に目がくらんでイエスを引き渡そうとしたと推測するのは難しいのだ。ところがヨハネの福音書では香油注ぎの記事の中で、「彼は盗人であって金入れを預かっていたが、その中に収められたものをいつも盗んでいた」と、あたかも貪欲な人間のように描かれていて、その貪欲さがイエスを裏切ったのだと言わんばかりの書き方をしている。しかし不思議なことに、ヨハネの福音書はイエス逮捕の記事の中でユダが兵士たちと一緒に、イエスのいる「ケデロンの谷の向こう」へ行ったことを記しているのに、「ユダの口づけ」やユダとイエスとの対話については何も書いていない。

ユダの「口づけ」の動機も難解である。ルカの福音書は、ユダはイエスに「口づけしよう」（フィレオー）として、みもとに近づいたが、イエスは彼に「ユダ。口づけ（フィレオー）で、人の子を裏切ろうとするのか」と言われたと記している。つまりここではごく普通の挨拶の口づけという意味の言葉（フィレオー）が使われている。ところがマルコとマタイの記述は違う。マルコの福音書は、ユダは「先生」と言って「口づけ」（カタフィレオー）したが、イエスは何も言われなかったと記している。

このカタフィレオーはフィレオーと違って、激しく感動して接吻する、という意味がある。マタイ福音書も、ユダは「先生。お元気で」と言って、口づけ（カタフィレオー）した。するとイエスは「友よ。何のために来たのですか」と尋ねた、と記している。どの人がイエスであるかの合図としてユダが口づけするのであればフィレオーでよかったはずだ。それなのに、マルコとマタイはなぜかカタフィレオーを用いたのである。おそらくイスカリオテのユダは、銀貨三十枚で裏切るというような軽い気持ち以上の何か、もっと重い決意のようなものを持って口づけしたのではないだろうか。

以上のような記事のあいまいさから、ユダの裏切りの動機についてさまざまな解説が飛び交っている。ユダの熱烈な口づけは、祭司長たちに騙されてやらされたもので、これは許しを請うた、ざんげの接吻であるとする失敗説。またユダは熱狂的な愛国者だったので、イエスをメシヤと信じていたユダは、「さあ、先生。行動を起こされる機会が来ました。あなたの力で彼らを滅ぼしてください」と心躍らせて口づけしたとするメシヤ待望説。どちらの説にも確証聖句はない。ただはっきりしていることは、イスカリオテのユダは主イエスの来臨の目的をまったく理解していなかったことだ。しかし、神の救いの計画が主イエスの十字架刑によって実現するにあたって、ユダの裏切りが大きくかかわっていることは確かだ。ユダが無自覚でやったことの結末としての十字架と、神のみ旨としての十字架とが重なっていくのがわかる。これは注目すべきことではないだろうか。このユダの姿には私たちの姿が映し出されている。私たち人間側には私たちの罪が主を十字架につけてしまったという自覚はないが、聖書の光に照らされてキリストを信じる者とされたとき、主の十字架は「私たちのための死」（ローマ五・八）であり、「私たちの代わりに罪とされた」（Ⅱコリント五・二一）ことを知ったのではないだろうか。

ユダは捨てられた者か

ユダは使徒として選ばれたのにどうして捨てられたのだろうか。いや、「捨てられた」と断定されること事態が問題であるように思う。

ユダが「捨てられた者」と断定される理由は、自殺という悲惨な最後を遂げたことに関係があるらしいと思われてならない。

ユダの自殺について書いているのはマタイの福音書だけである。ルカは使徒の働き一章の中で、ユダの死について書いてはいるが、その描写は自殺というより、恐ろしい・不幸な事件であるかのように記している。「この男は、……まっさかさまに落ち、からだは真っ二つに裂け、はらわたが全部飛び出してしまった」（一・一八）。

「捨てられた」という確証がないので、なぜそのように言われるかについて再検討してみよう。

ユダの「後悔」（メタメロマイ）は真の悔い改めではないと解釈する人々がたくさんいる。ジョン・ギルは「ユダの『悔いた』は、神とキリストに対する罪のための悔いではない。だから通例の真の悔い改めに用いられる語とは別の語が、ここでは使われている。神に対する罪というものであったなら救いに至らしめるものである。そうではなく、世的な悲しみである。その結果は死である」と注解している〔J. Gill, 1746〕。ジャミソン、フォーセット、ブラウンの注解書ではコリント人への手紙第二の五章一〇節を引用し「メタメロマイは、この世的な悲しみを意味する」と述べている〔R. Jamieson, et al., 1871〕。マシュー・ヘンリーは「ペテロは悔い改め、信じ、赦しを得たが、ユダは悔い、絶望し、滅びた」と比較した後、「主が罪に定められてから悔いたのでは遅いのである」と結ぶ〔M. Henry, 1706〕。「主が罪に定められる前に悔い改めよ」ということなのだが、そのような悔い改めはだれができるのだろうか。ジョンソンの注解書は「ギリシャ語では、使徒二・三八で用いられているような『悔い改め』を意味する語ではなく、むしろ後悔を意味する語が使われている。前者は『心と目的とを変える』の意味で、後者は『過去に対する悲しみという重荷を負う』の意。前者は将来の変化を約束し、後者は絶望から生まれる。ペテロは悔い改めたが、ユダは悔いただけ」と書いている〔B. W. Johnson, 1891〕。ロバートソンも、「メタメロマイという語そのものに悪い意味はない」と前置きしつつも、「『後になって痛みを覚える』という意味もある。……単なる悔いだけではだめである」と書き加える。しかし、ユダが単なる悔いしかしなかったという根拠の説明はない〔A. T. Robertson, 1932, 33〕。

　メタメロマイは新約聖書において五回使われている。マタイの福音書二一章三二節に「しかも、あなたがたはそれを見ながら、後になって悔いる（メタメロマイ）こともせず、彼を信じなかったのです」と書いてある。主は、これに先立つ譬え話（二一・二八―三〇）において「悪かったと思って出かけていった弟」のことについて語っている。この「悪かったと思って」にメタメロマイの変化形が使われている。この譬え話は、取税人や遊女がヨハネの教えを受け入れて悔い改めたことを示している。つまり、弟が「悪かったと思って（メタメレーセイス）」出かけたのは「（罪を認めて）悔い改めた」という意味で用いられていると解することができる。だからメタメロマイには「『罪を認めて悔い改める』という意味はない」という解釈は成り立たないのである。

では、ユダは真の悔い改めをしたのではないとする断罪的解釈はどこから出てきたのだろうか。それはおそらく、ユダの自殺に対する偏見に基づくものと思われる。「自殺は罪だ。ユダは自殺した。だからユダは罪人だ。自殺したのは罪の赦しを体験していなかったからだ。なぜ赦しを体験できなかったのか。それは、彼は『後悔』しただけで真の悔い改めをしなかったからだ」という解釈になってしまったのではないだろうか。

率直に言って、ペテロの悔い改めと比べて、ユダの悔い改めのほうがより完全な形を整えている。自分のしたことを後悔し、罪を犯したことを告白し、さらに自分で事態を改善しようと努力さえしている。「イエスを売ったユダは、イエスが罪に定められたのを知って後悔し、銀貨三十枚を、祭司長、長老たちに返し、『私は罪を犯した。罪のない人の血を売ったりして』と言った」（マタイ二七・三―四）。

ユダの自殺に必然性はあったのか

はたしてユダが自殺をしなければならなかった必然性はあったのだろうか。

ユダがイエスを売った（引き渡した）のを後悔し、銀貨三十枚を返しに祭司長たちのところへ来たとき、彼らは「私たちの知ったことか。自分で始末することだ」と実に冷たくあしらった。ユダが「私は罪を犯した。罪のない人の血を売ったりして」と告白したこのフレーズは旧約聖書の中でしばしば使われていて、神の禁止命令を犯す最大級の罪とされていたので（出エジプト二三・七、申命二七・二五、Iサムエル一九・五、IIサムエル三・二八など）、ユダヤ人にとってはなじみのある表現だった。ユダは神に対する最大級の罪を犯したことを悟ってこの表現を用いたと考えられる。イエスが「罪のない人」であることについては他の十二弟子たちと同様に召された時からユダも理解していたことは確かだ。いやそれ以上に、ペテロが「あなたは、生ける神の御子キリストです」（マタイ一六・一六）と告白したとき、ユダも同じ気持ちを持っていたに違いない。だからこそ、主イエスと祭司長たちとの間に緊張が高まってきたことを察知したユダは、イエスが神の御子として行動してくださることを期待して「引き渡し」を決意し実行したと考えられる。ところがユダの期待どおりにはならなかった。それどころか主イエスが異邦人の総督ピラトのもとへ「引き渡された」ことを知って、彼は愕然としたのだ。神の御子を死刑にする重大な犯罪の手引きをした自分に気づいて「私は罪を犯した。

罪のない人の血を売ったりして」という特別な決まり文句を使って罪を告白し、祭司長たちに助けを求めて来たのではなかっただろうか。「彼ら〔祭司たち〕がわたしの名でイスラエル人のために祈るなら、わたしは彼ら〔イスラエル〕を祝福しよう」（民数六・二七）とあるとおり、祭司は神と民との和解を担っていたはずである。神の裁きを恐れたユダは、祭司長に祈ってもらう以外に救いはないと感じて祭司長のもとへやって来たのではないだろうか。しかし祭司長たちはユダを冷たくあしらった。最後の望みを断たれたユダは絶望し死を選んだと考えられる。こう考えるとユダの自死は自殺に追い込まれた可能性がある。祭司長たちが何らかのかたちでユダを受けとめていたなら、ユダの行動も変わっていたかもしれない。本来そうあるべきであったのにしなかった「祭司長たち」の罪、ユダを無視した罪について取り上げられることがあまりないということもおかしなことだと思う。

ユダを無視したのは祭司長たちだけではない。十二弟子たちの誰かがユダの悩みにかかわったという記事もまったくない。彼らだって主イエスを残して逃げて行ったのだから、大事な時に主を捨てた。主のみこころに対する思い違いという意味ではユダと大差ない。彼らも「十字架と復活についての予告」（マタイ一六・二一以下、一七・二二以下、二〇・一七以下）を聞いていたはずである。この予告についで彼らは議論したことがなかったのだろうか。そんなことは考えられない。ルカの福音書二四章一九―二四節を見ると、弟子たちはこの予告を知っていたのに信じていなかったことがわかる。「私たちは、この方こそイスラエルを贖ってくれるはずだ、と望みをかけていました」という思い違いをユダもしていたと考えられる。それなのにこのルカの記事にユダのことは何も書いていない。なぜかはわからないが、弟子たちは仲間であるユダの悩みにかかわっていないし、かかわろうともしなかったようだ。弟子たちの誰かが親身になってユダの悩みを聞いてあげることができたら、ユダは祭司長たちのところへ行かずに済んだかもしれない。弟子たちもユダを無視し自殺へ追い込んだと言われても仕方がないと思う。

このように人間側の視点だけから見ると、ユダの悩みにかかわって共に考えてくれる人がいたら、ユダは自殺せずに済んだかもしれない。ユダの自殺は、単にユダ一人の行為ではなく、他の人々の罪的行為と重なり合ったことの結果であると思う。ユダが祭司長へ「引き渡し」、祭司長たちが総督ピラトへ「引き渡し」、総督ピラトが正しい裁きをしないで「私には責任がない」と投げやりな気持ちになって、「十字架につけるために引き渡した」のだ。イエス・キリストの十字架刑はユダの引き渡しがきっかけとなったが、彼だけが「引き渡した」わけではない。それなのに、ユダだけがなぜ「裏切った（引き渡した）男」として非難されるのだろうか。ユダだけがすべての人に捨てられた、みじめな人間の代表的存在とされてしまった。このユダの姿は「わが神、わが神。どうしてわたしをお見捨てになったのですか」と十字架上で叫ばれた主イエスの姿と重なるように思えてならない。主イエス・キリストの十字架刑の意味、つまり、神に捨てられ、人々にも捨てられて、全人類の罪の刑罰を身代わりに受けられたという意味を、現実の世界で具体的に明らかにした唯一の証人こそがユダだったのではないだろうか。

主はユダを使徒として愛しておられたことは間違いない。過越の食事のとき、一番大事な人を座らせる「左側」の席にユダを座らせ、もっとも身近に置かれた（ヨハネ一三・二三—二六）。このような関係の中で主は、「そのような人は生まれなかったほうがよかったのです」とユダを指して言われたのだ。これは主が心変わりしてユダを愛するのをやめると宣言したわけではない。むしろ、人の子を裏切るという最大の罪を犯し、神から見捨てられ、すべての人からも見捨てられた罪人の代表に選ばれた者に対する悲痛な愛の叫び、あわれみの言葉だったのではないだろうか。

「罪人の代表」として描かれているユダの記事が目立つ。

① ベタニヤの香油注ぎの記事の中で、主の死の理解者の代表のマリヤとまったく理解していない者の代表のユダが対比されている。

② ペテロとユダの裏切りの記事においても、選ばれた者の代表と捨てられた者の代表として描かれている。

③ キリスト復活後の最初の集まりにおいてユダの代わりにマッテヤが選ばれたが（使徒一・一五—二六）、使徒の働きの著者ルカはユダの使徒的使命の実際の継承者はパウロであると確信して記述している。神の民を迫害したサウロは復活の主との出会いによって、異邦人に福音を伝える者となった（使徒九・一五、二二・二一、二六・一七—一八）。「私があなたがたに最もたいせつなこととして伝えた〔引き渡した〕のは、私も受けたことであって、次のことです」（Ⅰコリント一五・三—五）。ここには、十字架刑へイエスを引き渡した者の代表としてのユダと、恵みの福音へ導くためにイエスを引き渡す〔宣べ伝える〕者の代表としてのパウロの対比がある。

神の摂理のもとで、このような「罪人の代表」という役割を担わされたイスカリオテのユダを主はどんなに慈しんでおられたことだろうか。繰り返していうが、「わが神、わが神、なぜわたしをお見捨てになったのですか」と十字架上で主が叫ばれたのは、まさしく罪人の代表であるユダの身代わりの叫びだったのではないだろうか。

「神は、すべての人が救われて、真理を知るようになるのを望んでおられます」（Ｉテモテ二・四）。

結び

以上のことから判断すると、「そういう人は生まれなかったほうがよかったのです」という言葉は、特別に選ばれたイスカリオテのユダだけに言われたものであると結論することができる。自殺の必然性など誰にもない。すべての人、どんな人でも、「生きていてよい」のである。

参考文献

John Gill, *An Exposition of the New Testament*, George Keith, 1746.

Robert Jamieson, A. R. Fausset, David Brown, *Commentary Critical and Explanatory on the Whole Bible*, S.S. Cronton & Co., 1871.
Matthew Henry, *Complete Commentary on the Whole Bible*, Logos,Inc., 1706.
B. W. Johnson, *The People's New Testament*, Christian Publishing Company, 1891.
A. T. Robertson, *Word Pictures of the New Testament*, Broadman Press, 1932, 33.

ヨハネ

愛のいましめ

土戸　清

はじめに

ヨハネによる福音書のこころ——聖書からのメッセージ

ヨハネによる福音書一三章三四節

あなたがたに新しい掟を与える。互いに愛し合いなさい。
わたしがあなたがたを愛したように、あなたがたも互いに愛し合いなさい。

ヨハネによる福音書三章一六—一七節

神は、その独り子をお与えになったほどに、世を愛された。

独り子を信じる者が一人も滅びないで、永遠の命を得るためである。
神が御子を世に遣わされたのは、世を裁くためではなく、
御子によって世が救われるためである。

イエス・キリストが、私たちに新しいいましめを与える、と冒頭の聖書の言葉は告げている〔新共同訳聖書は、ヨハネによる福音書とヨハネの手紙一と二の中のギリシャ語のエントレー（entoré）の語を「掟」と訳出した。しかし、一九五四年の『協会訳』いわゆる『口語訳』の「いましめ」の訳語のほうがヨハネによる福音書記者の用語と思想の訳語としてはふさわしい。「掟」という日本語は、命令、指図、法律的ニュアンスが強く、「いましめ」には「諭す」「言い聞かせて納得させるという」教育的配慮が含まれているからである。詳細は拙著『ヨハネ福音書のこころと思想』第五巻、七七―七八頁参照〕。しかも人間相互間の単なる教え、いましめの言葉ではなく、その教え、いましめの実践上の模範・規範をイエス・キリストは、私たちに与えているのである。すなわち、「わたし〔神〕があなたがたを愛したように」と聖書は私たちに告げている。ここに、私たちのものの考え方や、それに基づく振る舞いの「規範」を見いだすことが求められているのである。

冒頭の二番目のヨハネによる福音書三章一六―一七節の聖書の言葉は、私たち人間の命の尊厳、かけがえのなさの根拠をはっきりと示している。昨今はますます、家庭で、学校で、社会で、人の命がきわめて安直に、また、おろそかに扱われている。絶えることなくその類の報道が連日マスメディア

を賑わしている。事件が起きるたびに文部科学省や各地方自治体の教育関係者は、「命の尊さを重んじるように」との通達や訓示を公にする。しかし、その言葉に重みがない。通達や訓戒をする者が、「なぜ人間の命が尊いのか」についての確信が持てないからである。一人ひとりの人の命の尊さの根拠と理由を多くの大人、すなわち、親と教師は言及しないで「通達」や「要望」を出しているにすぎないからである。それらの犯罪的行為をマスメディアを通して知ったとき、子を持つ親は、ひどいことをする者がいると、憤懣やるかたがない思いにとらわれる。しかし、自分と自分の家庭内では、その類の陰惨な出来事は決して起こらないと思い込んでいるだけであることに気づいていない。親は子どもに、教師は生徒に、どれだけ確信を持って一人の人間存在のかけがえのなさを語ることができているであろうか。

マスメディアが連日のように報道する悲惨な事件は、私たちの日常の生と無関係のことではない。それゆえ、このような時代であるからこそ、人間の「優しさと強さ」の源泉を私たち自身がまず発見する必要があるのである。

ヨハネによる福音書は、私たちに対して、神に起源する「愛」とそれを規範とする、私たち人間相互の愛についてどのように理解しているのであろうか。

近・現代の愛と倫理・道徳の規範の喪失――アノミーの時代

現代はアノミーの時代である

「価値観が多様化し、無規範化した社会においては、正気―狂気、右―左、男―女、成人―子供、堅気―やくざ、白―黒といった二極構造が崩壊し、境界が失われて灰色の領域が広がる」と的確な指摘をなし、攻撃性は弱者に無差別に向けられ「猟奇的事件」の続発を予告した心理学者がいたが、その後のわが国の家庭・学校・社会では、ほぼ指摘どおりの事件が次々と生起した。その適切な警告がなされたのは、今から二十年ほど前の一九八七年七月ことである〔小田晋「匿名の悪意・情報管理社会の落とし子」『読売新聞』。小田晋は当時、筑波大学教授、精神医学、社会病理学者〕。

園児や学童や生徒に大人が悪意の脅迫や性的嫌がらせをする事件が起こっているから注意をするようにとの連絡が、地方自治体の教育センターから毎日のようにファックスで初等、中等教育機関に届けられているのが実情である。自らの恣意的判断とそれに基づく行為を抑制する規範を、どの成長段階の時期にも経験しないで大人となった者の振る舞いそのものなのである。心ある家庭と創設の精神〔建学の精神〕の明確な私立の教育機関を別として、ほとんどの大人も子どもも「人間」として生きる上での「規範の教育」を受けないで大人となったのである。それゆえに社会の大人が、規範を喪失したままの生を送っているのは、当然であるともいえる。その意味でも現代は、規範の喪失〔アノミー）の時代なのである。

アノミー（無規範）の時代――その語源をめぐって

元来「アノミー・anomie＝anomy」という用語は、人々の日常の行動やものの考え方を秩序付ける共通の価値観や道徳が失われることに伴う、無規範の時代と混乱が支配的となった社会の状態を意味するものとして、現代フランスの社会学の基礎を築いた、フランスの社会学者デュルケム（Emile Durkheim）によって用い始められた。聖書を読んでいる者は、「アノミー」という現代語を聞くと、直ちに、古典ギリシャ語の「アノミア（anomia）＝無法、不法」や「アノモス（anomos）＝ノモスがない」」、すなわち、「法律・律法・規範がない、失われている」ことを示す語であることに気づかされる。無規範（アノミー）とは、ギリシャ語の「ノモス（nomos）」と「ない（否定語のa・ア）」から造語されている。a＋nomos＝anomos（ノモスがない）ということである。ということは、無規範の時代とは、「聖書の示す規範が失われている時代」ともいえる。それゆえに、「規範・ノモス」を回復すること、再発見することが、遠回りのようでいて、無規範の時代が引き起こす諸問題の根本的解決の近道なのである。現代がアノミーの時代であるとの認識を持つことは、その時代のもたらす不幸や悲惨な出来事を防ぎ、かつ、問題の根本的解決の方途を見いだすために必要である。しかし、私たちは、社会現状の分析にとどまるだけでは不十分かつ無責任である。近・現代人が見失った「規範」の再発見をすることが、私たちには、求められる。

「規範」を示す親と教師の責任——新約聖書の「新しいましめ」

ノーベル平和賞を受賞し愛の実践者といわれ、世界中の尊敬を受けてきたマザー・テレサが来日した際、平和教育の優れた教育現場である広島の原爆資料館を訪ねた。その時の感慨を一枚の色紙に記した。それが、同館を訪れた各国の要人の色紙と一緒に掲示されていた。

そこには次のような簡潔な英文と、誰かの翻訳の文が併記されていた。

Let us love one another as God loves each of us so that the terrible evil that had brought so much suffering to Hiroshima may never happen again.
Let us remember works of love and prayer are works of peace.
God bless you.　Mother Teresa, 23, 11, 1984.

広島に多大な苦痛をもたらした恐るべき罪悪が、二度とおこらないよう、互いに祈り、愛と祈りの行為が平和の行為であることを忘れないようにしましょう。

昭和五十九年十一月二十三日　　マザー・テレサ

誰でもすぐ気づくことであるが、この訳文は中途半端である。それだけではなく、大事な点を人々の目から隠している。意識してか、無意識的かはうかがい知れない。しかし、平均的日本人に共通の思想上の特徴である「世俗主義的生き方と考え方」が示されているといえる。すなわち、宗教的要素を私たちの日常の生から徹底して排除しようとする「世俗主義」的生き方にどっぷりと浸かっている人々の思惟と、それに基づく行為の典型的現れが、その訳し方に現れているのである。

マザー・テレサは、広島に悲惨な出来事がもたらされた原因を冒頭に告げている。

「わたし〔神が〕があなたがたを愛したように、あなたがたも互いに愛し合いなさい」（ヨハネ一三・三四）という聖書の言葉の前半部分がはっきりと示している聖書に起源する「ノモス・規範」に現代人が無関心であるときに、あるいは、私たちの日常の生から払拭しようとするときに、この世に、すなわち、家庭に、学校に、社会に、民族・国家間に悲惨と不幸を招くのである。マザー・テレサはそれを色紙の冒頭に記したのである。

「わたし〔神が〕があなたがたを愛したように」という規範部分に私たちが注目し、関心を持ち、そこから学ぶことの大切さを、マザー・テレサは伝えたいのである。

広島に原子爆弾を投下した「ヒト」と国も、アジアの諸国を侵略した「ヒト」と国も（すなわち、アジア侵略の軍事拠点の「軍都広島」も）、いずれも「加害者」なのである。被害者意識を持って常に隣人と隣国を批判する「ヒト」と国は、真の平和、すなわち、神に起源する平和や世界秩序の恒久的確立や、神に起源する自由は発見できない〔詳述は拙著『聖書に聴く――現代教育の諸問題』、とくに、六―九頁参照〕。すなわち、「ヒト」を「人間」とする「ノモス・規範」に触れる機会を永遠に失う。換言すれば「真の人間」、「成熟した人間」、「神を畏敬する人」、「信仰者」としてこの世に生を受けて来た自らを発見しない人生を送るのである。

ヨハネによる福音書は、私たちに対する神からのメッセージを次のように、告げている。

愛と倫理・道徳の規範の失われた現代人に対する聖書のことば

ヨハネの「治癒奇蹟物語」から、現代人へのメッセージを聴く

ヨハネによる福音書五章一―九節にひとつの「治癒奇蹟物語伝承」が記録されている。その伝承素材をヨハネ福音書記者はどのように理解したかを明らかにすることを通して、ヨハネによる福音書（聖書）の告げる「愛」について私たちの想いを馳せたい。

「ベトザタとばれている池のほとりで一人の病人がイエス・キリストとの出会いを通して癒された」ことを、このヨハネによる福音書五章の冒頭の記事単元は語っている。

物語のストーリーはきわめて単純明快で、重い病で苦しみ、治療に効くという池のほとりでいつも我れ先に飛び込む隣人に先を越されて三十八年間も過ごし、ナザレのイエスという人物に声をかけられ、その言葉に応えたら病気が治った、という、地球上のどの民族・国家間の諸宗教や民間伝承中にもある「信仰上のご利益をもたらす平凡なお話」の一つである。キリスト教もご多分に漏れず平凡な宗教であると、この類の説話を聖書中に見いだすと直ちに読むのをやめる自称教養人もいる。その感覚は必ずしもおかしいとはいえない。むしろ正しいともいえる。新約聖書の時代、すなわち、紀元一

世紀前後の地中海世界には、キリスト教に限らずその類の「治癒奇蹟伝承」や「自然奇蹟伝承」はごく当たり前に流布していたのである。地中海世界に限定していうなら、その類の奇蹟を行う者を「セイオス・アネール（theios anēr）＝神的人、または神の人」と称した。おびただしい数のセイオス・アネールが地中海世界に存在した。それは、ヘレニズム世界に特徴的な人物像で偉大な異能（カリスマ）を有する人物と見なされた（か、自称した）。すなわち、「miracle worker（英）／Wundertäter（独）＝奇蹟行為者、奇蹟執行者」と称された。

ヨハネによる福音書の中にも、その類の人物像を主イエス・キリストに重ねて理解する人々がもちろん続出した。しかし、新約聖書の福音書記者たちは、それら「セイオス・アネール（theios anēr）」と、ナザレのイエスの振る舞い（教えと業《わざ》）を決して同質・同内容のものとは理解していない点に私たちは注目する必要がある。以下ヨハネによる福音書の記事単元に沿って理解を深めていきたい。

聖書の世界への招き・その入り口に立つ自己の発見

イスラエルの首都エルサレム〔このように表現するだけでも批判の対象になる。ユダヤ人側か、パレスティナ人側いずれの視点から発言しているかが問われるからである。筆者は聖書学者の立場から、ユダヤ教・キリスト教・イスラームを歴史的に語る〕の旧市街（オールド・シティ）には第二神殿時代の壁が現存する。エルサレム神殿は紀元前（BCE）九五八年ごろ、統一イスラエル王国三代目の王ソロモンによって起工、前五八七年、バビロニアによって破壊。前五三六年にバビロニア捕囚から帰還したイスラエル人たちによって再建定礎〔五二〇年エルサレム第二神殿着工、五三六年竣工〕された。第二エルサレム神殿の建立は、前四九九年ごろのユダヤ教の成立の歴史と不可分の関係にある〔詳細は、S・サフライ、M・シュテルン編著『総説・ユダヤ人の歴史』、S・サフライ、M・シュテルン編著『総説・ユダヤ人の歴史』〔全三巻〕土戸・長窪他共訳、とくに三巻一七章を参照されたい〕。この第二神殿の崩壊〔七十年の対ローマ独立戦争の敗戦の年〕後、現在に至る二千年の歴史において、アラブ人によるパレスティナへの侵入・征服、十字軍による一時的奪回とその敗北など、多くの民族・国家の興亡の歴史が繰り返され、その都度エルサレム神殿は、破壊と再建が繰り返されてきた。十九世紀から、本格的な学術的考古学的発掘調査と再構築が連続して遂行され、今日に至っている。

今日エルサレムの旧市街を訪れる者は、聖書の時代のエルサレムの城塞都市のいくつかの城門の一つである「ステファノ門」〔ライオンの門ともいう。支配者により各時代の名称は異なる〕から入ると、すぐ右手に聖アンナ教会を見いだす。たくさんの巡礼者が今日もそこを訪れる。この教会は一一〇〇年ごろ十字軍によって建立された教会である。その教会の西側の境内から、現代の考古学者たちは、聖書の時代の壁で囲まれた池とそこに下っていく階段とを発見した。日本人の多くは「池」というと、芭蕉の「古池や蛙飛び込む水の音」の俳句から自然豊かな池を連想する。しかし、エルサレム神殿境内のこの「池」はヘロデ大王の時代に建設された、南北四〇メートル、東西五二メートルの池と、それと対をなす六四×四七メートルの双子の大プールと称したほうが適切な人工的大水槽である。今日その一部の発掘が完了していて、私たちはそれを目の当たりにすることができる。これから講解するこの治癒奇蹟伝承中の物語は、この池を舞台としている。

ベトザタの池の傍らで人生のもっとも良い時期を、ただ自分に苦痛をもたらす重い病を治すことだけに思いを詰めてきたこの病人の歩みは、悲惨な歩みであった、といえよう。しかし、病気の治らないことはもちろんつらく悲しいことであったが、それ以上に悲惨な思いにとらわれ、深い淵に沈むような思いを抱いた。失意の連続を味わったのは、大勢の人々、すなわち、同胞の間にいながら、自分のためにこころ配りしてくれる隣人を誰も得ていない、ということであった。その事実は、イエス・キリストに「治りたいのか」と声をかけられた際に、「はい、そうです。だからここに毎日いるのです」、あるいは「もちろん治りたいのです」と、イエス・キリストに対して素直に答えないで、隣人に対するこれまでの不平不満をイエス・キリストに一気に告げた描写がそれを示しているのである。その事実を、このごく短いこの記事単元の文脈は伝えていることに、まず私たちは注目したい。

主イエス・キリストに「良くなりたいか」と聞かれたこの病人は、何をイエスに告げたかったのか。病人は答えた。「主よ、水が動くとき、わたしを池の中に入れてくれる人がいないのです。わたしが行くうちに、ほかの人が先に降りて行くのです」（五・七）と聖書は伝えている。

ベトザタの池のほとりで三十八年間病気であった人物を、被害者の立場からするものの見方、考え方しかしてこなかった人物として、ヨハネ福音書記者が伝えている点に私たちは注目する必要がある。

私たちのほとんどは、その日常の生において、被害者的立場から自らの身の上と、自らにかかわる周辺の出来事を観察し、判断する。「被害者」とは不法行為や犯罪によって自己の権利を侵害されたり、脅威を受ける者をいうのであるから、その言葉の本来的意味においては周囲の者から同情や援助を受ける必要がある、といえよう。しかし、被害者であると思い込んだり、いつでも被害者意識から、あるいは被害者的立場からのみ他者を批判し、いち早く自らを被害者的立場に置く者は、ある種の「精神的安全圏」に逃げ込んで、自らの加害者性に気づかない人生を送るのである。すなわち、問題を常に自己以外の周辺の他者のせいにする。友人・知人、親や兄弟、教師や先輩、他国の人々すなわち、他民族・国家などに、責任のすべてを転嫁して生きる生を選ぶ。ある意味では、被害者意識で生きる生き方は、きわめて気楽な生き方をすることに通じるのである。

ベトザタの池のほとりの病人は、自分が隣人より重い病気であったから、隣人を蹴落として池に入れないだけのことであった。「先に入ったひとが癒される」という言い伝えの中の出来事である。すなわち、取り残されて三十八年過ごしたという物語の「あらすじ・概略」である。被害者と思い込んでいる自分が、もし、自分よりさらに重い病を得ている隣人がいたら、それを蹴落として池の階段を先に下りて行く自分の生きる姿勢に気づく必要があるのである。

広島は間違いなく被害者である。しかし、同時に朝鮮半島やアジア諸国侵略の基地「軍都広島」だったのである。被害者であると同時に加害者なのである。

聖書の世界は、そのことに気づかない限り見えてこない。そういう人の生をキリスト教用語で「罪に生きる生」という。被害者・加害者の関係に気づくのは、自らの振る舞いの相対性を承認できるときだけである。換言すれば、自らの振る舞い（自らの思惟とそれに基づく行為）を絶対化する愚行から解放されて初めて聖書の世界、まことの信仰の領域に招かれている自己を発見するのである。
聖書の物語の重要部分、すなわち、核心はここから始まる。ベトザタの池の治癒奇蹟物語伝承は、きわめて簡潔にその後の出来事を告げている。

イエスの時代の奇蹟と信仰――主イエス・キリストと「神的人」の異同

主イエス・キリストは、その病人の不平不満に対して、直接応えたとは、聖書の物語は告げていない。イエスは「起き上がりなさい。床を担いで歩きなさい」(五・八)、とひとことだけ言った、と聖書本文は伝えている。しかも続いて「すると、その人はすぐに良くなって、床を担いで歩きだした」(五・九)と、奇蹟が生起したことを聖書はきわめて簡潔に告げている。

この描写は、地中海世界の治癒奇蹟伝承に共通の様式を示している。すなわち、主イエス・キリストの言葉に従ったら、長年苦しんだ重い病が即座に癒され元気になって日常の生活に戻った、という。これを一般には奇蹟が起こった、という。それゆえ、その類の奇蹟を起こす人物は、通常の人を超えた、異能を有する「神的人」「神の人」「セイオス・アネール(theios anēr)」と称され、脅威や尊敬の対象となった。主イエス・キリストもその類の人物である、とイエスの弟子となった福音書記者たち、すなわち、マタイ、マルコ、ルカ(共観福音書記者たち)は描写し、ヨハネも同様にその類の伝承素材をイエスに適用している、と見なされる。それゆえ、キリスト教といえども「宗教」に共通の「宗教くささと胡散《うさん》くささ」を伴うと批判する、自称教養人、または、知性(?)を誇る「科学的思想に生きる」自称科学者（？）が多いのも、無理はない。この原因の一端は宗教側にもある。その類の内容を資料批判と検証なしに宗教の名で流布させる（プロパガンダする）からである。

ヘレニズム文化圏に生きたマタイ、マルコ、ルカ（共観福音書記者たち）は、主イエス・キリストの行った奇蹟的業《わざ》を表記する際に、ヘレニズム時代に地中海世界におびただしい数に上る「セイオス・アネール（theios anēr）」の存在と、その概念を承知していた。それにもかかわらず、その類の治癒奇蹟伝承を排除せずにイエスの業《わざ》に援用していることは事実である。しかし、それを表現する際に、正典福音書に限定していえば、四福音書記者たちに共通していることは、「セイオス・アネール（theios anēr）」に適用されている奇蹟的行為を意味する「テラタ（terata）＝奇怪な業《わざ》・不思議な業」の用語をイエス・キリストに援用することを避けていることである。

ヨハネ福音書記者は、「しるし・セーメイア（sēmeia）」という語を用いている。「テラタ」という語は、ヨハネによる福音書中、四章四八節に一回出てくるだけである。この場合でも、「しるし・セーメイア」と併記されて出ており、しかも否定的文脈の中で用いられているだけである〔これを『協会訳』いわゆる『口語訳』が「奇蹟」と訳したのは誤訳に近いといえよう。新約聖書の「奇蹟」は、意味内容を異にする（後述参照）。なお新共同訳聖書はこの語を適切に「不思議な業」と訳している〕。すなわち、主イエス・キリストの行った「奇蹟」をヨハネ福音書記者が描写する際には、必ずヨハネによる福音書に特徴的な「しるし・セーメイア（sēmeia）＝セーメイオン（sēmeion）の複数形」を用いている。

マルコによる福音書（とその平行記事のマタイによる福音書）においてもマルコ（および、マタイ）は、イエス・キリストの奇蹟を表記する際に「セイオス・アネール（theios anēr）」に適用されている「テラタ」の語を用いず、「神の力ある業《わざ》」を意味する「デュナメイス（dynameis）＝デュナミス（dynamis）の複数形」を用いている。新共同訳聖書は正しくこの語を「奇蹟」と訳出している〔この語を『協会訳』いわゆる『口語訳』は「力ある業《わざ》」と訳している。それ自体は間違いであるとはいえない。しかし、新共同訳聖書のように、「奇蹟」とはっきりと訳すほうが適切であろう。現に『協会訳』が諸教会の礼拝で用いられている時代に、ある大学教師で牧師のひとりがギリシャ語原典聖書を用いないで、日本語のコンコーダンスから「奇蹟」の項目を調べて「新約聖書の奇蹟」について論じている文章に触れて驚いた経験がある。新約聖書のテラタについて」という論考なら、それでよいが、「新約聖書の奇蹟」を解明する論文にはならないからである〕。なぜ、そのような配慮をしつつ、また、注意を払いながら、主イエス・キリストのなす「奇蹟」を、同時代の人々に（また、後の時代の私たちに）伝達したかったのであろうか。それは、私たち「ヒト」を「人間」とする「福音」、「神の愛」を私たちに告げ知らせたかったからである。

聖書の奇蹟理解――新約聖書の「奇蹟」とは何か？

新しい「人間」の創造と失われた倫理・道徳の規範の回復

ヨハネによる福音書には、「神が共におられるのでなければ、あなた〔イエス〕のなさるようなしるし〔セーメイア（sēmeia）〕をだれも行うことはできない」（三・二）と、ナザレのイエスのもとを訪ねたニコデモに対して「イエスは答えて言われた。『はっきり言っておく。人は、新たに生まれなければ、神の国を見ることはできない。』」（三・三）と「ヒト」が「人間」となるためには新生（rebirth）と「再生」（regeneration）をする必要があるとの教えを告げた、とヨハネ福音書記者は語っている。換言すれば、イエス・キリストにおける「新しい創造の業《わざ》」にあずかる以外に、「ヒト」が「人間」すなわち、「成熟した人間」となることはできないことを、ヨハネ福音書記者は明らかにしたのである〔新約聖書における「新生・New Birth、ギリシャ語の anagennēsia」や、「再生・regeneration、ギリシャ語の palingenesia」と、新約聖書中の、とりわけヨハネ福音書記者と（使徒パウロ）の「新生」と「新しい人間の創造・The New Creation of the New Person、ヘー・クティシス・ツー・カイヌー・アンスロープー・hē ktisis tou kainou anthrōpou」とは神学思想上不可分である。詳述はここでは紙面の制約上割愛する。馬場嘉市編『新聖書大辞典』の土戸清「新生」と「再生」の項目を参照されたい〕。

また、新約聖書記者の中で、それまでユダヤ教徒の宗教理解においては「未来的終末論」が一般的であったのに対し、その神学思想を保持しつつ、しかし、歴史を歩まれる神をイエス・キリストの内に見いだしたヨハネ福音書記者（および使徒パウロ）は、キリスト教の信仰理解の特徴は「現在的終末論」、「成就された終末論」にあることを強調したのである〔「終末論」の問題についてはここでは論じない。「新約聖書における「終末論」、とくにヨハネとパウロの「終末論」の特質については、樋口進、中野実監修『聖書学用語辞典』の土戸清「終末論（新約）」の項目を参照されたい〕。キリスト教の神、聖書の示す神は、ナザレのイエスにおいて「歴史に歩む神」、「歴史に働く神」である。キリスト教は「啓示宗教」なのである。

永遠から永遠に存在する神である「かつてあり、今もあり、未来もある存在」が、換言すれば「神の時（カイロス）の存在」が、私たちの歴史の時（クロノス）において自らをイエス・キリストにおいて啓示されたこととの信仰理解からしか、「神の愛」を規範とする人間相互の愛の根拠はありえない。すなわち、「ヨハネ福音書の愛」は、ヨハネによる福音書における「啓示と受肉」・「永遠の命」・「ことば」〔このヨハネによる福音書中の重要な神学思想を示す三つの用語などに関しては、前掲の『新聖書大辞典』の土戸清「受肉」「ことば」「永遠の命」の項目の論考を参照されたい〕などのヨハネ福音書記者の思想の特徴との関連において理解する必要があるのである。

新約聖書、とくにヨハネによる福音書の「奇蹟」の意味――聖書の読み方

三十八年間の重い病が、イエス・キリストによって癒されたから、この人物は、自らの上に「奇蹟」が起こった、と理解したのであろうか。

イエスは「起き上がりなさい。床を担いで歩きなさい」（五・八）と、ひとことだけ言った、と聖書本文は伝えている。しかも続いて「すると、その人はすぐに良くなって、床を担いで歩きだした」（五・九）と、奇蹟が生起したことを聖書はきわめて簡潔に告げている。

この聖書本文から、現代人はどのような聖書のメッセージを聴き取るのであろうか。換言すれば、「聖書のこころ」に触れることができるのであろうか。

ベトザタの池のほとりの病人は、イエス・キリストとの出会いにおいて、「ヒト」を「人間」とする根源的響きを有する言葉――神の言葉――が、誰か他の人に対してではなく、他ならない自分に向けて語られている事実に、初めて触れたのである。

神ご自身が私たちの歴史にかかわり、私たち「ヒト」を「人間」しかも「成熟した人間」、換言すれば、「信仰の人」とする「新しい創造の業《わざ》を遂行される。イエス・キリストにおけるその「新しい創造の業《わざ》」が、自分（「ベトザタの池のほとりの病人」）の身の上に生起しているというリアルな経験を、「ベトザタの池のほとりの病人」は、イエス・キリストとの出会いにおいて経験した。

長い年月にわたり、大勢の人々の間で「一人」で過ごしてきた。しかし、それらの人々の関心は、隣人にあるのでなく、池に真っ先に飛び込む思いに集中していた。無理もないことではある。病人が病人のこころ配りすることを求めるのは酷である。誰しも自分のことだけで精一杯である。それを十分承知していながらも現実には、そのような態度を持つ隣人を批判する。自らの生きる姿勢も同じであるにもかかわらずに。

しかし、あのナザレのイエスは私たちとまったく異なる振る舞い（教えと業《わざ》）をなす。主イエス・キリストの人格の結晶したような言葉を相手のために語るのである。「ベトザタの池のほとりの病人」は、ナザレのイエスとの邂逅（出会い）において、その出来事が誰か他の人にではなく、自分に向けて語られた「ことば」を聴いたのである。その言葉に従ったときに病が癒されたのである。それは、同時に、「ヒト」は孤独であっても、「人間」は決して一人ではない、という実感を、ナザレのイエスとの出会いにおいて経験したのである。神との関係に生きる者は、いつ、いかなるところにおいても、一人ではない、ということを経験したのである。「かつてあり、今もあり、未来もある存在」が、ナザレのイエスにおいて、自分にかかわりを持つ、という実感を持ったのである。神の祝福のうちにこの世の生を、誰もが受けていることを見いだす人は、主イエス・キリストにおいて「新しい人間・The New Person」として「再創造」の業《わざ》にあずかったのである（後述参照）。

それだけでもこの人物にとっては大きな驚き（ワンダー・wonder（英）／ブンダー・Wunder（独）であった。イエス・キリストはその意味で、「ベトザタの池のほとりの病人」にとって、ワンダー・ワーカー（wonder worker→miracle worker 奇蹟行為者）／ブンダーテーター（Wundertäter）であった。しかし、病が癒されたから、「ベトザタの池のほとりの病人」は驚いたのではない。新約聖書の奇蹟、とりわけヨハネによる福音書の意味する奇蹟（しるし）が、この人に生起したのであって、「セイオス・アネール（theios anēr）」の不思議な業《わざ》が「ベトザタの池のほとりの病人」に起こったのではない。

聖書の読み方（2）

ベトザタの池のほとりの病人にとってもっとも驚くべき出来事が、自分の身の上に起こった。それは、神的事柄が身の上に生起していることの経験である。

イエス・キリストとの邂逅（出会い）において、かつての自分の歩みにおいてはありえない、信じがたい驚くべきことが起こった。それは神の呼びかけに対して応答している自分を、イエス・キリストとの関係のうちに気づいた、すなわち、発見したからである。神の呼びかけ、神の招き、神の召し（Calling / berufen → Beruf）に対して、真摯に応答している（respond / verantworten）自己自身の姿・姿勢を、自分の内側に見いだしたことである。神の召し（呼びかけ、召し）にあずかっている自分に、自分で気づいたのである。しかもその呼びかけ・神の召しに対して、しっかりと応え、その呼びかけを受容（accept / annehmen）している自己を発見したのである。一人の人を「人間」として立ち上がらせる「力と優しさ」に満ちている言葉を初めて聴いたのである。自分にとってまったく思いがけない「信仰の世界」、「聖書の世界」の門が開かれ、その領域に招かれている自分を見いだしたのである。

「かつてあり、今もあり、未来もある存在」が、自分の歴史のただ中に、すなわち、ナザレのイエスにおいて、永遠の事柄が有限の今において認識することが許されている神の恩寵を感得したのである。ナザレのイエスが、自分のキリスト（救い主）であるということは、イエス・キリストにおいて内在する神と、イエス・キリストを媒介とし相互内在の恵みにあずかるという奇蹟的業《わざ》を、このナザレのイエスは可能としていることを、「ベトザタの池のほとりの病人」は、理解したのである。

聖書の読み方（3）

「ベトザタの池のほとりの病人」にとってもっとも驚くべき事柄は、神の招きに応答する責任ある自分を発見したことである。一人の人が、自らの人間であることのアイデンティティー（Identity＝自己の存在証明）を確立することは、信仰の領域にかかわることなのである。神に対して応える責任を有する存在としてこの世の生を与えられている自分自身を発見するとき、「ヒト」は「人間」としての自分に気づく。「ヒト」が「人間」となる、ということである。しかも「成熟した人間」すなわち、「信仰の人」となることである、との認識に至る。そのことを「ベトザタの池のほとりの病人」は、主イエス・キリストとの出会いにおいて、はっきりと理解したのである。

「ベトザタの池のほとりの病人」は、ナザレのイエスとの出会いを通して、真の「ことば」を聴き、それに従った。そのことを通して、被害者意識で人生の大切な時期を過ごしてきた自分が、加害者の一人でもあるとの認識を持つに至った。それを契機として、神の召しに応答することができる存在である自己を発見した。しかもそれだけにとどまらず、「ベトザタの池のほとりの病人」は、自分が神に対して応える責任を持つ存在として、この世に生を受けていることを認識するに至った、とヨハネによる福音書五章冒頭の治癒奇蹟伝承は、私たちに語っているのである。

「ヒト」ではなく「人間」であるということは、「人間」は神の呼びかけに応える責任（「答責性」responsibility／Verantwortlichkeit）を負う存在であるということにある。新しい「人間」とされるということは、イエス・キリストによる「新しい創造の業《わざ》」にあずかることにおいて可能となる。

「ベトザタの池のほとりの病人」は「新しい人間」とされたのである。

おわりに

家庭・学校・社会・民族・国家間における愛の規範の起源を求めて

ここにひとつの信仰の詩がある。

苦しまなかったら
もしも私が苦しまなかったら
神様の愛を知らなかった
もしもおおくの兄弟姉妹が苦しまなかったなら
神様の愛は伝えられなかった
もしも主なるイエス様が苦しまなかったら
神様の愛は現れなかった

（水野源三『わが恵み汝に足れり——水野源三詩集』、一三八頁）

この作者は小学校四年生の時、高熱が続き脳が侵され脳性小児麻痺になった。まばたきを除いて一切の身体の行動の自由を奪われ、寝たきりの生活を余儀なくされた。聖書の教えを、キリスト教の信仰を得る前は母親ともども死ぬことばかり考えていた、と著作は告げている。イエス・キリストの福音に触れて、生きる姿勢は一変した。親子で文字を選択する方法を苦労の末に遂行し、数々の信仰の詩を発表するに至った。その詩とその詩集に触れた多くの人々に希望と慰めを与え続けてきた。病は治ることはなかった。しかし、この信仰の詩人は、「まばたきの詩人」とも呼ばれ、その生涯の歩みを通して、神の栄光を現し続けたのである。病気が癒されたから奇蹟がその人の身に起こった、と聖書は語らない。

ヨハネ福音書記者は福音書九章の冒頭で生まれながらの目の見えない人について、「弟子たちがイエスに尋ねた。『ラビ、この人が生まれつき目が見えないのは、だれが罪を犯したからですか。本人ですか。それとも、両親ですか。』」と尋ねたとき、「イエスはお答えになった。『本人が罪を犯したからでも、両親が罪を犯したからでもない。神の業がこの人に現れるためである。』」（九・一―四参照）と記している。

水野源三氏は一九八四年に四十七歳で天国に凱旋された。その生涯の歩みは、神の栄光を現す歩みであった。病が治ったから奇蹟がその人に起こった、と聖書は見なさない。生涯寝たきりの生活であっても、また、さまざまな困難や迫害下にあっても、その人の信仰の生涯において神のご栄光が現されるのである。これを「聖書の奇蹟」という。

水野源三氏の詩の一つが印象に残っており、今でも暗唱している。

ひとりではない

一
世の務めをはなれ病にふすときも
一人ではない　一人ではない
死んでよみがえられたイエスキリストが
見守りたもう　その目で見つめよ

二
親しき友が皆別れて行くときも
一人ではない　一人ではない
死んでよみがえられたイエスキリストが
話しかけたもう　その耳できけよ

三
頼りなき自分に失望するときも
一人ではない　一人ではない
死んでよみがえられたイエスキリストが
励ましたもう　その口でたたえよ

（水野源三、前掲書、一一三頁）

詩の各段落の最終行は、詩人の思惟と振る舞いの「支点」が信仰の「視点」へと転換されていることを示している。

詩は、人間の弱さと強さの共存を示している。私たちは弱い存在である。危機に畏怖し、苦難に戸惑う。自分の心の脆弱さや身体の衰えをも、自らが一番よく知っている。しかし、生きる希望を失意の中で獲得する。それは、どのような所においても、神が共にいることを信仰において確信できるからである。信仰者は孤独ではない。一人ではない。それは、独房の中でも獄外の信仰の兄弟姉妹を励まし続けた使徒パウロや、困難の中で自らの属するヨハネ教団（Johannine Community）を形成する同信の友の指導を続けたヨハネ福音書記者が証ししているところである。神が共にいますという信仰のあるところにおいてのみ、換言すれば、礼拝する教会、祈りを大切にする信仰の共同体においてのみ、神に起源する「愛」が、信仰者の「規範」として大切にされていくのである。

ヨハネによる福音書三章一六―一七節

神は、その独り子をお与えになったほどに、世を愛された。
独り子を信じる者が一人も滅びないで、永遠の命を得るためである。
神が御子を世に遣わされたのは、世を裁くためではなく、
御子によって世が救われるためである。

キリスト教の中心思想、あるいは、福音とは何か、と問われた際には、ヨハネによる福音書のこの二つの節を伝えればよい。聖書の福音の内容を十全に言い表している言葉である。神は、御子イエス・キリストを私たちの罪の贖いのために、私たちの歴史のうちに遣わされた。ここにヨハネによる福音書の愛の教えが収斂している、といえる。それは、とりもなおさず、私たち人間が相互に「相互の尊さを承認する」ことを可能とする根拠そのものなのである。神に対する畏敬の念を持つことができて、初めて、自分とかかわる隣人のかけがえのなさと、その隣人の命の尊さを認識しうるのである。私たちの課題は、「神に起源する愛」を探求することなのである。

参考文献

小田晋「匿名の悪意・情報管理社会の落とし子」『読売新聞』「文化欄」、一九八七年七月一日。

土戸清『ヨハネ福音書のこころと思想』第五巻、教文館、二〇〇三年。

土戸清『聖書に聴く――現代教育の諸問題』日本伝道出版、一九九五年。

S・サフライ、M・シュテルン編著『総説・ユダヤ人の歴史』（全三巻）、土戸清、長窪専三、川島貞雄、池田裕共訳、新地書房、一九八九―一九九二年。

馬場嘉市編『新聖書大辞典』キリスト新聞社、一九七一年、改定版 二〇〇八年。

樋口進、中野実監修『聖書学用語辞典』日本基督教団出版局、二〇〇八年。

水野源三『わが恵み汝に足れり――水野源三詩集』、アシュラム社、一九七七年、第八刷。

パウロ

苦難と弱さの理解

高橋　克樹

パウロは苦難と弱さ、無力さについてどのように理解したのか

心悩める人を理解していく上で、伝道者パウロはどのようなメッセージを私たちに送ってくれているのかを、彼の苦難と弱さに関する理解を通して考えてみたい。

パウロは異邦人伝道の働きの中でさまざまな苦難に出会ったことを生々しく繰り返し証言している。キリスト教に改宗後はユダヤ教の律法学者たちからキリスト教の伝道者に寝返った人物として命を狙われ続け、一方、キリスト教会内ではキリスト教徒迫害の前歴によってその使徒職が疑問視されていたので、彼はそれらの批判に応えるために使徒であることを自己証明する必要性を人一倍強く自覚していた（Ⅰコリント九・一―二、一五・九―一一など）。また、彼がユダヤ教からキリスト教の伝道者に転換したとき、それまでの経歴や社会的地位、人間関係などすべてを放棄したため、その喪失の経験

を組み入れたかたちでキリスト者としてのアイデンティティーを確立しなければならなかった。そのことが「生きているのは、もはやわたしではありません。キリストがわたしの内に生きておられるのです」（ガラテヤ二・二〇）、「キリストと結ばれる人はだれでも、新しく創造された者なのです。古いものは過ぎ去り、新しいものが生じた」（Ⅱコリント五・一七）などの表現に現れている。律法によって自分を立てていた古い自分から、キリストの十字架の贖いによる救いを根拠とする生き方へと転換した彼は、それまでの生き方が結局は自分自身の弱さを排除し、強さを求めるものであったことを痛切に悟ったのだった。自分にとっての苦難を避け、自分の障害や弱さを切り捨てる生き方は、結局は自分自身の身を削るに等しいことだから、そのような生き方に挫折した彼は苦難や弱さをどのように理解すべきか実存的な問いの前に立たされたと思われる。

また、パウロ自身は何らかの痛みを伴う肉体的な障害があったために、そのことでキリスト教会内の敵対者たちから誹謗・中傷と非難を受けていた。パウロは真正の書簡の中で六六回というかなりの頻度で「からだ」（ソーマ）という語を用い、体の喩えを用いることを見ても（Ⅰコリント一二・一二―三一、ローマ一二・三―八など）、障害を抱えた自分の身体をことのほか意識しながら生きていたのだ。このように見ていくと、パウロが体験した苦難や彼自身の障害や弱さが福音理解と人間理解に強く影響を与えていることは確かで、この苦難の経験や肉体的な障害こそがパウロの福音理解を形づくり、いわゆるパウロ神学を形成しているのである。

このようなパウロを理解する上でもっとも重要な視点の一つは、彼が自己の苦難や弱さを「語ること」によって伝道者パウロの自己像を「構成している」点である。通常、苦難や弱さは自分にとっては障害を感じさせたり違和感を抱かせるものだが、彼の場合は苦難と弱さの中にある自己を語ることによって伝道者パウロという存在のパーソナリティーを形づくっている。自分の障害や弱さ、苦難は理想的自己にとっては受け入れがたいマイナスの事柄だが、それを語ることによって現実的自己との間で分裂してしまった自己の全体性を獲得しているのだ。彼にとって喪失の出来事や苦難、自分の障害や弱さは人生と矛盾するものではなく、逆に自己を認識し形成していく上で必要不可欠な要素になっていることを、キリストとの関係で積極的に証言している。

通常の人生にとってマイナス評価を受けやすいこれら苦難や弱さの事柄が、福音にとっては逆にプラスに作用し、自分自身のスピリチュアリティーを涵養し、福音理解を豊かにするものだという認識が彼にはあるからである。まったく同じ出来事であっても、人はそれらをまったく異なる仕方で「体験」しているように、パウロは自分の体験した苦難や自分自身の障害や弱さを「どう経験し、どう解釈するか」ということが福音理解にとっても、信仰者として生きていく上でも、とても大切な事柄であると認識している。このような認識は一口に言って人間存在の弱さを尊重する立場といえるもので、その弱さを通して人は自分の限界を悟ることができ、それによって内省と自覚が促され、神との関係性や信仰者としての自己認識の営みが深化していくことをパウロの書簡は物語っている。

パウロ書簡を読んでいく〔実際にパウロは弟子に口述筆記させていた〕と、教会の状況に応じて相互に矛盾する内容を語っていることにたびたび気づかされる。しかし、それは語りかけるパウロと聞き取る教会の信徒との関係性によって、語る内容がさまざまに変化し、しかも敵対者たちの多様な批判をも取り込んで語っているために、論理的で一貫性のある「神学的な原理」を欠いてはいる。それは確固たる主体があって、そこから神学的な思想が生み出されるのではなく、教会の信徒に向けて語る具体的な課題を解決するために思考しながら語っていく中で、パウロの思想が生まれてきたと考えるほうが実態に即しているのではないか。その姿勢は「弱い人に対しては、弱い人のようになりました。弱い人を得るためです」(Iコリント九・二二)とパウロ自身が言っているとおりである。そもそも苦難や弱さについてストーリー性を持って語ることは、自分自身が納得できるように筋立てることになり、それ自体が力強い説得性を自己に対して持っている。また、語らなければ気づくことのない自分自身の未知な領域を教えてくれる機能があるので、過去—現在—未来を全体として相互に関連付けて折り合いをつけさせ、人生の断絶のように感じている喪失の出来事も実は新しく生まれ変わるための好機としてとらえ直すことができる道を切り開く。その意味で、パウロは自分自身の苦難や障害、弱さを語ることによって、自分が何者であるかについての洞察を深め、苦難などのつらい記憶や、受け入れがたい弱さをコントロールできるようになり、現在の視点から「なぜ自分にとってつらかったのか」を解釈することで、自分自身を肯定的に理解できるような新しい意味付けを行うことができたのだ。

苦難や喪失の経験は自分の人生と矛盾しない

さて、とくに心悩める人を理解するための手がかりは、福音書に描かれているイエスとは違って、パウロ自身の発言から直接に聴くことができる。パウロの真正の手紙を書いたと想定できる年代順に並べてみると、テサロニケの信徒への手紙一はコリント滞在中に執筆（紀元五〇／五一年）、コリントの信徒への手紙一とガラテヤの信徒への手紙はエフェソ滞在中に執筆（紀元五三―五六年）、フィリピの信徒への手紙とフィレモンへの手紙はエフェソ滞在中に執筆（紀元五三―五六年）、コリントの信徒への手紙二はエフェソからコリントへの伝道旅行中に執筆（紀元五六年）、ローマの信徒への手紙はコリント滞在中に執筆（紀元五六年冬―五七年）となるが、これらの書簡に絞ったかたちで論考していく。

パウロが地中海世界を股にかけて伝道活動をした中で、繰り返し経験しなければならなかった苦難や迫害、侮辱、疲労困憊と生命の危機の体験について、これらの書簡の中で繰り返し明言している（①―⑨）。その発言を見ていくと、パウロにとって苦難や喪失の経験は自分の福音宣教の人生と矛盾するものではないことがわかる。たとえば、②では苦難に出会うことが神の摂理であるという認識を示している。パウロは苦難が自分の人生にもたらした積極的な変化を表現するために、繰り返して苦難の出来事を語っており、そのことは書簡に限らず、おそらくは日常的にパウロが福音宣教の話を弟子や信徒たちにする際にも繰り返し語られていたと推定できる。

①「わたしたちは以前フィリピで苦しめられ、辱められたけれども、わたしたちの神に勇気づけられ、激しい苦闘の中であなたがたに神の福音を語ったのでした。……わたしたちの労苦と骨折りを覚えているでしょう」（Ⅰテサロニケ二・一―一二、参照箇所として使徒一七・一―九）。

第二次伝道旅行中のコリントで、パウロはテサロニケで伝道した際にユダヤ人のねたみと攻撃にさらされた（使徒一七・一―九）。信徒のヤソンの家の教会が襲撃され、パウロたちと共にテサロニケの信徒たちは苦難の渦に巻き込まれてしまった。三節によるとパウロの宣教は、「迷い（＝プラネー　誤謬・ごびゅう）や不純な動機（＝汚れた思い）に基づくものでも、また、ごまかし（＝ドロス　策略・たくらみ、ドロスの動詞形ドロオーは「罠にかける」という意味）によるものでもありません」と彼自身が語っているように、パウロの宣教は敵対者たちから誤謬に満ち、不純な動機を持って罠にかけるものだと誹謗・中傷されていたのである。さらに、五節以下でパウロの内面的動機についての中傷はさらに、「相手にへつらう」、「口実を設けてかすめとる（直訳は「貪欲の口実」）」「人間の誉れを求めること」と、彼の外面的な振る舞いに対する誹謗にまで及んでいる。フィリピ（使徒一六・一二以下）でもテサロニケでもパウロが被ったこうした誹謗・中傷は、伝道活動の妨害という現象面ばかりでなく、パウロが伝道した人々の耳に毒を注ぐような中傷・誹謗の言葉の暴力によって、癒しがたい傷をパウロの心にもたらしたはずだ。彼は偉大な伝道者であるが、自己理解においては自分の強い側面を強調するよりは、自分の弱さや無力さをさらけ出すかたちで自分への理解を深め、イエス・キリストの福音への理解を身をもって示しているところに彼の福音宣教の特徴がある。

②「わたしたちが苦難を受けるように定められていることは、あなたがた自身がよく知っています」（Iテサロニケ三・一―五）。

③「……わたしたちはキリストのために愚か者となっているが、あなたがたはキリストを信じて賢い者となっています。わたしたちは弱いが、あなたがたは強い。……今の今までわたしたちは、飢え、渇き、着る物がなく、虐待され、身を寄せる所もなく、苦労して自分の手で稼いでいます。侮辱されては祝福し、迫害されては耐え忍び、ののしられては優しい言葉を返しています。今に至るまで、わたしたちは世の屑、すべてのものの滓とされています」（Iコリント四・九―一三）。

パウロの仕事である「テント造り（スケーノポイオス）」（使徒一八・三）は道具箱を携帯しながら生計を立てることができた職業である。テサロニケのヤソンの家での滞在は数カ月に及んでおり（同一七・五―六）、コリントのアキラとプリスキラの家では、彼らも同じ職業ということもあって、一年半滞在して伝道した（同一八・三、一一）。このように教会員の家に滞在したが、誰にも経済的な負担をかけまいとして「労苦」（コポスは「困惑、苦しい労働」のこと）と「骨折り」（モクトスは「持続する苦しみ」のことで、テント造りの労働はへとへとに疲れさせるような労苦であった」の中で「夜も昼も働きながら」（Ⅰテサロニケ二・九）自活の伝道生活をしたと自ら述懐している。

テント造りという仕事は、前かがみで暗い仕事場で長時間座って行うために、目を悪くしやすい職業であった。また、皮なめしにかかわる仕事なので被差別的で奴隷的な仕事であった。パウロは肉体的な障害がありながら、奴隷的な仕事に従事し、しかも眼疾《がんしつ》のために手紙は弟子が代わって書いていたものと考えられる（ガラテヤ六・一一、Ⅰコリント一六・二一参照）。彼はしばしば経済的な支援を受けているが、それはこの仕事がかなりの欠乏（フィリピ四・一二）と貧窮（Ⅱコリント六・一〇）を覚悟することなしに行えなかったし、飢えと渇き（Ⅰコリント四・一一、Ⅱコリント六・五、一一・二七）、寒さ（Ⅱコリント一一・二七）、裸（Ⅰコリント四・一一、Ⅱコリント一一・二七）、疲れ（Ⅱコリント六・五、一一・二七）という苦難を覚悟しなければならなかったからだ。この意味でパウロは自らの意思で苦難を受容していった人物であり、伝道者であったといえるだろう。また、皮なめしという職種が差別を受ける仕事であったことも、パウロが敵対者から誹謗・中傷を受けやすかった原因になったと考えられる。

ここでの大切な視点は、パウロは苦難の経験を語ることによって、苦難を解釈しているということである。通常は苦難に直面すると、人はその原因を突き止めてそれを排除することで苦難の現実を変えようとするが、パウロの場合は弱さの象徴である十字架の福音の視点から解釈し直して、それを自分自身の身に引き付けている。もともと人間は物事を解釈する存在なので、語る営みを通して意味を見いだしたり、自分にとって解釈可能な意味の転換を図っていく。

④「キリストの苦しみが満ちあふれてわたしたちにも及んでいるのと同じように、わたしたちの受ける慰めもキリストによって満ちあふれているからです。わたしたちが悩み苦しむとき、それはあなたがたの慰めと救いになります。……アジア州でわたしたちが被った苦難について、ぜひ知っていてほしい。わたしたちは耐えられないほどひどく圧迫されて、生きる望みさえ失ってしまいました」（Ⅱコリント一・三―九）。

ここでは「苦難がわたしたちのうちに満ちあふれている」という現状認識と、「わたしたちが受ける慰めもキリストによって満ちあふれている」という恵みの認識が同一視されている。苦難がキリストにある慰めに転換するのは、パウロが苦難の物語の語り手であることで、意味生成の担い手になっているからだ。苦難がパウロ個人の経験であることをやめ、宣教の対象者である「わたしたち」に共通する体験として語られていく中で、苦難の意味が十字架上で殺されたイエスの苦難と関連付けられているのである。

⑤「大いなる忍耐をもって、苦難、欠乏、行き詰まり、鞭打ち、監禁、暴動、労苦、不眠、飢餓においても、純真、知識、寛容、親切、聖霊、偽りのない愛、真理の言葉、神の力によってそう

しています」（Ⅱコリント六・一―一〇）。
⑥「苦労したことはずっと多く、投獄されたこともずっと多く、鞭打たれたことは比較できないほど多く、死ぬような目に遭ったことも度々でした。……苦労し、骨折って、しばしば眠らずに過ごし、飢え渇き、しばしば食べずにおり、寒さに凍え、裸でいたこともありました」（Ⅱコリント一一・二三―二七）。
⑦「苦難をも誇りとします。わたしたちは知っているのです、苦難は忍耐を、忍耐は練達を、練達は希望を生むということを」（ローマ五・三―五）。
⑧「だれが、キリストの愛からわたしたちを引き離すことができましょう。艱難か。苦しみか。迫害か。飢えか。裸か。危険か。剣か」（ローマ八・三五―三六）。
⑨「希望をもって喜び、苦難を耐え忍び、たゆまず祈りなさい。聖なる者たちの貧しさを自分のものとして彼らを助け、旅人をもてなすよう努めなさい」（ローマ一二・一二―一三）。

⑤から⑨でパウロは自分の苦難の出来事を繰り返し語っているが、それはあえて苦難を語ることで苦難を自己の統制感（sense of control）のもとに置く働きを持っている。苦難が苦難であるのは自己のコントロールのもとにないからであって、苦難を語ることで自己の主体性と行為主体者としての力を取り戻すことができるようになる。その結果、人は苦難を語ることによって証言をする者へと導かれ、苦難はそれ自体の証言を聞くことによって自らを理解するに至る。パウロの場合、キリストの

苦難によって自らの苦難を解釈し直すことを通して、苦難の意味がキリストによる救いに結び付いたのだった。「苦難を耐え忍ぶ」(ローマ一二・一二)力もまた十字架への道行きを自ら受け入れたキリスト・イエスの視点から解釈し直されたのだ。このことによってパウロは自らの苦難をキリストの救済の物語に組み込むことができた一方で、キリストの十字架の苦難もまたパウロ自身の自己物語に組み入れることができたのだ。

パウロが苦難をことさら語ることに対して、自己主張的であると毛嫌いする向きがあるが、その苦難が十字架の苦難と結び付くことによって、神に対して「開かれた自己」をパウロは手に入れることができたのである。

パウロの「弱さ」のとらえ方

初代教会では「イエス・キリストは私たちの罪のために死んでくださった」という贖罪信仰へ早々と福音理解の重点が移行したために、十字架刑死のむごたらしい呪われた死の側面が消えてしまった。これに対してパウロはイエスの十字架刑死をただ単に「死」と抽象化するのではなく、十字架刑死をあえて強調するために「十字架」という言葉を用いたのだ。これによってイエス・キリストの十字架刑死とは、神が自らの独り子を呪われた死に棄却した出来事であり、それは神の自己放棄に等しい出来事であると考えた。しかもパウロは「十字架つけられたキリスト」を現在完了受動分詞で表すことで、自分は「今もなお十字架につけられたままでおられるキリスト」を宣べ伝えていることを強調した（Ⅰコリント一・二三、二・二、ガラテヤ三・一参照）。そして、パウロは弱さとの関係で、「キリストは、弱さのゆえに十字架につけられましたが、神の力によって生きておられるのです」（Ⅱコリント一三・四）と語って、弱いキリストを神は復活させられたと言っている。

岩波書店訳（新約聖書翻訳委員会訳『新約聖書』岩波書店、二〇〇四年）でコリントの信徒への手紙一の二章一―三節を読むと、自分は今も十字架につけられたままでおられるキリストと同じく弱くかつ恐れ、ひどく不安であったと語っている。つまり、パウロはイエス・キリストは今もなお十字架につけられたままで「弱さ」、「恐れ」、「不安」を担い続けていると理解している。同時にパウロにとって苦難は十字架上の呪われた「殺害」を自分の身に負う出来事であったと言っている。このようにパウロは十字架刑死のキリストとの類比で自己理解を深化させているのだ。

さて、パウロの「弱さ」を考える際に、コリントの信徒への手紙二の一二章七―一〇節を考察することは重要である。

「それで、そのために思い上がることのないようにと、わたしの身に一つのとげが与えられました。それは思い上がらないように、わたしを痛めつけるために、サタンから送られた使いです。この使いについて、離れ去らせてくださるように、わたしは三度主に願いました。すると主は、『わたしの恵みはあなたに十分である。力は弱さの中でこそ十分に発揮されるのだ』と言われました〔現在完了形〕。だから、キリストの力がわたしの内に宿るように、むしろ大いに喜んで自分の弱さを誇りましょう。……わたしは弱いときにこそ強いからです」（Ⅱコリント一二・七―一〇）。

パウロの「とげ」が具体的に何であったかは諸説がある。七節の「痛めつける」は「殴りつける」という動詞が用いられているので、何らかの痛みを伴う身体的な障害があったのだろう。この障害ゆえにパウロの評価はきわめて低いものだった。敵対者たちはパウロを「手紙は重々しく力強いが、実際に会ってみると弱々しい人で、話もつまらない」（Ⅱコリント一〇・一〇）と非難した。また、パウロがコリントで信徒たちの世話にならなかったのはそもそも使徒の資格がないから言い出せなかったからだ（同一一・九、一二・一三）と中傷した。そこで、彼らの挑発を受けて立ったパウロは「だれかが何かのことであえて誇ろうとするなら、愚か者になったつもりで言いますが、わたしもあえて誇ろう」（同一一・二一以下）と言って、自分が由緒あるユダヤ人であり、いかに福音宣教のために労苦をいとわなかったかを列挙するのだが、最後的には「誇る必要があるなら、わたしは弱さにかかわる事柄を誇りましょう」（同一一・三〇）と、自分の依って立つべき「弱さ」のことを強調するのである。

そして、「〔イエスの〕力は弱いところに完全にあらわれる」と結論的に宣言するのだ。ここで言われていることは、そもそも力というのは弱さの中でこそ十分に働くという真理だ。確かに神は世界を支配しているけれども、それはご自分の強さによってすべてを意のままに直接支配しているのではないということである。この世的な価値で見るならば神は決して「力がある」のではなく、まさに「無力」なのだ。人間を含めてこの世では強いものに従うことはある意味で必然のことであるが、それしか選択ができないという意味では、そこに自由の余地さえない。逆に、あえて弱いものに従う決意をしたとき、そこには「自由」が生まれるのである。この意味で、神はご自身を無力にして力の行使を放棄することによって人間に完全な自由を与え、ご自身が弱く無力であるがゆえに逆説的に神の「全能」を表明したのだ。その究極的な姿が十字架上に釘付けにされたイエス・キリストであるとパウロは考えた。

パウロは自分へのいわれなき誹謗・中傷・嘲笑によって、イエスの十字架刑死が示している真理に覚醒したと思われる。それは主イエス・キリストの神は弱さにおいて支配される方であるという福音の真理であった。パウロが肉体に与えられたとげを離れ去らせてくれるように三度祈ったとき、「わたしの恵みはあなたに対して十分である。なぜなら、力は弱さにおいて完全になる」と主イエスから言われたことで、今なおパウロに語りかけている主イエス・キリストは「弱さ」としての「十字架」を体験したのであり、それゆえにキリスト・イエスは今も神の力によって力強く生きておられる存在なのだ。

自らの力に頼って生きる生き方は外見では意志堅固で「強い」生き方のように見える。しかし、そのような生き方は自分自身も他者も、そして神さえも、そして排除していく生き方である。そうではなく、自らの苦難やこの世の苦難を担い続ける「弱さ」を求める生き方の中にこそ本当の力強さと救いが存在しているのだ。以下でパウロ書簡の中の「弱さ」・「無力」（アスセネイア）について語っている箇所を取り上げてみた（⑩—⑱）。

⑩「体が弱くなったことがきっかけで、あなたがたに福音を告げ知らせました」（ガラテヤ四・一二—二〇）。

⑪「神の〔もつ〕愚かさは人よりも賢く、神の〔もつ〕弱さは人よりも強いからです。……神は知恵ある者に恥をかかせるために、世の無学な者を選び、力ある者に恥をかかせるため、世の無力な者を選ばれました」（Iコリント一・二五—二七）。

⑫「私もまた、あなたがたのところに行った時、兄弟たちよ、言葉の、あるいは知恵の卓越さとは異なる仕方で〔あなたがたのところに〕行って、神の奥義をあなたがたに宣べ伝えた。なぜならば私は、あなたがたのうちにあっては、イエス・キリスト、しかも十字架につけられてしまっているその方以外にはなにごとも知ろうとはしない、という決断をしたからである。私もまた、弱さと、そして恐れと、そして多くのおののきの中にあって、あなたがたのところに行ったのである」（Iコリント二・一—三、岩波書店訳）。

⑬「あなたがたのこの自由な態度が、弱い人々を罪に誘うことにならないように、気をつけなさい。……あなたがたが、兄弟たちに対して罪を犯し、彼らの弱い良心を傷つけるのは、キリストに対して罪を犯すことなのです」（Iコリント八・九—一三）。

⑭「わたしのことを『手紙は重々しく力強いが、実際に会ってみると弱々しい人で、話もつまら

ない』と言う者たちがいるからです」（Ⅱコリント一〇・一〇）。
⑮「誇る必要があるなら、わたしの弱さにかかわる事柄を誇りましょう」（Ⅱコリント一一・二九―三〇）。
⑯「自分自身については、弱さ以外には誇るつもりはありません」（Ⅱコリント一二・五）。
⑰「それで、そのために思い上がることのないようにと、わたしの身に一つのとげが与えられました。それは、思い上がらないように、わたしを痛めつけるために、サタンから送られた使いです。この使いについて、離れ去らせてくださるように、わたしは三度主に願いました。すると主は、『わたしの恵みはあなたに十分である。力は弱さの中でこそ十分に発揮されるのだ』と言われました〔現在完了形〕。だから、キリストの力がわたしの内に宿るように、むしろ大いに喜んで自分の弱さを誇りましょう。……わたしは弱いときにこそ強いからです」（Ⅱコリント一二・七―一〇）。
⑱「キリストは、弱さのゆえに十字架につけられましたが、神の力によって生きておられるのです。わたしたちもキリストに結ばれた者として弱い者ですが、しかし、あなたがたに対しては、神の力によってキリストと共に生きています」（Ⅱコリント一三・四）。

十字架とパウロの「苦難」との関係

ここで、パウロが実際に伝道活動の中で経験した苦難と十字架をどのように理解して結び付け、また自分自身の弱さ・無力と十字架をどのように関連付けたのかを考えてみたいと思う。また、自分自身が患っていた病をパウロはどのように福音的に理解していたのかについて考えてみたい。

まず、パウロの「苦難」に対する理解である。パウロは「苦難をも誇りとします」（ローマ五・三）、「苦難を耐え忍び」（ローマ一二・一二）、「自分自身については、弱さ以外には誇るつもりはありません」（Ⅱコリント一一・三〇、一二・五など参照）と言っているように、通常の人間ならば苦難を否定的に理解するところを、逆に肯定的に理解して受容し、さらには積極的な意味を付与している。

コリントの信徒への手紙二の四章七―一二節を見ると、パウロにとって伝道活動中に出会った数々の苦難はイエスの殺害を自分の身に負う象徴的な出来事であり、その苦難を通してイエスの復活の命（ゾーエー）が与えられるのだというパウロ独自の福音理解が示されている。パウロは十字架上で処刑されたイエスの苦難と自分自身の苦難の経験を類比させて、十字架刑死という呪われたイエスの殺害が自分の苦難に満ちた伝道活動の上にも日々生起していると理解した。それだけにとどまらず、パウロは自分の苦難ゆえに新しい認識が生まれ、復活したイエスの命に結び付けられて「新しい命」を生きていると確信している。

なぜパウロは苦難に直面しても、行き詰ることなく失望せずに生きることができたのだろうか。また、迫害を受けても見捨てられ感に支配されずに生きる勇気をどうして持ち続けることができたのだろうか。それは苦難を排除して乗り越えるものではなく、苦難に向き合うことで、苦難に支配されない生き方を選んだからである。

「ところで、私たちは、このような宝を土の器に納めています。この並外れて偉大な力が神のものであって、わたしたちから出たものではないことが明らかになるために。わたしたちは、四方から〔すべてにおいて〕苦しめられても行き詰まらず、途方に暮れても失望せず、虐げられても見捨てられず、打ち倒されても滅ぼされない。わたしたちは、いつもイエスの死〔ネクローシス＝殺害〕を体にまとっています、イエスの命〔ゾーエー〕がこの体に現れるために。わたしたちは生きている間、絶えずイエスのために死にさらされています、死ぬはずのこの身にイエスの命〔ゾーエー〕が現れるために。こうして、わたしたちの内には死が働き、あなたがたの内には命〔ゾーエー〕が働いていることになります」（Ⅱコリント四・七―一二）。

新約聖書ギリシャ語のプシュケーが自然的・身体的命を表すのに対して、ここでは意識的に永遠の命を意味するゾーエーが用いられている。ここでのゾーエーは復活のイエスの命に生かされた命のことである。このように伝道者としての自分が経験する苦難と、キリストの苦難＝十字架刑死を結び付けて考えるパウロの「苦難理解」は他の箇所でも繰り返し語られている。たとえば「キリストの苦しみが満ちあふれてわたしたちにも及んでいる」（Ⅱコリント一・五）、「わたしは、キリストとその復活の力とを知り、その苦しみにあずかって、その死の姿にあやかりながら、何とかして死者の中からの復活に達したいのです」（フィリピ三・一〇―一一）とあるとおりである。

苦難に向き合うことによって、その苦難に翻弄されない意識が芽生えてくる。苦難や病が苦しいと感じるのは自己コントロール感覚を失うことによることは先に指摘したが、この制御できないという思いが強いストレスを生み、苦痛の思いをさらに増大させるのだ。神の摂理に委ねるとき、苦難は苦痛の顔を変え始める。なぜなら、苦難は世界認識と自己理解の深化をもたらし、苦難や試練を神の意志として受けとめ直すとき、自分が感じている苦難の相対化が起こるからである。

また、試練に関してパウロは「あなたがたを襲った試練〔ペイラスモス〕で、人間として耐えられないようなものはなかったはずです。神は真実な方です。あなたがたを耐えられないような試練に遭わせることはなさらず、試練と共に、それに耐えられるよう、逃れる道〔エクバシス〕をも備えていてくださいます」（Ⅰコリント一〇・一三）と語っている。この箇所は長く誤解されてきた。神は私たちが試練に出会うと、それを回避できるような「逃れの道」を用意してくださるのではない。パウロをはじめ初代教会の信仰者たちは、人間にとって苦難や試練は不可避的なものであると理解していた。だから苦難や試練に立ち向かい、それを神の摂理として積極的に受容するならば、それらを打ち破る「出口」が神の配慮によって用意されていると考えることができる。そこでは苦難や試練の意味付けが必ず起こるからだ。というのも、神は苦難の中にあっても、常に私たちの同伴者として苦難と試練を身に受けてくださっているからである。

だから、神が恣意的に懲罰としての苦難や試練を与えるという聖書理解はふさわしくない。神が人間の責任を問うかたちで、裁きとしての試練を与えるのではなく、神が人間の責任を担ってくださっている側面が強調されなければならない。このように、エクバシスは逃避としての「逃げる道」と訳すよりは、新しい存在として生まれ変わるための「出口」・「出立」と訳すのがふさわしいといえる。

パウロの弱さについて「自分史」の視点から考える

個人史について少し話そう。私が受洗したのは二十七歳のときである。北海道で地方紙の新聞記者を三年間、その後家業の飲食店の店長をしていた。その時に結婚して八カ月の連れ合いを自死で喪い、彼女が通っていた札幌北光教会で葬儀をし、それから一年半礼拝に通いつめた末に受洗した。私にとって葬儀が初めての礼拝体験だった。教会での信仰生活によって私は本当に慰められ、癒された。それでも死別の悲しみの感情に対してある程度距離感を持てるまで二年、感情の波に襲われることなく自死の出来事を語ることができるまでには十年かかったように思う。十年かかってわかったことは、神さまは人間の強さではなく、その弱さを祝福しておられるという厳粛な事実である。

死別による悲嘆の思いに加えて私を打ちのめしたことは、人を支えることができるという私の傲慢な思いが、彼女の死によって完全に打ち砕かれたことだった。高校時代からうつ病という心の重荷を負ったがゆえに教会で受洗した彼女とは六年間付き合って結婚した。だから彼女のことは自分が一番知っていると、私は過信し、自らの力にうぬぼれていたのだ。だから、教会に行く前の私は、信仰を頼みとする人間は弱い存在だと考えていた。信仰に頼る弱い彼女を支える自分は「強い人間」になるべきだと無意識のうちにも思っていたのだ。

ところが、彼女の死によって、そのような人生観と自己理解が間違っていることに気づかされた。人を支え、自分自身も支えるために「強い自分」になることを目指していたのだが、強さは人間存在を支える力とはなりえないことを心底知らされた。死別が私に教えたものは紛れもなく「弱い自分」だった。この「弱い自分」に向き合わざるをえなくなった私は、信仰生活と教会生活を通して自らの弱さを徐々に受け入れることによって慰められていったが、慰められれば慰められるほど、パウロのこの「弱さを誇る」という言葉の意味を探求せざるをえなくなった。「自分の弱さを誇る」生き方がどのような意味でキリストに根拠を置いた生き方につながっていくのか。

コリント教会においてパウロは敵対者たちから徹底的に批判されていた。大使徒と呼ばれたイエスの直弟子たち（Ⅱコリント一一・五、一二・一一）、偽《にせ》使徒たち、ずる賢い働き手（同一一・一三）たちはパウロの弱さに焦点を絞って痛烈に批判していた。敵対者たちが福音として宣べ伝えたイエスは、モーセのように偉大な奇跡を行う存在だったからだ。そして、そのような偉大なイエスからいただいた霊によって自分たち信仰者もまた偉大な存在、つまりは「強い存在」になっていくことの中に神の栄光と祝福が直接的に表されるのだと福音を理解していた。だから、社会的に差別される皮なめしの仕事を細々としながら伝道をするパウロは、中途半端な伝道者で、使徒とはいえない存在だというわけだ。自ら肉体労働をして日銭を稼ぎ、コリント教会の援助を受けないパウロは、そもそも使徒としての自覚がなく、使徒としての資格もない（同一一・九、一二・一三）と、敵対者たちは軽んじていた。信仰者はこの世的にも「強い存在」になるべきだと主張していた敵対者たちは、神の力を借りてこの世的にも信仰的にも強くて立派になることを目指す生き方を主張していた。これは自分が強くなるための手段として神を利用する福音理解である。

だから、敵対者たちにとってパウロの最大の弱点は、「思い上がらないように、わたしを痛めつけるために、サタンから送られた使いです」（Ⅱコリント一二・七）とパウロ自身が明らかにしている「肉体のとげ」だった。パウロのとげとは何らかの身体的な障害であったことは確実だが、精神的な病という重荷を背負っていた可能性もあると思われる。いずれにせよ、障害はいつの時代でも人間の弱さを象徴するものだ。敵対者たちはこぞって彼の弱さをあからさまに批判したのだ。

コリントの信徒への手紙が書かれた紀元五〇年代半ばにはまだ福音書はない。イエスがどれほど心や体に重荷を負っている弱い人たちを受け入れ、癒しの業をなしていたかをコリントの信徒たちは知ることができなかった。だから、敵対者たちは容赦なく、罪悪感も抱くことなく、パウロの身体的弱さを批判できたのである。ところが、このような批判に対してパウロは一二章五節で「自分自身については、弱さ以外には誇るつもりはありません」と断言する。前の章の一一章三〇節でも「誇る必要があるなら、わたしは弱さにかかわる事柄を誇りましょう」と同じ表現で、自分の弱さを誇ると言う。この「誇る」は通常日本語では「得意のさまを自慢する」という意味であるから、現代の私たちはパウロがなぜ弱さを自慢するのかと彼の真意をいまひとつ納得しづらい面がある。けれども、「誇る（カウカオマイ）」というギリシャ語は「（誰かを）頼みとする」、「（ある存在に）信頼を寄せる」という意味から生まれた言葉なのである。だから、神に信頼を寄せて、生きる際の寄りどころとし、人間存在の基盤である神に実存の根拠を置いて生きることが「人間の誇りになる」というパウロの人間観を示している。

つまり、パウロにとって「誇る」という言い回しは、神に信頼を寄せて生きるというパウロ流の信仰告白でもあるのだ。一二章九節でパウロは「すると主は、『わたしの恵みはあなたに十分である。力は弱さの中でこそ十分に発揮されるのだ』と言われました。だから、キリストの力がわたしの内に宿るように、むしろ大いに喜んで自分の弱さを誇りましょう」と言う。

直訳すると九節前半は『すると主は、わたしに言われた。「わたしの恵みはあなたにとって十分である。なぜなら、力〔キリストの力〕は弱さにおいて完全になる」』となる。この力はキリストの力のことである。しかも、「わたしに言われた」の「言われた」は単純な過去形ではなく、主イエスは今もなお言い続けていることを意味する現在完了形を意識的に用いている。つまり、パウロは「わたしの恵みはあなたにとって十分である。なぜなら本当の力は弱さにおいて完全になる、つまりは完成する」と言うのである。

自分の弱さを忌み嫌って避けるのではなく、きちんとその弱さに向き合う生き方を選択していく中で、他ならぬ「キリストの力」が働いて、本当の力を得るというのだ。だからパウロは「キリストの力がわたしの内に宿るように、むしろ大いに喜んで自分の弱さを誇りましょう。それゆえ、わたしは弱さ、侮辱、窮乏、迫害、そして行き詰まりの状態にあっても、キリストのために満足しています。なぜなら、わたしは弱いときにこそ強いからです」（一二・九後半以下）と断言することができたのだ。これは逆説的な言い回しではない。最後の箇所は「わたしが弱いとき、その時こそわたしは力ある者なのだ」と直訳するとわかりやすい。弱いときにこそキリストの力が自分に及び、逆に弱さを通して「力ある者」になるという信仰者にとっての自己理解が示されている。

私たちは日常生活において自分という我＝「自我」に執着して生きている。自我は常に利己的だから自己の拡大を目指す。ところが健康で順風満帆なときには気づかずにいたものが弱さに直面することで覚醒させられるのだ。病や死という極限状況によって弱さに直面すると、自我の欲求のとらわれから解放される。そして、「強さ」を求める生き方から距離を置くことによって、自分の「弱さ」を神の救いに委ねる決意が促されていくのだ。そして、弱いときにこそキリストの力が自分に及び、自分を支配するというパウロの福音理解には、一三章四節にあるように「キリストは、弱さのゆえに十字架につけられましたが、神の力によって生きておられるのです」という彼の十字架理解が根底にある。イエスが十字架において徹底的に神から捨てられたのは、イエスが人間の弱さの極みまで下降するためだったのだ。だからイエスは十字架上で自分のすべてを神に委ね、死のあとも神の力によって生かされ続けている。それが復活の出来事なのだとパウロは理解しているのだ。

神の力は弱さにおいても、苦難においても、悲しみにおいても、もちろん死においても、それらを超えて人を生かし続ける力として働いているのである。けれども当時のパウロが「キリストは自らの弱さゆえに十字架にかけられた」と言い切るのは、実は非常に大胆なことであった。というのも、パウロは自分の弱さが敵対者たちから鋭い批判にさらされ、その弱さを指弾されているときに、あえて自分の弱さだけでなく、キリストまでもが弱さゆえに十字架にかけられたと言うのだから、この表現は敵対者たちの度胆を抜いたことだろう。

パウロに語りかける主イエス・キリストもご自身が「弱さ」ゆえに十字架を体験された方であり、パウロによれば今も十字架を体験し続けている方なのである。けれども、そのことのゆえに今「神の力によって力強く生きておられる存在」だと言うのだ。

それは、一三章四節の後半部分で「私たちもキリストに結ばれた者として弱い者ですが、神の力によってキリストと共に生きています」と語っているとおりである。キリストこそが人間の弱さを最初に体現された方であり、その弱さの極みの中で神の力に最初に結び付いた方なのだ。キリストが私たち人間の弱さを最初に知っておられるという福音理解をパウロは持っている。

つまり、私たちの弱さは単に個人個人の個別的な弱さではないのだ。十字架のキリストに結ばれた者としての弱さなのである。そして、キリストが弱さと愚かさとつまずきの象徴である十字架に今もつけられ続けているように、パウロに従うならば、現代に生きる私たち信仰者も自らの「弱さ」ゆえにキリストと共に十字架につけられているのだ。そして、キリストと同じくその弱さゆえに神の力が注がれている土の器として神の恵みに浴しているのである。だからこそ、パウロはここで自分の弱さ、愚かさ、つまずきに踏みとどまることは自分を十字架にかけるに等しいことであるけれども、その弱さの極みである十字架を願い求め、十字架を背負うような生き方の中にこそ、実はキリストによる本当の力強さが与えられ、救いへと招かれると言っているのである。

パウロは律法学者であったとき、律法を厳守していくことで信仰的にも人間的にも強い存在になることを目指していたと思われる。けれども、強い存在になることが自分を苦難や障害、弱さから守ることにはつながらない。ある意味、私たちの人生は喪失の繰り返しである。誰も自分の弱さや欠け、愚かさや苦難から逃れることはできない。かえって強さを求める生き方が等身大の自分との落差をより多く生み出してしまう。確かに苦難や障害、弱さに踏みとどまることは自分を十字架にかけるに等しい苦しみをもたらす。けれども、その弱さの中で、弱さの極みである十字架を求めていく生き方の中にこそ、実はキリストによる本当の力強さが与えられ、救いへと招かれる道が開けていくのである。私は二十六歳のときに大切な人を自死というかたちで失った。けれども、失うことを通して求道の道が始まり、受洗し、牧師の道に進んだ。失うことの一方で神は与える方だということを教えている。

自分の背負った弱さや欠け、苦悩や悲しみは、同じような苦悩を背負った多くの人を励ましていくために、自分から願ったものだと引き受けていくならば、他者や社会に対して開かれた新しい自分を確立する方向へと歩み出せる。その時、強さは苦難を克服する道しか示さないが、弱さは苦難や悲しみを引き受ける方向性へと私たち信仰者を導いてくれるのだ。そこに人間としての本当の自由も生まれてくる。

現代人の私たちは何かを「する」こと、あるいは何かが「できる」ことが強いことのように考える思考パターンに慣れすぎている。何ができるか、何ができないかという評価基準によっていつも自分に評価を下し、できなければ無力感に打ちのめされてしまう。心の重荷を負った人々にとって、福音が強い者から弱い者への憐れみであるならば、弱い存在の人々にとって福音は救いをもたらさない。自分自身の弱さを神が担ってくださっているからこそ、私たちは自分の弱さも他者の弱さも共に担うことができるのだ。その意味で弱い存在であることが人間存在の特徴であり、この弱さにおいて神の力が働き、その力に生かされていることが信仰の証しになるのである。このように苦難や弱さにおいてこそ神の最高の力が発揮されるのだという証言を積み重ねていく宣教活動の延長線上に、心の重荷を負っている人々にも、健常者と自ら思い込んで強さを追求している人々にも、等しく福音がもたらされるのだ。

パウロにとっての病の意味

パウロは身体的な病を患いながら、年を重ねていく中で肉体的な自由がだんだん利かなくなっていったことだろう。そこには恐ろしい喪失の恐怖心があったかもしれない。そのような中で彼に向けられた数々の誹謗・中傷は確実に彼の心を傷つけたはずだ。心病む人々もまたパウロと同じように社会において傷つく経験をしている。ただ、パウロは傷つきながらも自分の弱さ・無力さを肯定的に受けとめていき、その苦難の経験で得た神学的な営みを通して十字架の神学を展開させるに至ったのだ。それはなぜなのか。

「わたしもあなたがたのようになったのですから、あなたがたもわたしのようになってください。兄弟たち、お願いします。あなたがたは、わたしに何一つ不当な仕打ちをしませんでした。知ってのとおり、この前わたしは、体が弱くなったことがきっかけで、あなたがたに福音を告げ知らせました。そして、わたしの身には、あなたがたにとって試練ともなるようなことがあったのに、さげすんだり、忌み嫌ったりせず、かえって、わたしを神の使いであるかのように、また、キリスト・イエスででもあるかのように、受け入れてくれました」（ガラテヤ四・一二―一四）。

パウロに対する誹謗・中傷は彼をして「傷ついた語り手」にしていたと思われる。至る所で敵対者からの個人攻撃にさらされたパウロは自分を守るために論陣を張っただろうが、ガラテヤの信徒たちに最初に福音を伝えたのは自らの肉体の弱さのゆえであったことが率直に述べられている（ガラテヤ四・一三）。そして、パウロの肉体上の病がガラテヤの信徒たちの試練となったにもかかわらず、唾棄せずに神の使いであるかのように遇してくれたことを感謝している。

どんな病であったのか具体的に知ることも判断することもできないが、パウロは明らかに弱い存在としての身体的障害のあることを公表し証している。パウロの健康状態は、彼の障害が一時的に罹患したような病ではないことを示している。しかし、より重要な点は、パウロが自分の病を一時的な逸脱として理解せずに、健康な状態への復帰を自分自身の到達点とは定めなかったことだ。病から立ち直ることではなく、キリストの十字架との類比で病を再解釈していることだ。

「傷ついた語り手」であるパウロは、自らの身体がどのように自分自身を作り出すかについてほとんど意識をしていない。逆に病の身体によって救われたことをコリントの信徒への手紙二の一二章で証言している。また、パウロは弱さ・無力さに学ぶことを奨励している。ガラテヤの信徒への手紙四章一二―二〇節やコリントの信徒への手紙一の一章二五節を見てもそのことがわかる。障害があるということは、これといった身体的な問題のない人との間に緊張をはらんだ関係をもたらす。健常者でもっとも良心的な人でも、障害のある人がどういう反応をするかについて漠然とした不安感を抱きやすいものだ。それは身体上の病が対人関係での解釈のひずみをもたらすからである。

パウロが誹謗・中傷にさらされた原因の少なくとも一つは、彼の身体的な病に起因しているし、たとえ外見的に「見える障害」でなくてもパウロ自身の内面では弱さ・無力さについての葛藤があったに違いない。障害のある人は自分の体に起こっていることの意味を懸命に理解しようとするが、その営みの中でパウロは、その弱さ・無力さがイエスの十字架刑死の弱さに通じていることを身をもって理解したのではないか。パウロの身体論の視点から書簡を紐解いていく必要があると思われる。

参考文献

青野太潮「弱いときにこそ」、新約聖書翻訳委員会編『聖書を読む　新約編』岩波書店、二〇〇五年。

青野太潮『「十字架の神学」の成立』ヨルダン社、一九八九年。

青野太潮『「十字架の神学」の展開』新教出版社、二〇〇六年。

大貫隆「苦難を「用いる」——パウロにおける十字架と苦難の神学」、宮本久雄、大貫隆、山本巍編著『受難の意味——アブラハム・イエス・パウロ』東京大学出版会、二〇〇六年。

大貫隆『イエスの時』岩波書店、二〇〇六年。

H - G・シュミット『われ弱き時に強し——聖書の中の障害者』畑祐喜訳、新教出版社、一九八二年（H.-G. Schmidt, *In der Schwäche ist Kraft: Behinderte Menschen im Alten und Neuen Testament.*）。

R・F・ホック『天幕づくりパウロ——その伝道の社会的考察』笠原義久訳、日本基督教団出版局、一九九〇年（R. F. Hock, *The social context of Paul's ministry: Tentmaking and apostleship.*）。

マルコ

自立と愛

坂野　慧吉

序　「自立」における愛と厳しさの問題

今の時代において、「自立」は大きな課題である。随分昔であれば、十五歳で元服ということであった。良し悪しは別として、江戸時代の末期の白虎隊や二本松少年隊はいのちをかけて戦いをしたのであった。その後も少年たちの多くは労働をし、女の子たちも外に出ていろいろなかたちで働いたのであった。今は法律上は、二十歳が成人ということになっている。しかし、学校で学ぶ期間が男女ともに長くなり、結婚する年齢も上がってきて、ますます自立には時間がかかるようになってきている。「自立」とは何か、という問題も考えなければならないが、なぜこのように「自立」に期間がかかるようになってきたのか、その理由をしっかり踏まえなければならないと思う。この精神的、心理的、経済的な自立と「信仰的、霊的な」自立とは大いに関係があると思われる。カルト化した教会や牧師依存度が強い教会の例を見るときに、この「自立」の問題を聖書的に考えなければならないと思わされるのである。

この「自立」の問題とともに、どのようにして「自立」を促していくか、サポートしていくかが問われているのではないかと感じている。少し前に、大相撲のある部屋で一人の若い弟子が死亡した。部屋の兄弟子たちや親方は、稽古を厳しくしたと主張しているようである。いわば「可愛がってやった」ということなのである。どこまでが訓練で、どこからが暴力なのか、判定は困難である。しかし、このような事件があるごとに、現代において、一人の人が成熟し、自立するためには真実の愛が必要であるが、愛における「優しさと」と「厳しさ」はどのように実際的に適用されるべきであろうかと考えさせられる。

今回は、マルコという一人の弟子の歩みを見ることによって、この問題を考えてみたい。

（聖書の引用は『新改訳』日本聖書刊行会、一九九二年による）

マルコという人

母マリヤ（使徒一二・一二）
使徒の働き一二章を見ると、ヘロデ王は、宣教によって前進し、拡大し続けるキリスト教会の存在に脅威を感じた。そして、その勢いを止めるために、指導者であったヨハネの兄弟の使徒ヤコブを剣で殺した。すでにステパノは殉教の死を遂げていたが、教会の霊的な指導者である「使徒たち」の中では、このヤコブが最初の殉教者となった。この事だけでも教会にとって大きな打撃だと思われたが、ヘロデ王は、さらにペテロをも捕らえて、牢獄に入れた。過越の祭りの後に公衆の面前に引き出し、見せしめのために、死刑にしようと考えていた。このような危機の時に、教会は何をしたのであろうか。教会は、ある所に集まって、ペテロのためにただただ熱心に祈り続けていたのであった。このような必死の祈り、心を一つにした熱心な祈りに主が答えてくださり、御使いを送ってペテロを救い出された。処刑される前夜奇跡的に御使いによって救い出されたペテロは、信者たちが集まっている所に直行した。ペテロは、教会の兄弟姉妹が自分のために心を一つにして祈ってくれていることを信じていたし、彼らがどこの家に集まっているかをも知っていた。その家は、「マリヤ」の家であった。このマリヤは、マルコと呼ばれているヨハネの母であった。ヨハネはユダヤ名であり、マルコはローマの名前ではないかと思われる。

母マリヤは、とても熱心な信仰者であり、祈り深く、また自宅を教会の集会のためにいつも開放していたことがわかる。また多くの人々が集うことができるほどの大きさの家であったことから、比較的裕福な家庭であったということが推測される。マリヤ自身がどのようにして、主イエスを信じ、どのようにしてキリストの教会の一員とされたかは、聖書には記されていない。しかし、おそらくは主イエスが十字架にかかられる前から主イエスに従っていた女性たちの一員であったのではないかとも想像される。彼女の夫が主を信じていたかどうかもわからないが、夫の協力なくしては定期的に教会に家を開放することは困難であると考えると、信者であったかまたは協力者であったと思われる。

マルコは、このマリヤの息子として、母の影響でクリスチャンになったのではないか。そして彼の信仰の歩みもまた母の祈りに支えられていたと思う。教会ではむしろマリヤのほうが人々に知られていたのではないか。人々がマルコを呼ぶとき、「あのマリヤの子のマルコだ」と思っていたのではないか。現代でも、「だれだれ先生の息子。娘」と言われて、「自分はいったい何者なのだろう」と悩む牧師の子弟、クリスチャンホームの二世、三世も多いのではないだろうか。

いとこのバルナバ （コロサイ四・一〇、使徒四・三六―三七）

使徒の働き四章には、バルナバと呼ばれるヨセフのことが記されている。マルコはバルナバのいとこである（コロサイ四・一〇）。バルナバは、キプロス生まれのレビ人であると記されている。彼がマルコの母方の親戚であるとすれば、マルコもレビ系の血筋を引いていることになる。このバルナバは自分の畑を売って、その代金を使徒たちのところに持って来た。それは、貧しい人々に分かち与えるためであった。このバルナバもエルサレム教会の重要人物の一人であった。彼は、サウロ（後のパウロ）がダマスコに主の弟子たちを迫害するために道を進んでいたときに、直接に主イエスによって救われたことをエルサレム教会に説明し、サウロが教会の交わりに入ることができるようにと取り計らった。また、その後に、アンテオケの地に生まれた教会の兄弟姉妹を励まし、信仰の指導をするためにエルサレム教会によって派遣された。バルナバは「りっぱな人物で、聖霊と信仰に満ちている人であった」(使徒一一・二四)と紹介されており、彼の指導と教育と訓練によって、さらに大勢の人が主に導かれたのであった。バルナバは、異邦人が多く救われて教会に加わることになったアンテオケ教会が、さらに成長し、宣教の教会となるために、さらにヴィジョンが拡大されることを願った。そして、彼は「異邦人の使徒として召されていた」サウロを探しにキリキヤのタルソに行き、彼を説得してアンテオケに連れて来た。彼らはそれぞれに与えられた賜物を用い、まる一年間教会で信徒たちを教えた。そしてキリストの弟子たちは、このアンテオケで初めて「キリスト者」つまり「クリスチャン」と呼ばれるようになったのである。このように、バルナバは、他の人を交わりに受け入れ、他の人の賜物を認め、共に協力して教会を建て上げるために用いられた器であった。このバルナバは、おそらく自分よりも年下であったいとこのマルコを心にかけて、面倒見ていたに違いない。バルナバは、この青年の持っている弱さとともに、主が彼に与えられているすばらしい賜物をも見抜いていたのではないだろうか。そしてこの青年が信仰的に自立して、主のために教会のために、宣教のために用いられることを願っていたのではないだろうか。

ある青年(マルコ一四・五一―五二)

マルコの福音書一四章を見ると、主イエスが捕らえられていったとき、「ある青年」が素肌に亜麻布を一枚まとったままでイエスについて行ったことが記されている。この青年の記事は、四つの福音書の中でマルコの福音書にだけ記されている。もしかするとこれはマルコ自身ではないかと思う。彼自身が経験したことを自分が記した福音書の中に入れたのではないだろうか。彼は人々に、自分は主イエスについて行こうとしたが、捕らえられそうになったとき、卑怯にも裸で逃げてしまったということを告白しようとしたのではないだろうか。自分がまだ自立した信仰者になっていないということを自覚した出来事であったと思われる。ここにマルコ自身の弱さと脆さ、そして率直さが表されているのだと思われる。多くの研究者は、マルコの福音書はマルコが使徒ペテロから聞いた、主イエスの出来事がもとになって記されたと考えている。おそらくそうではないかと私も思っている。新約聖書に記されている四つの福音書は、同じ主イエスの生涯を描きながら、それぞれの特徴を持っている。マルコの福音書には、それとしての切り口がある。マルコは、主イエスの生涯を祈りつつ記す中で、自分の弱さや罪を深く教えられるとともに、そのような者をも愛してくださった主イエスの愛と赦しとを理屈ではなしに、経験させられたのではないか。そして自分自身のそれまでの生涯を、主イエスの生涯を通して見ることができるようになったのであろう。だからこそ、マルコにとっていわば「トラウマ」のような失敗の出来事を福音書に記すことを通して、福音によって赦され、癒されたことを確認することができたのである。

伝道旅行における挫折（使徒一二・二五―一三・一三）

マルコはエルサレムからアンテオケへ

その当時世界中に起こった大飢饉の中で、アンテオケの教会のクリスチャンたちは、ユダヤの教会の兄弟たちに救援の物を送った。アンテオケの地方もまたその飢饉の被害を受けたのであろう。しかし、彼らのユダヤの兄弟たちへの愛は、具体的な行動へと彼らを導いた。その時にアンテオケ教会を代表してそれを運んだのがバルナバとサウロであった。この二人がエルサレム教会に滞在していた間に、使徒ヤコブの殉教があり、ペテロの投獄と奇跡的な救出があった。彼らが任務を果たし終えたとき、マルコを連れてエルサレムから帰って来た。母マリヤがマルコの訓練をバルナバに依頼したのかもしれない。自分のもとを離れ、厳しい訓練を受けて「自立」することを期待したのではないだろうか。または、マルコ自身が自分の人間としての自立と信仰の自立を求めて母のもとから離れて、バルナバとサウロから学ぼうとしたのかもしれない。

バルナバとサウロ（パウロ）と共に伝道旅行へ

アンテオケの教会は、バルナバとサウロという教師たちによって聖書の教えを受け、信仰の訓練を受けた。その結果、イエス・キリストの弟子たちは、このアンテオケで初めて「キリスト者」と呼ばれるようになった。それほどに彼らが主イエスを信じ、主イエスを愛し、主イエスに似た者に変えられ続けていたということである。このような中から、アンテオケ教会にはバルナバやサウロの他にさまざまな預言者や教師たちが起用されるようになった。「さて、アンテオケには、そこにある教会に、バルナバ、ニゲルと呼ばれるシメオン、クレネ人ルキオ、国主ヘロデの乳兄弟マナエン、サウロなどという預言者や教師がいた」（使徒一三・一）。このようにアンテオケ教会が成長し、異邦人宣教の土台となる準備ができたとき、主は彼らに御声をかけられた。「バルナバとサウロをわたしのために聖別して、わたしが召した任務につかせなさい」（一三・二）。サウロが救われたときに与えられた任務、つまり「あの人はわたしの名を、異邦人、王たち、イスラエルの子孫の前に運ぶ、わたしの選びの器です」（九・一五）という主のみこころが実行に移される時が来た。教会は、この二人の上に手を置いて祈り、二人を宣教のために派遣した。この二人はアンテオケからキプロス島に遣わされ、その地で福音の宣教に励んだ。この時に彼らは、ヨハネ（マルコ）を助手として連れて行った。これは、伝道のために助手が必要であったという理由もあったであろうが、それとともに、マルコを実践的な場で訓練したいという願いもあったのではないかと思われる。もちろん、マルコは使命感を持って二人に従ったと思われる。

マルコはエルサレムに帰る

しかし、キプロスからパンフリヤのペルガに渡ったとき、ここでマルコは一行から離れてエルサレムに帰ってしまった。その理由としては、厳しい宣教の戦いに付いて行けなかったということが考えられる。事実、キプロスでは大きな霊的な戦いがあった。自分が思っていた以上に宣教の働きが大変であるということを目の当たりにして、マルコは自信をなくしてしまったのかもしれない。

また、このキプロスでサウロがパウロと呼ばれるようになり、明らかにリーダーシップがバルナバからパウロに移っている。バルナバのいとこであったマルコにとっては、不本意であったのかもしれない。マルコはまだ、神のみこころによってリーダーが立てられるということを受け入れることができなかったのであろう。

理由はともかく、マルコは伝道のグループから離れて、母マリヤのいるエルサレムに帰ってしまったのである。彼は、戦いの中で、新しい自分に脱皮する道ではなく、古い自分に帰っていく安易な道を選び取った。これは、マルコにとって大きな挫折の経験であった。マルコは自立の機会を自分で失ってしまった。しかし、主はこのようなマルコを見捨てられなかった。

パウロとバルナバの争い――自立をめぐっての見解（使徒一五・三五―四一）

自立に関する見解の相違

第一回目の伝道旅行からしばらくたったとき、パウロはバルナバに「先に主のことばを伝えたすべての町々の兄弟たちのところに、またたずねて行って、どうしているか見て来ようではありませんか」（使徒一五・三六）と言って、教会訪問を提案した。その時、バルナバは、マルコをいっしょに連れて行くつもりであった。バルナバとすれば、マルコにもう一度チャンスを与えたいと思ったのであろう。バルナバは、「慰めの子」と呼ばれていたように、弱い人、助けを必要としている人をサポートし、なんとか成長し、自立できるように励ましたいという思いが強かった。

しかし、パウロは、前回途中で一行から離れてしまい、仕事のために同行しなかったような者はいっしょに連れて行かないほうがよいと考えた。パウロは、伝道というものは、そんなに甘いものではない。途中で離脱したような者を連れて行くならば、足手まといであり、そんな者の面倒を見ながら伝道したり、教会を励ましたりすることはできないという考えであった。

この二人の考え方は、両方とも一理あるのであり、それぞれに大切なことを言っているのである。自立のために、「愛」が必要であるという面では、二人とも共通していたに違いないが、その「愛」をどのようなかたちで実践するかについて、二人の間には、見解の違いがあったのである。「バルナバは……いっしょに連れて行くつもりであった」（一五・三七）、「しかし、パウロは……いっしょに連れて行かないほうがよいと考えた」（一五・三八）とあるように、二人とも自分の経験や考え方から見てそれぞれの意見を述べているのである。どちらが絶対に正しいとか間違っているということはないのであり、時と場合によって、どのように愛を実践したらよいかを判断する以外にはないのである。

二つのグループ

しかし、二人とも自分の意見を譲らず、激しく反目し、結果として二人は別行動を取ることにした。バルナバはマルコを連れて、キプロス島に渡って行った。これは一つには、バルナバの出身地であったからであり、さらには前回の伝道旅行で、マルコもキプロスまでは同行していたからであろう。マルコにとっては、自分のことが原因で、二人の伝道者の間に対立が起こってしまったことは、大きな衝撃であったと思われる。彼は、パウロの厳しい態度をどのように思ったのであろうか。自分自身の甘えや弱さを痛感したに違いない。それとともに、前回途中で挫折したような者に再起のチャンスを与えようとしたバルナバの励ましをもありがたく思ったのではないだろうか。いずれにせよ、マルコにとってこの事件は、自分自身の信仰や献身の姿勢を根本から問われる機会となった。

マルコは、この後バルナバと共に伝道の旅に出て、さまざまな機会を通してバルナバから、また訪問先の教会のクリスチャンたちから良い訓練を受けたに違いない。

マルコの自立と成熟（コロサイ四・一〇、ピレモン二四、Ⅱテモテ四・一一、Ⅰペテロ五・一三）

パウロの同労者マルコ

何年もの歳月が過ぎた後、パウロは牢獄の中からピレモンに手紙を書いた。その中に、パウロは自分の「同労者」として数人の人物を挙げているが、その筆頭に「マルコ」の名前がある。パウロは、この時にはマルコを伝道者として認めているだけではなく、自分の働きを共に担い、共に労苦する者として感謝しているのである。（ピレモン二四）この間に、パウロとバルナバの和解、またパウロとマルコの間にも和解があったに違いない。

さらに同じ時に書かれたコロサイ人への手紙では、パウロは自分と共に囚人となっているアリスタルコの次に「バルナバのいとこであるマルコ」のことに触れ、彼も同じ心で戦っているという確信を持っていたことを表している。そして「この人については、もし彼があなたがたのところに行ったなら、歓迎するようにという指示をあなたがたは受けています」（コロサイ四・一〇）と言って、マルコを信頼して自分の代理として受け入れるようにと薦めているのである。

役に立つマルコ

さらに数年たったとき、パウロは獄中からテモテに手紙を書いた。その中でパウロは、テモテに「マルコを伴って、いっしょに来てください」と頼んでいる。この時にはマルコはパウロにとってなくてはならない存在になっていたことがわかる。さらに、「彼は私の務めのために役に立つからです」（Ⅱテモテ四・一一）と記している。「役に立たない」と言われたマルコは、今や「役に立つ」と言われるまでになったのである。マルコは、長い年月を通して、「自立」した者となっていったのである。

使徒ペテロは、その手紙の中で「私の子マルコ」（Ⅰペテロ五・一三）と呼んでいる。バルナバとパウロという指導者とともに、ペテロの指導と交わりを経験するチャンスが与えられたことは、マルコが主イエスの福音をさらに豊かに経験し、その福音を大胆に宣教するための良い経験となったに違いない。

多くの人は、「マルコの福音書」の著者がこのマルコと呼ばれるヨハネであると信じている。彼は、主イエスの生涯について使徒ペテロから多くのことを聞いたに違いない。しかし、ただ聞いたことを機械的に記したのではなく、自分の主イエスに対する愛と信仰の確信を持って、聖霊の導きの中で生き生きとした主の姿を記しているのである。この福音書は、マルコの人間的、霊的な「自立」の証しなのではないだろうか。

結　論

現代の教会には、さまざまな世代のクリスチャンがいる。伝道者・牧師もさまざまな世代からなっている。その世代や性格、経験によって、自立のために「愛」をどのように実践するかについて見解の相違がある。厳しく訓練すべきだという考え方もあり、今の時代にはそのような考え方は通用しないという人もいる。訓練のあり方も、その時代の特徴があり、そのようなやり方の理由もある。経済的にも、貧しくても我慢すべきであるという意見もあれば、今の時代にはある程度の経済的な基盤も必要だという人もある。

自立に対してどのような態度が必要か、どのような方法が大切かについて、それぞれの特徴を生かしながら、それぞれの時と場所、そして人によって柔軟に対応していく必要があるのではないだろうか。いずれにせよ、一定の方法に固執することなく、訓練する側と受ける側がコミュニケーションを良くして、もっともふさわしいかたちで信仰の自立を求めていくべきなのではないかと思う。

おわりに

本書は、聖学院大学生涯学習センターが一般人を対象にして行った聖書講座「聖書の人物像」（二〇〇六〜二〇〇七年）の内容を講師の方々にまとめていただき、一冊の本にしたものである。共通テーマを「愛に生きた証人たち」と定め、聖書の中に登場するさまざまな人物像に焦点を当て執筆していただいた。

執筆者は、神学者や牧師、大学の教員、キリスト教人間学を専攻する学者、キリスト教関係のジャーナリスト、精神科医など多方面にわたっている。

本書を一読していただくとわかると思うが、その内容はそれぞれ深いものがあるが、一般の人にもわかりやすく書かれている。日本で出版されている聖書関係の本は、学問的に高水準なものであっても、専門外の人々によく理解できなかったり、逆に平易であっても、内容が薄っぺらであったりすることが少なくない。本書の執筆者はそのようなことがないように配慮している。

この本を企画するにあたって、共通テーマを「愛に生きた証人たち」と名づけたのは、本書の編者である金子晴勇氏である。

キリスト教の本質は、一言でいえば「神は愛なり」ということに尽きるといわれる。愛こそが、キリスト教のアルファーであり、オメガなのだ。しかし、神の本質が愛であるということを本当によく理解している人は、どれほどいるだろうか。神の愛は、神学やそれを構築する理性の力で把握できるものではない。むしろ、それは、豊かな霊性によって直感し証されるものである。神の愛の深遠さ、あるいは、繊細さをどうしたら人々に伝えることができるかということを考えたとき、その一つの方法として、聖書に登場する人物像を研究することが大きな価値を持ってくる。そこには、神の霊に促され、その愛をもって生かされた証人たちの見事な生き方が描かれているからだ。現代の日本社会は神の愛からあまりにも遠ざかってしまい、多くの人々がカサカサした人間関係の中で、互いに傷つけ合い苦しんでいる。また、人間の自己愛による地球温暖化のために地球全体が危機に瀕している。このような緊急事態を救うためには、神の愛とその愛を体現した人々を必要とする。もっとはっきりといえば、聖書の中に登場する人物のように神の愛を〝着て〟その愛を日常生活の中で実践していく証人が必要だ。編集者としては、そのような証人となるための行動基準や心構え、つまり、〝お手本〟を聖書の中の人物たちの振る舞いから読者に読み取ってもらいたいという意図がある。

一言で愛といっても、いろいろある。人間は生まれながら自己愛というものを持っている。他方、人は、神の似像（Imago Dei）として創造されたのだから、神の愛に共感する能力を持っている。しかし、残念ながら人間は、罪ある存在であり、悪の影響も受けやすい。自己愛を持つ人は、しばしば〝自分を神とする〟万能感に支配され、自己中心的に振る舞おうとする。また、真心から人を愛そうとせず、相手を利用したり、依存したり、責任転嫁したり、支配しようとする。さらに、他人から批判されることを好まず、称賛や評価を得ることだけを喜ぶ傾向がある。このような自己愛的態度は、他者の苦しみを一緒に担おうとし、神の愛を実践しようとしている人の態度とは異なっているといわなければならない。

ところで、神の愛を欠き、自己愛だけに支配されるとどのような社会的、精神的病理が現れてくるのだろうか。

日本は、明治維新（一八六八年）以降、欧米の科学技術や文化を取り入れてきたが、キリスト教抜きのそれであった。明治政府は、殖産興業、富国強兵をスローガンに領土拡大政策をとってきた。その結果が、第二次世界大戦による敗戦であったことは承知のとおりである。終戦を契機に、長い間、日本社会を支配してきた血縁を重視する大家族制度や地縁を重んずる村落共同体の影響は、少なくなった。その後、戦後のいわゆる高度経済成長期を経て、血縁や地縁に基づく共同体が徐々に崩れ始めた。そして、それに取って代わり、核家族が増加し始めた。しかし、バブル崩壊後は、その核家族も解体され、人と人との心の絆は切断され、人間関係は希薄になり、精神的に孤独な人が増え始める。このころから、自殺者が年間三万人と急増し、現在（二〇〇八年）もその数は高止りのままである。そして、自殺者が三万人になったころとほぼ一致して、心を病み教会を訪れる人々が増え始めた。

バブル崩壊後、為政者は、国家を改革し、〝豊かな日本〟を作ると称し、市場原理に基づく勝ち抜き社会を肯定すると同時に、各個人の自己責任を強調して、弱者や貧困者に対する安全網（セーフティーネット）を取りはずす仕組みを作り始めた。その結果、日本の経済・社会の劣化が進み、いわゆる競争社会、格差社会が拡大した。その中で新貧困者層が出現し、お金や地位を重視する勝ち抜き社会から脱落したいわゆる負け組に属する人々は、ますます孤独に陥っていった。こうした社会的背景のもとで、近年、若者による不気味な殺傷事件が、多発しはじめた。しかし、こうした事件は、氷山の一角にすぎない。その背後には、人間関係の希薄化に苦しみ、愛に渇いた人々が大勢いることに、私たちは気づかなければならない。

このような、日本社会の〝病理〟を特徴付ける言葉として、筆者は〈孤立化〉〈匿名化〉〈格差化〉という三つのキーワードを挙げたい。この三つのキーワードは、いずれも神の愛の欠落と自己愛の顕在化によって生じた社会現象を説明するためには、好都合であると考える。〈孤立化〉は、現代人の大きな特徴の一つである。近年、人間関係が希薄化し、誰も相手にしてくれないと嘆く人々が増えている。秋葉原で多くの人々を殺傷した容疑者は、殺す対象は「誰でもよかった」と語った。また、ネットの書き込みでも「わたしは、これから自殺します」と書いても「無差別殺人します」と予告しても「何の反応もなかった」と述べている。そのために彼は、見捨てられ感や孤独感、さらには絶望感にとらわれ、自暴自棄になってしまい、自分の「存在を示す」最後の手段として不特定多数を対象とした殺傷行為に及んだのであろう。彼の場合、殺害の目的は「自己の存在を示す」ためなのであるから、対象は「誰でもよかった」のである。彼にとって、他者は自己を表現するための道具にすぎなかった。彼は、現実でも、ネットの上でも、「あなたが必要だ、愛しているよ、あなたをいつも見守っているから」という応答や呼びかけが、欲しかったのではないだろうか。しかし、不幸なことに、彼のこうしたSOSを発信する心の叫びに対して誰からも、支持や保証を示す言葉かけはなかった。その結果、彼の見捨てられ感や怨みの感情は増幅し、うっ積した「負」のエネルギーは、不特定多数の相手に対して発散されることになったのである。

現代の日本社会を象徴するもう一つのキーワードは〈匿名化〉である。〈匿名化〉は、〈無名化〉と言い換えてもよい。ネット上のブログでは、宛先人も差出人もわからない情報のみが飛び交うことが多い。彼らは、いつも見知らぬ第三者と対峙しなければならない。だから、相方ともに、共感と信頼感を持った深い人間関係は成立しにくい。彼らは、互いに「受け止められた」という実感を持てないし、相手から発信されたメッセージを「責任をもって、引き受ける」気持にもなれない。ここにも、人間関係の希薄さ、神の愛の欠如という〝病態〟が見え隠れしている。このような無機質的なネット社会に生きる人々は、互いに疎外感を持ち、表現能力やコミュニケーション能力も乏しいというのが、一般的な特徴であるといわれる。

もう一つのキーワードは〈格差化〉である。為政者が自己責任と市場原理を強調すれば、勝ち組と負け組の差がはっきりすることは、明らかである。負け組に対するセーフティーネットをきちんと整備しなければ、新たな貧困層が次々と生まれ、格差はますます大きくなり、社会不安を引き起こすことは目に見えている。いろいろな殺傷事件や自殺者のライフ・ヒストリー（生活史）を分析してみると、親は自己愛（エゴイズム、あるいはナルシシズム）から、自分の子どもたちに対して、高い学歴や金銭・地位を獲得し、世俗的成功を伴う勝ち組になることを強いる傾向がある。子どもたちは、親のそうした期待に応えようと自分を偽り、良い子であろうと振る舞い続けることが多い。しかし、人生のどこかで挫折し、負け組に転落したとき、過酷な現実に直面する。この時、親や周囲の人々から何の支援も得られないと、それが怨念となって爆発する。このような人たちに対して、「あなたが必要だ」と呼びかけることが大切なのだ。それが、企業である場合は正社員になることの保障であったり、正当な報酬であったり、休みを与えることであったり、簡単に解雇されない仕組みであったりすることではないだろうか。

このような現代日本を象徴する〈孤独化〉、〈匿名化〉、それに〈格差化〉は、家族構成員や企業の自己愛による人間関係の希薄化、ないし無機質化、機械化によって生ずる。言葉を換えていうならば、このようなキーワードによって特徴付けられる社会は、人々の間で受苦者への共感や彼らと共苦する感性等が欠落することによって生じると考えられる。このような事態こそが、神の愛の不在を表しているといえるのではないだろうか。「愛は隣人に悪を行いません」(ローマ一三・一〇)とあるが、この社会は罪悪が蔓延している。それゆえにこそ、この世界に神の愛を証する人たちが登場する必要があるのである。自らが神の愛の証人となるためには、まず、自分が神に愛されている、大切にされているという霊(プネウマ)的確信が与えられなければならない。すなわち、恩寵としての神の愛が人間の神に対する愛に先行する。この確信があって初めて、人間は真に自分を愛することができるようになる。そして、自分を愛することができて、初めてその人は人格的に成熟し、他者に愛を与えることができるようになるのである。しかも、この神の愛を持った人は、愛を抽象的・理念的に考えるのではなく、神によって遣わされたキリストが、この世で肉（サルクス）的実存として生きられたように、この世界の罪や悪の世界に積極的にかかわり、そこから人間を救い出そうとする。この肉的実存とは、神の愛が身体的、心理的、社会的、スピリチュアルなニーズ（必要）ないし痛みを持った人々に浸透、あるいは、〝受肉〟し、彼らの要請に応えていくことを意味する。本書に登場する「神の愛を証する人たち」の言行を探っていくと、そのことがよくわかる。読者は、本書から、彼らの振る舞いや心の軌跡を学ぶことによって、各人の生き方において、神の愛を日常生活の中で、どう反映させ、いかに実践し、証していくかということを悟っていただきたい。編者が本書を編集した意図もそこにあるといってよい。

二〇〇九年二月三日

聖学院大学総合研究所
平山　正実

福音書のこころと思想』（全７巻）、『使徒言行録・現代へのメッセージ』、『ヨハネの世界』、『私たちの使徒行伝・増補改訂版』、『現代新約聖書入門』、『人間としての優しさと強さ —— 現代教育を救うもの』ほか多数。
〔訳書〕S. サフライ、M. シュテルン編『総説・ユダヤ人の歴史』（全３巻・共訳）、A. リチャードソン『新約聖書神学概論』（共訳）ほか。

高橋　克樹（たかはし　かつき）
1955年生まれ。日本大学法学部新聞学科卒業。地方紙記者を経て日本聖書神学校を卒業、現在は日本キリスト教団豊島岡教会牧師。1998年から日本聖書神学校で実践神学分野（牧会学、牧会カウンセリング、臨床牧会訓練など）の講師。東洋英和女学院大学大学院修士課程修了。死別者のグリーフワーク、キリスト教におけるスピリチュアリティ（霊性）が関心領域。
〔著書〕『臨床死生学事典』（分担執筆）、『キリスト教礼拝・礼拝学事典』（分担執筆）、『聖霊の降臨』（共著）ほか。

坂野　慧吉（さかの　けいきち）
1941年生まれ。東京大学文学部ドイツ文学科卒業。1969年聖書神学舎（現聖書宣教会）を卒業。1969年から３年間キリスト者学生会主事として奉仕。1971年から浦和福音自由教会牧師。最近まで、東京基督神学校、聖書宣教会において、「牧会学」の講師を勤める。長年、太田和功一氏とともに、「牧会者と霊性のセミナー」を開催。2000年沖縄で開催された「日本伝道会議」のプログラム委員長として、全体のコーディネートにかかわる。長年にわたり「牧会ジャーナル」編集長として、牧会者の研鑽、経験の伝達、交流に関心を持ちつつ、奉仕している。2009年より開始される「牧会塾」の常勤講師。聖学院大学総合研究所「牧会心理研究会」メンバー。
〔著書〕新聖書講解シリーズ『創世記』、『スピリチュアル・ジャーニー』

吉岡　光人（よしおか　みつひと）
1960年生まれ。青山学院大学文学部第二部卒業、東京神学大学卒業・同大学院神学研究科博士課程前期課程修了。日本基督教団吉祥寺教会伝道師を経て、現在同教会牧師。月刊誌『信徒の友』（日本基督教団出版局）編集長。キリスト教カウンセリングセンター（CCC）理事・研修所講師。キリスト教メンタルケアセンター（CMCC）理事・講師。
〔著書〕『よい相談相手になるために――クリスチャン・カウンセラー入門』（共著）、『いやしから救いへ――心の病とその救い２』（共著）、『みんなで輝く日が来る――アイオナ共同体賛美歌集』、『神の時は今満ちて――カール・P・ダウJr. 賛美歌集』。

佐竹十喜雄（さたけ　ときお）
1933年生まれ。慶應義塾大学卒。聖書神学舎卒。山形第一聖書バプテスト教会牧師、新庄東山教会開拓伝道を経て、バプテスト聖書神学校舎監兼教師に就任。1965年に国分寺市で開拓伝道を開始し、日本バプテスト教会連合・国分寺バプテスト教会を設立。同教会牧師として30年間従事した後、1995年に退任。現在、同教会協力牧師、「ベテスダ聖書の集い」代表、「国内開拓伝道会」理事、「聖書と精神医療研究会」理事。
〔著書〕『この岩の上に――開拓から百人教会へ』ほか。

土戸　　清（つちど　きよし）
1933年生まれ。東京神学大学大学院およびニューヨーク・ユニオン神学大学大学院修了。東北学院大学文学部長・同大学大学院副委員長、聖学院大学大学院教授、京都大学大学院文学研究科、東北大学教育学部、東京神学大学大学院各非常勤講師、ユニオン神学大学大学院客員研究員、日本学術会議宗教学研究連絡委員会第18期委員を歴任。現在、日本基督教団大森めぐみ教会・牧師、日本新約学会会長、日本基督教学会理事、国際新約学会会員。文学博士（京都大学）。東北学院大学名誉教授。
〔著書〕『ヨハネ福音書研究』、『初期キリスト教とユダヤ教』、『ヨハネ

〔著書〕『古代イスラエルとその周辺』、『旧約聖書における社会と人間』、『ヘブライズムの人間感覚』、『旧約聖書における文化と人間』、『「ヨブ記」論集成』ほか。
〔訳書〕「ヨブ記」（訳・注）『旧約聖書XII　ヨブ記　箴言』（岩波書店）ほか。

藤原　淳賀（ふじわら　あつよし）
1965年生まれ。慶應義塾大学大学院卒。米国ゴールデン・ゲート・バプテスト神学校卒。英国ダラム大学大学院卒。神学博士。日本バプテスト連盟・恵約宣教伝道所牧師。東京基督教大学専任講師を経て、聖学院大学総合研究所准教授。研究領域は組織神学、キリスト教倫理学。
〔論文〕Consultant Editor. The New Lion Handbook: Christian Belief. Oxford: Lion Hudson Plc. (2006), “H. Richard Niebuhr and John Howard Yoder: A Theology of Culture”,「キリスト教と戦争：歴史的概観と今日の課題」『キリスト教年鑑2005』ほか。

小河　　陽（おがわ　あきら）
1944年生まれ。国際基督教大学人文学科卒業、東京大学大学院人文科学研究科西洋古典学博士課程中退。1975年仏国ストラスブール第２大学プロテスタント神学部修了、博士号取得（宗教学）。1970－73年東京大学教養学部助手（西洋古典学）、1989－91年弘前学院大学教授（宗教学）、1991年より現在まで、立教大学文学部キリスト教学科教授（新約学）。
〔著書〕『イエスの言葉』、『マタイ福音書神学の研究』、『マタイによる福音書――旧約の完成者イエス』、『パウロとペテロ』ほか。
〔訳書〕『新約聖書Ｖ・パウロの名による書簡、公同書簡、ヨハネの黙示録』（共訳）、『EKK新約聖書註解　マタイによる福音書』I／1-3、ほか。

【執筆者紹介】（掲載順）

金子　晴勇（かねこ　はるお）
1932年生まれ。京都大学大学院文学研究科博士課程修了。現在、聖学院大学大学院客員教授。文学博士（京都大学）。
〔著書〕『ルターの人間学』、『アウグスティヌスの人間学』、『近代自由思想の源流』、『マックス・シェーラーの人間学』、『ルターとドイツ神秘主義』、『近代人の宿命とキリスト教』、『エラスムスとルター』、『アウグスティヌスの恩恵論』、『ヨーロッパ人間学の歴史』ほか。
〔訳書〕エラスムス『エンキリディオン』、ルター『生と死の講話』、アウグスティヌス『ペラギウス派駁論集(1)、(2)、(3)、(4)』、『ドナティスト駁論集』、『ヨハネによる福音書講解説教(2)』、ベルナール『雅歌の説教』ほか。

平山　正実（ひらやま　まさみ）
1938年生まれ。横浜市立大学医学部卒業。自治医科大学助教授（精神医学）、東洋英和女学院大学大学院教授（死生学、精神医学）を経て、現在、聖学院大学総合研究所・大学院（人間福祉学科）教授、北千住旭クリニック精神科医。医学博士、精神保健指定医。
〔著書〕『死別の悲しみに寄り添う』、『見捨てられ体験者のケアと倫理——真実と愛を求めて』、『人生の危機における人間像——危機からの創造をめざして』、『はじまりの死生学——「ある」ことと「気づく」こと』、『心の病気の治療がわかる本』ほか。

並木　浩一（なみき　こういち）
1935年生まれ。国際基督教大学教養学部卒。東京教育大学大学院（倫理学専攻）を終了後、国際基督教大学に勤務（宗教学・旧約聖書学）。教養学部教授、大学院比較文化研究科教授を経て、2006年に退職。現在、同大学名誉教授。日本旧約学会会長（1991－1997年、2001－2005年）。

愛《あい》に生《い》きた証人《しょうにん》たち――聖書に学ぶ

2009年３月25日　初版第１刷発行

編　者　金　子　晴　勇
　　　　平　山　正　実

発行者　大　木　英　夫

発行所　聖学院大学出版会

〒362-8585　埼玉県上尾市戸崎１－１
電話 048-725-9801
Fax　048-725-0324
E-mail: press@seigakuin-univ.ac.jp

ISBN978-4-915832-82-6　C0016

ピューリタン
近代化の精神構造

大木英夫著

著者は、近代の成立をルネッサンスと宗教改革に求め、非宗教化と捉える俗説を排し、近代の起源を、「教会と国家の分離」「人間の個人化」「契約社会への移行」という構造変化に見出す。その構造変化の担い手としてのピューリタンたちの運動の思想史を描く。名著『ピューリタン』の改訂新著。

四六判　二三二頁　二一〇〇円
978-4-915832-66-6 (2006) (4-915832-66-x)

「ヨハネの手紙二」の研究
聖書本文の帰納的研究

津村春英著

新約聖書「ヨハネの手紙二」は小さな書簡であるが、キリスト教信仰の根幹に関わる思想を表明しているものとして長く重要な文書とされてきた。著者はこの書簡が書かれた背景、表現の特徴などから、論敵の主張に対するヨハネの反論などを詳細に論じ、読者であるヨハネ共同体がその時代において重要な使信として受けとめたかを明らかにする。

A5判　二四八頁　四二〇〇円
978-4-915832-69-7 (2006) (4-915832-69-4)

キリスト教信仰概説

倉松功著

日本のプロテスタント・キリスト教の中で、最も多数をしめる日本基督教団の「信仰告白」を解説することによって、プロテスタント・キリスト教信仰がどのようなものであるか、その概要を示す。また「聖書と宗教改革」「ルターの聖書の読み方」を収録する。

四六判　一三四頁　一六八〇円
978-4-915832-05-5 (2008)

近代人の宿命とキリスト教
世俗化の人間学的考察

金子晴勇著

本書は、近代社会における宗教の衰退、あるいは宗教の個人化という「世俗化」現象を分析し、解明してきた宗教社会学の成果を批判的に吟味し、また現代の諸科学における「世俗化」の理解をとりあげながら、人間学的な観点から「世俗化」現象を考察する。宗教社会学・諸科学では欠落させてしまう人間の霊性に考察の光をあて、現代において人間的精神を回復させる宗教の意味を論じる。

四六判　三二〇頁　三一五〇円

978-4-915832-46-8（2001）（4-915832-46-5）

史料による日本キリスト教史

鵜沼裕子著

キリシタン時代から現代に至るまでの、日本におけるキリスト教の受容と展開をわかりやすく素描した「歴史篇」と、手に入りにくい原史料から日本のキリスト教を読みとく「史料篇」からなる。原史料にあたりながら読み進められるように工夫されている。この一冊で、日本のキリスト教の歴史について基礎的知識が得られる恰好の入門書である。

四六判　二〇〇頁　一六八〇円

978-4-915832-01-7（1992, 2005）（4-915832-01-5）

近代日本キリスト者の信仰と倫理

鵜沼裕子著

近代日本のキリスト教に関する研究の主要な関心は、これまで主として「近代化」という国家的課題の中で、キリスト教が果たしてきた開明的役割を明らかにすることであり、政治・社会との関わりに重点がおかれてきた。本書では、これまでの研究を踏まえつつ、近代日本における代表的キリスト者である、植村正久、内村鑑三、新渡戸稲造、三谷隆正、賀川豊彦を取り上げ、かれらの信仰を内在的に理解し、その信仰と倫理の実像を描く。

A5判　一八六頁　三七八〇円

978-4-915832-32-1（2000）（4-915832-32-5）

自由に生きる愛を生きる

若い人たちに贈る小説教集

倉松功著

混迷する現代の中でいかに生きるべきか見失っている人々に、聖書から「自由に生きること」「愛を生きること」のメッセージを解き明かし、語りかける。とくに自信を喪失している若い人々に、賜物を与えられていることに気づき、賜物を感謝して他の人々とともに生きることの意味をやさしく語る。

四六判　二六二頁　二三一〇円

978-4-915832-80-2（2009）